학종을 알고 나를 알면 백전불태

학종
손자병법

학종을 알고 나를 알면 백전불태

학종 손자병법

펴낸날 2019년 5월 15일 1판 1쇄

지은이 강왕식, 하혜정, 한종선, 황교일
펴낸이 김영선
교정·교열 이교숙
경영지원 최은정
디자인 박유진 · 김규림
마케팅 신용천

펴낸곳 (주)다빈치하우스-미디어숲
주소 경기도 고양시 일산서구 고양대로632번길 60, 207호
전화 (02)323-7234
팩스 (02)323-0253
홈페이지 www.mfbook.co.kr
이메일 dhhard@naver.com (원고투고)
출판등록번호 제2-2767호

값 16,800원
ISBN 979-11-5874-049-8

이 도서의 국립중앙도서관 출판예정도서목록(CIP)은 서지정보유통지원시스템 홈페이지(http://seoji.nl.go.kr)와
국가자료공동목록시스템(http://www.nl.go.kr/kolisnet)에서
이용하실 수 있습니다.(CIP제어번호: CIP2019011755)

학종을 알고 나를 알면 백전불태

학종
손자병법

강왕식 | 하혜정 | 한종선 | 황교일

미디어숲

추천사

누군가 만든 바이올린이 좋은 제품인지 비교하려면, 스트라디바리우스와 같은 명품의 소리와 비교할 것이다. 스트라디바리우스 바이올린이 바이올린의 표준이 되는 것처럼, 이 책도 앞으로 입시 관련 책들의 기준이 되는 탁월한 작품으로 자리매김할 것이라고 믿는다.

권영출. 한국 교원캠퍼스 원장/에듀뉴스 월간지 발행인

학종 시대의 고등학생이라면 자신의 진로를 위해 고등학교 생활의 줄기, 가지, 잎을 차례대로 어떻게 채워가야 할지에 대한 계획을 세워야 한다. 이 책은 학생이 자신의 진로를 위해 무엇을 줄기로 삼고, 무엇을 강조하여 자신의 나무를 눈에 띄게 할 수 있을지를 친절하게 분석하고 설명해 주고 있다. 더불어 많은 선배들의 경험을 담은 자료와 면접 준비과정은 이 책을 기본서로 삼는 학생들에게 합격이라는 열매를 맺도록 할 것이라 기대한다.

임지영. 김포고 교사

변화의 흐름을 읽지 못하면 실패하기 십상이다. 단순히 기본교과만 잘 해서 좋은 대학에 합격하는 시대는 지났다. 특히 학생부종합전형의 비중이 절대적인 현재 상황에서 이를 제대로 활용하기 위해서는 학생 스스로가 어떠한 꿈을 가지고 있는지 잘 보여줘야 한다. 학생부종합전형으로 합격한 학생들이 직접 공개하는 생생한 명문대 합격 스토리를 담은 이 책은 입시를 목전에 둔 학생과 학부모들이 어떻게 세밀한 전략을 세워 준비해야 하는지 제대로 짚어주고 있다.

김무현. (주)해오름커뮤니케이션즈 대표이사(교육매거진〈앤써〉발행인)

학생부종합전형이 요즘 입시의 트렌드라고 해도 과언이 아니다. 리얼 코믹 풍자 드라마인 〈SKY 캐슬〉이 인기를 끈 이유도 이러한 학종 트렌드의 반영이라고 할 수 있을 것이다. 주요 명문대학의 수시전형은 상당 부분이 학종으로 선발된다. 그러나 학종은 예측과 정량화가 쉽지 않고, 다양해서 소위 깜깜이 전형이라고도 한다. 학생·학부모·입시 전문가들에게는 대학별 구체적인 학종 정보와 실제 사례가 아주 목마른 상황이다. 이런 상황에서 이번에 출간된『학종 손자병법』은 정말 유익한 책이라고 할 수 있다. 합격생들의 생기부가 리얼하고 구체적으로 제시되어 학생들에게 많은 도움을 줄 수 있을 것 같다. 이 책을 통해 학생들이 좀 더 자세한 정보를 공유한다면 학종이 금수저 전형이라는 오명을 벗는 데 일조할 것으로 기대해 본다.

윤산. 교육기업 (주)국풍2000/㈜ IAP 대표

망망한 바다에 등대가 없다면 바다 위의 배는 방향을 잃고 표류하게 될 것이다.『학종 손자병법』은 입시를 준비하는 학생들에게 반드시 필요한 '입시 등대'가 되어 입시의 방향을 잡아 줄 것이다. 입시의 핵심 학생부종합전형을 준비하는 학생들에게 꼭 추천해 주고 싶다.

홍정환. (주)수학의힘 대표

시대가 필요로 하는 인재를 키우는 것이 교육의 본질이다. 입시 전형의 변화는 시대의 변화에 따른 인재상과 맞닿아 있다. 학생부종합전형이 논란을 일으키는 이유는 '인재상'과 '공정성'이라는 가치의 충돌 때문이다. 이런 시기에 대안이 될 좋은 책이 출간되어 기쁘다. 이 책은 그 두 가치를 충족시킬 만한 훌륭한 지침서가 될 것이다.

김정학. 업코칭에듀케이션즈 대표

이 책은 놀라울 정도로 분석적이다. 대한민국의 미래를 책임질 학생들에게 입시의 올바른 길을 제시하고 숨겨진 역량을 극대화하여 원하는 대학, 원하는 꿈이 이루어질 수 있도록 도움을 주는 학종의 바이블이 될 것이라 확신한다.

김규태. 학원스타/학원창업닷컴 대표

최근 입시에 대한 여러 의견이 많은 가운데 이 책이 주는 의미는 좀 더 특별해 보인다. 학생들 스스로 복잡한 입시 환경 속에서 자신의 미래를 찾아 나갈 수 있는 구체적인 방법을 제시하고 있어, 학교에서, 학원에서 어떻게 '학종'에 대한 준비를 해야 하는지 훌륭한 가이드가 되어줄 것이다.

김성태. 에이블 에듀케이션 대표

프롤로그

　참 말도 많고 탈도 많은 학생부 종합전형입니다. 얼마 전 종영된 한 드라마가 세간의 화제가 되었습니다. 비뚤어진 부모들의 욕망과 잘못된 대입교육을 비판하고자 제작된 드라마가 오히려 입시컨설팅의 필요성을 부각시켜 학부모들의 불안감을 증폭시켰고, 입시컨설턴트를 찾는 학부모들이 평소보다 네 배나 늘어나는 아이러니한 결과를 초래하고 말았습니다.

　하지만 이런 현상은 학생부 종합전형에 대한 오해에서 비롯된 일입니다. 학생부종합전형에 대한 막연한 불안감과 오해를 불식시키기 위해선 그 도입 배경부터 제대로 알고 넘어가야 합니다.

　2010년 교육부는 국정과제의 하나로 '자율화와 다양화된 교육체계 구축'을 설정하고, 이에 맞춰 학생부 종합전형을 전격 도입했습니다. 그 취지는 점수 위주의 획일적이고 기계적인 학생 선발 방식에서 벗어나 개인의 소질과 적성, 잠재력과 발전 가능성을 비롯해 문제해결력 ,창의력, 리더십 등을 평가의 주요 요소로 삼는 것이었습니다. 즉 학교 교육 안에서 미래 우리 사회를 살아갈 창의적인 인재를 육성하기 위해 학생부, 자기소개서, 추천서, 학교소개 자료를 바탕으로 학생의 성장과정과 지원동기, 인성, 관심영역, 노력과 열정 등 학업 역량을 종합적으로 평가해 합격자를 선발합니다.

2016년부터 전국 중학교에 시행된 자유학기제는 학생부종합전형에 맞는 인재를 찾기 위한 준비단계입니다. 학생들에게 꿈과 끼를 발휘할 수 있는 기회를 주고, 과정 중심의 평가를 확대하자는 목적입니다. 또, 문이과 통합과 학생 중심의 교육과정인 2015 개정 교육과정은 인문학적 상상력과 과학기술창조력을 갖추고 바른 인성을 겸비하여 새로운 지식을 창조하고 다양한 지식을 융합하여 새로운 가치를 창출할 수 있는 창의융합형 인재를 선발하기 위함입니다.

바야흐로 인간과 로봇이 함께 하는 Poxrobotica 시대로 접어들었습니다. 무엇보다 학령 인구가 감소하고 있는 대한민국에서 과연 우리는 어떤 인재를 키워야 하는가? 어떻게 인재를 찾아내야 하는가? 대학마다 각 평가요소에 따른 세부요소들이 조금씩 차이가 있지만 결국은 지적호기심에서 시작해 자기주도적 선택과 도전하며 그 과정 속에서 맞닥뜨릴 성취와 실패를 통해 변화와 성장을 경험하는 인재를 선발하고 싶은 것이 핵심이라고 봅니다.

현장에서 자신의 진로에 대한 깊이 있는 성찰과 노력을 해 온 아이들을 많이 만납니다. 학생부에 그 아이들의 열정과 성장 과정이 고스란히 녹아 있습니다. 그런 아이들이 학생부종합전형으로 합격을 합니다. 성적으로 줄을 세우는 입시에서는 꿈도 꾸지 못할 일입니다. 아이의 잠재력과 역량을 알아봐 주는 학생부종합 전형이 어떤 아이들에겐 희망이 됩니다.

2019학년도 대학입시가 대장정을 마쳤습니다. 올해도 다양한 사연을 가진 학생들을 만나 뜨거운 여름을 지냈습니다.

이 책은 학생부종합전형을 준비했던 학생들이 후배들을 위해서 아낌없이 내놓은 학생부와 자기소개서를 전문가들이 분석한 내용으로 이루어져 있습니다.

또한 고교 3년 동안 학생부를 관리해 온 노하우와 면접에서의 생생한 경험도 접할 수 있습니다.

학생부 종합전형을 준비하는 학생들에게 친절한 안내자가 되기 위해서 본인의 소중한 자료들을 기꺼이 제공한 14명의 학생들에게 진심으로 감사드립니다.

교육그룹 기적을 만드는 사람들

저자 일동

이 책의 구성 및 특징

이 책은 2019학년도 합격생들의 3년간 고교 생활을 학교생활기록부 항목별로 분석한 것으로 기존에 출간되었던 책들과는 달리 학생부 구조와 항목 분석을 통해 합격생들이 어떻게 학생부를 관리해 왔는지 알 수 있는 점이 특징이라고 할 수 있다. 이 책의 주요 내용은 다음과 같다.

1. 학교 활동 분석

[학교 정보 및 활동 프로그램]

학생들의 모교에 대한 기초 정보 중 학생부에 기록될 수 있는 일반 정보와 특색 사업 프로그램을 정리하여 어떤 활동을 어떻게 학교 프로그램과 연계시켰는지 알아볼 수 있도록 하였다.

2. 학생부 분석 및 나의 열정스토리

[진로희망사항]

학생들의 진로희망 분야와 사유를 기록하고 그 진로를 이루기 위해 노력했던 핵심 키워드를 분석하여 그 연계성과 확장성을 알 수 있도록 하였다.

[수상경력]

학생부종합전형의 평가요소인 학업역량, 전공적합성, 경험의 다양성(발전가능성), 자기주도성, 열정, 인성 등을 평가하는 주요 항목이며, 이것을 학업역량, 전공적합성, 발전가능성, 인성 영역으로 구조화하여 학년별로 분석하였다.

[창의적 체험활동 및 주요 교과세부능력 특기사항]
　(1) 주요 창의적 체험활동 매트릭스 분석
　이 책의 가장 핵심적인 항목으로써 자율활동, 동아리활동, 봉사활동, 진로활동을 항목별로 분류하고 항목별 연결 구조도를 분석 제시함으로써 학생의 활동 방향과 깊이를 알 수 있도록 하였다.

　(2) 주요 세부능력 특기사항 매트릭스 분석
　학생부종합전형에서 가장 중요한 기록은 세부능력 및 특기사항이다. 교실 수업에 관련된 교과 활동의 핵심, 공부의 깊이와 연관된 활동의 깊이를 볼 수 있는 영역으로 과목별로 학업 역량의 확장과 심화, 그에 따른 연계성과 진로에 끼친 영향을 알 수 있는 파트로서 이 책에서의 보물 창고와 같다.

[독서활동 상황]
　독서활동을 진로연계, 교과연계, 기타 등으로 분류하고 전체 읽은 수량을 알 수 있도록 객관성을 확보하였다. 학생부 연계 항목뿐만 아니라 교과의 이해, 면접 시 배경지식의 확보 차원에서도 중요하다.

3. 나의 성적
　합격생들의 성적을 전 교과, 계열 교과로 구분하여 제시하였고 학년별로 성적 추이를 일목요연하게 확인할 수 있다.

4. 2019학년도 수시전형 지원 합불 결과

지원 대학별 모집 단위별 합격 현황을 한눈에 알 수 있도록 요약 정리하였다.

5. 선배들이 알려주는 합격 포인트

최종합격에 결정적인 영향을 미친 요소를 사례별 첫 페이지에 싣고, 학생부 관리에 있어서 자신만이 가지고 있는 노하우와 학생부종합전형을 위한 올바른 고등학교 생활과 성적관리 요령을 제시하였다.

6. 자기소개서 분석

자기소개서는 사례마다 4개 항목 중 2개 항목을 제시하고, STAR 분석과 그에 따른 학생부 항목 연계성을 집중분석함으로써, 학생부의 어떤 내용이 자기소개서 에피소드로 활용되었는지 확인할 수 있도록 하였다.

7. 최종합격 대학 전형 분석

다수의 합격 대학 중 최종합격 대학의 전형을 분석하고, 2019학년도 수시모집요강과 2020학년도 전형계획안을 비교하여 달라진 점을 명시하였다.

8. 최고의 입시전문가가 공개하는 합격의 비결

학생부, 자기소개서, 교과 성적, 학교 활동의 연계성, 독서 등을 면밀히 분석하여 합격 비결을 소개하고, 그것을 통해 학업역량, 전공적합성, 발전가능성, 인성 영역이 어떻게 드러나 있는지 알 수 있다.

차 례

추천사

프롤로그

이 책의 구성 및 특징

PART 1

자연공학계열

서울대학교_지역균형선발전형 ·· 022

뛰어난 열정과 인성을 겸비한 창의 융합형 인재 생명공학자의 꿈에 다가가다

화학생물공학부 / 경기지역 일반고 한○○

충북대학교_학생부종합전형 ·· 039

따뜻한 감성으로 환자들과 마음으로 소통하는 피부과 의사를 꿈꾸다!

의예과 / 충북지역 일반고 김○○

카이스트_일반전형 ··· 057

활동의 다양성과 뛰어난 탐구정신으로 소프트웨어 개발자를 꿈꾸다

무학과 / 경기지역 일반고 정○○

서강대학교_자기주도형 ·· 074

수학을 좋아하고 빅데이터에 관심을 가진 학생, 수학자의 꿈을 품다!

수학과 / 경기지역 일반고 정○○

중앙대학교_학교장추천전형 ·· 091

뛰어난 분석력과 탐구정신으로 인류를 행복하게 만들어줄 빅데이터 전문가를 꿈꾸다
소프트웨어학과 / 충북지역 일반고 김OO

아주대학교_ACE 전형 ··· 108

교과와 비교과의 조화! 공동체의 배려심으로 똘똘 뭉친 학생!
대한민국 3D애니메이션을 이끌어갈 인재로 성장하다
미디어학과 / 경기지역 일반고 함○○

PART 2

인문사회계열

서울대학교_일반전형 ·· 124

겸손한 성품으로 따뜻한 세상을 꿈꾸는 미래의 인권 변호사!
중어중문학과 / 경기지역 외고 이○○

성균관대학교_성균인재전형 ·· 144

빈곤 대물림을 끊는 사회적 시스템 구축을 꿈꾸는 사회학자
사회과학부 / 서울지역 자사고 박○○

경희대학교_고른기회전형 II ·· 162

사회적 소수자와 사회 문제에 관심이 많은 소녀, 인사관리자의 꿈에 한 발 다가가다!
행정학과 / 충북지역 일반고 이○○

동국대학교_학교장추천전형 ·· 181

열정적인 학교 활동 속에서 식품영양학에 대한 관심이 푸드코디네이터로 발전하다
식품산업학과 / 경기지역 일반고 박○○

숭실대학교_SSU미래인재전형 ·· 197

빅데이터 분석을 활용한 정확성과 마음을 읽는 공감기자로 꿈을 구체화하다
융합특성화자유전공학부 / 경기지역 일반고 소○○

광운대학교_참빛인재전형 ·· 215

학교 특색사업인 창업가 정신교육 프로그램을 활용하여 경영학도의 꿈에 다가가다
경영학과 / 인천지역 일반고 김○○

인천대학교_INU자기추천전형 ·· 230

시사 · 경제 탐구 열정과 토론의 강점을 살려 방송기자로서의 꿈에 다가가다
신문방송학과 / 인천지역 일반고 허○○

PART 3

스페셜 코너

홍익대학교_학생부종합전형 ·· 246

세계 최고 수준의 맞춤형 생산체제를 갖춘 글로벌기업의 설립을 꿈꾸는 디자이너 사업가
미술대학자율전공 / 경기지역 일반고 이○○

PART 1

자연공학계열

서울대학교 지역균형선발전형 화학생물공학부
충북대학교 학생부종합1전형 의예과
카이스트 일반전형 무학과
서강대학교 자기주도형 수학과
중앙대학교 학교장추천전형 소프트웨어학과
아주대학교 ACE전형 미디어학과

서울대학교_지역균형선발전형

뛰어난 열정과 인성을 겸비한 창의 융합형 인재
생명공학자의 꿈에 다가가다

화학생물공학부 / 경기지역 일반고 한○○

합격에 결정적인 영향을 미친 요소

개인적으로 서류나 면접 때의 완벽함이 저의 합격에 결정적으로 작용했다고 생각하지 않습니다. 성적이 최상위권도 아니었을 뿐더러 면접을 볼 때도 모든 질문에 깔끔하게 답을 하진 못 했기 때문입니다. 서울대학교 면접에서는 전공 관련 질문 하나를 넘겨버렸습니다. 강조했던 부분도 공부 이외에 다양한 분야에서의 열정이었고 예를 들었던 체육에서도 물리에 대한 내용을 말했습니다. 하지만 이러한 부분이 면접관의 흥미를 불러일으켰을지도 모른다고 생각합니다. 지원자들 모두 뛰어난 성적과 활동들을 수행해왔고 전공에 대한 저마다의 이유와 열정을 갖고 있습니다. 그 안에서 선택 받기 위해선 전문성과 깊이도 중요하겠지만 그러한 특별함도 있으면 좋을 것 같습니다.

 학교 활동 분석

학교 정보 및 활동 프로그램

구분	내용
독서 활동 프로그램 서지향(書之香)	• 아침독서 10분의 힘 : 0교시 독서 활동을 통해 기본적인 독서 습관 형성 • 새벽샘(曉泉) 독서-사서가 권하는 책 : 월별로 주제를 정하여 다양한 도서를 추천, 권장함으로써 학생들에게 도서에 대한 정보 제공 • 오거서(五車書) : 다독 습관을 형성 • 문장(文章) : 독서 후 표현 활동 • 문답(問答) : 책을 정확하게 읽는 훈련
인문학 프로그램 삶의 레시피(recipe)	• 도서관 무료강연 – '삶의 레시피–인문학적 인간' 프로그램 • 인문 독서 클럽 – '삶의 레시피–인문 독서 클럽' 프로그램 운영 • 인문학 독서 마라톤 – '삶의 레시피–인문 고전 필사' 프로그램 운영
사고력 향상 프로그램 [혜윰]	• 학생이 스스로 참여하는 '독서–토론–논술' 교육 과정을 구성하여 사고력 향상을 꾀함. • 교과 중심의 독서교육을 통해 공교육의 내실화를 추구하여 고등 사고 능력을 지닌 비판적 지성인 양성 • 사고력 향상 프로그램을 통해 자기 정체성을 확립함으로써 핵심역량을 체득할 수 있는 배움의 학교가 되도록 하는 데 기여
사회과학 프로그램 [지호락]	• 인문계 사회과학 계열에 대한 관심 제고 • 역사, 지리, 정치, 경제, 사회, 윤리 영역에 대한 지식의 습득 및 적용 능력의 신장 • 쟁점화된 사회적 주제에 대한 논의 기회 확산
창의수학 소논문대회	• 수학에 대한 편견을 버리고 단편적인 주입식 학습에서 벗어나 실생활에 활용되는 여러 가지 학문적인 지식과 예술적 감각을 통해 통합적으로 사고하고 창의성을 발휘 • 생활 속에서 즐기는 수학 교육의 기회를 제공하며 직접 체험하고 탐구, 발표의 기회를 제공
영어과 특색 사업	[영어 말하기대회] • 학생들의 영어 말하기 능력을 향상시키고 영어에 대한 학습동기와 성취감을 갖게 하며 국제적인 감각을 익히고 진정한 글로벌리더로서 꿈을 키우는 기회를 제공함. [영어 원서 독후감 쓰기 대회] • 원서 읽기를 통해 영어권 문화 전반에 대해 이해하고 배경지식을 늘릴 수 있도록 함. [영어 에세이 쓰기 대회] • 자신의 생각과 의견을 국제 공용어인 영어로 표현하는 기회를 갖고 영어 쓰기 능력 함양을 유도하며, 학교생활기록부에 관련 내용 기재를 통하여 영어에 대한 학습동기와 자신감을 배양

영어모의유엔 대회 (JSMUN)	• 외국어의 일차적인 목적인 의사소통 기능에 대한 관심을 제고하여 실질적인 영어 사용능력을 향상시킴. • 영어 토론을 통해 자신의 의견을 논리적으로 전달하는 능력을 함양함. • 모의UN토론방식의 경험을 통해 외교 등의 관련 분야에 대한 진로경험을 쌓고, 국제적 안목을 키움.
진로 맞춤형 프로젝트 소프트웨어 교육	[정규교과 : 학년별 심화 교육] • 1학년 : 플레이봇, 로보 응용교육 등 코딩 기초 학습(문제해결 능력 향상) • 2학년 : 스마트 어플 제작, 아두이노제작(진로에 맞는 프로젝트형 코딩교육) • 3학년 : IT 관련 계열 집중 팀 프로젝트 [타 교과와의 자연스러운 연계] • 과학 실험이 많은 본교의 특징(과학 중점학교)을 살려 과학 교과와의 연계 [창업 경진대회를 통해 앱 제작 교육] • 창업과 경영 교과 시간에 이루어지는 창업 경진대회를 통해 다양한 창업 아이디어를 도출해 내고 그 과정에서 발생하는 다양한 소프트웨어에 대한 고민을 앱 제작 교육으로 해결

※ 출처 : 학교 알리미 및 학교 홈페이지

 학생부 분석 및 나의 열정스토리

진로희망사항

구분	1학년	2학년	3학년 1학기
진로희망	생명공학자	생명공학자	생명공학연구원
희망사유	과학 현상과 과학 실험에 관심이 많고, 특히 생명 과학 분야의 발전 가능성이 높다고 생각하여 생명공학자로서의 진로를 설정하게 됨. 생명 과학은 미래의 우리 생활과 가장 관련이 깊은 분야라고 생각하기 때문에 생명공학자가 되어 사회의 문제들을 해결하고 싶어함.	평소 과학의 실용성에 대해 자주 생각함. 어느 날 뉴스에서 3D 프린팅 기술을 이용해 인공장기를 생성하는 것을 본 후 생명 공학이 인간의 삶의 질 향상에 큰 영향을 미칠 것이라고 판단함. 따라서 한 명의 생명 공학자로서 인류의 발전에 기여하고 싶어함.	생명의 기원과 생명현상에 대한 호기심과 경외감이 자연스레 관련 교과목에 매료되게 하였으며, 책에서 배운 내용을 토대로 스스로 조사한 보고서를 작성하며 낯선 부분을 교사에게 질문해가면서 생명과학에 대한 지식을 심화시켜 나감. 또한 뉴스와 잡지 등을 통해 최신 학계 주요연구 동향에도 관심을 이어가며 장차 유능한 생명공학 연구원이 되어 사람들의 삶의 질을 향상시키는데 실질적인 도움을 제공하겠다고 결심함.

진로희망을 위한 활동	• 창의수학 보고서대회 • 창업경진대회참여	• 2017학년도 창의수학 소논문 • 퓨리스(바이러스 연구활동)	• 과학탐구대회 • 엔지니어링(유전자 연구활동)

수상경력

구분	1학년	2학년	3학년
학업역량	• 과학탐구대회(화학1, 동상) • 1차자기주도학습능력경시대회(국어, 최우수상) • 1차자기주도학습능력경시대회(영어, 우수상) • 학력우수상(중국어, 화학1, 한국사, 영어1, 수학1, 국어1) • 2차자기주도학습능력경시대회(국어, 영어, 종합, 최우수상) • 1차자기주도학습능력경시대회(국어, 수학, 장려상) • 1차자기주도학습능력경시대회(영어, 최우수상) • 2차자기주도학습능력경시대회(영어, 최우수상) • 예체과목우수상(체육) • 학력우수상(미적1, 영어2, 한국사) • 학력진보상(미술)	• 1분기 자기주도학습능력 우수자(장려상) • 학력우수상(미적2, 영어, 물리1, 지구1, 경영, 한국지리) • 2분기 자기주도학습능력 우수자(장려상) • 3분기 자기주도학습능력 우수자(우수상) • 2차 자기주도학습능력경시대회(영어, 최우수상) • 2차 자기주도학습능력경시대회(최우수상) • 예체능과목 우수상(운동과 건강생활) • 학력우수상(미적분 I,영어II, 한국사)	• 4분기 자기주도학습능력우수자(최우수상) • 학력우수상(독서와 문법, 심화영어독해I, 화학II, 생명과학II, 정보) • 예체능과목우수상(음악과 진로) • 학력우수상(화법과 작문, 고급수학I, 심화영어독해II, 세계지리, 정보과학)
전공 적합성	• 자연과학 에세이대회(장려상) • 창의수학 보고서대회(장려상)	• 2017학년도 창의수학 소논문대회(장려상)	• 과학탐구대회(생명과학, 우수상) • 과학논술대회(과학독후감부문, 최우수상)
발전 가능성	• 서지향독서퀴즈대회(우수상) • 에세이전시회(장려상)	• 서지향 문장(독서활동, 장려상)	• 영어 에세이쓰기대회(최우수상)
인성영역	• 표창장(다빈치상)	• 표창장(참진성인상)	• 표창장(봉사상) • 표창장(열정상)

창의적 체험활동 및 주요 교과세부능력 특기사항

구분	1학년	2학년	3학년
자율활동	• 사고력향상 프로그램(혜윰) • 창업경진대회참여 • 사이언스북클럽	• 과학기술창업 계획서 발표 • 과학실험 탐구 발표 • 과학 창의적 체험활동	• 학급자치회회장 • 학급별 교과멘토활동
동아리 활동	• 도서반(독서토론활동)	• 퓨리스(바이러스 관련) • 인벤션(발명과 특허 연구)	• 퓨리스(해부 활동) • 엔지니어링(유전자 연구활동)
봉사활동	• 개인 13시간+학교40시간 = 총 53시간	• 한국컴패션(어린이 후원자 편지번역) • 개인 87시간+학교32시간 = 총 119시간	• 한국컴패션(어린이 후원자 편지번역) • 개인 35시간+학교27시간 = 총 62시간
진로활동	• 자신감있는 스피치 트레이닝 프로그램 • 마음챙김 명상 체험프로그램	• 이공계학과 대탐험 • 생명과학연구원 진로특강 • 교내 과학진로캠프	• 재학기간 중 학업에 기울인 노력과 학습 경험 활동 • 자신에게 가장 큰 영향을 준 책에 관해 기술하기 활동
주요세특	[미적분I] • 프랙탈 구조와 카오스 구조 [생명과학] • 특히 유전단원에 관심 많음. [화학I] • 과학현상에 대한 분석력 뛰어남.	[확률과 통계] • 생명과학 수업 중 유전에 관련된 수학적 이론에 관심 [화학II] • 다양한 이론간의 유기적인 관계에 대한 깊은 지식 [생명과학II] • 수업에서 궁금한 사항을 관련 자료들을 찾아 새로운 논리로 확장	[고급수학I] • 교과에 호기심을 갖고 여러 예시문을 통해 찾아봄. [고급생명과학] • 수업시간에 배운 내용을 자료를 찾아보며 심화 확장 능력 우수

1. 전문가의 주요 창의적 체험활동 매트릭스 분석

구분	동아리	
교과(수업)연계활동 (발표+토론+실험 +탐구)	[도서반] • 독서 토론를 학기 위해 꼼꼼하게 책을 읽고 분위기를 리드해 나감.	[퓨리스] • 동아리 잡지 기사 작성
탐구(활동)제목 (수행평가+ 탐구보고서)	• 독서토론 활동	• 바이러스의 응용 가능성
연계독서 (도서명/간략 내용)	• 동물농장(공산주의의 몰락을 우회적으로 표현)	

연계 자료 (영화, 다큐, TED, 보고서 등)		• 과학 잡지(바이러스의 특성을 통해 치료제를 운반하는 기술)
결과 (학업, 진로에 끼친 영향)	• 개별 독서 후 의문점에 대해 조원들과 토론	• 자료 조사 및 정리하여 보고서를 작성하고 관련 분야의 탐구력 강화
후속 또는 타 연계 활동	• (구)소련과 스탈린에 대해 알아보고 작가의 다른 작품도 찾아봄.	• 1학년 수업 시간에 배운 바이러스의 특성에 대해 다시 배우게 됨.

구분	행사명(제목)	행사내용	결과 (토론/발표/보고서/ 캠프/대회참가)	후속 또는 타 활동 연계
자율 활동	사이언스 북클럽	관련 주제의 독서 후 토론 활동 진행	5권의 책을 읽고 토론 후 보고서 작성	뇌과학에 대해 관심을 가지게 되어 정재승 과학자에 대해 알게 됨.
	과학기술창업 계획서 발표회	과학, 공학과 관련된 주제를 선정하여 실험 보고서를 작성	선정한 주제와 관련된 자료를 모아 실험을 진행하고 보고서를 작성	곰팡이독소의 특성과 식품에서의 문제점, 안전보고서, 식물의 음이온방출에 의한 실내 공기질 개선효과
진로 활동	생명과학연구원 진로 특강	생명과학연구원의 모습과 생명과학 전공자의 진로에 대해 배움.	연구원의 진솔한 말씀을 통해 희망 직업을 구체화할 수 있었음.	
	융합과학 자유주제 연구 프로젝트	생명과학과 관련된 지식을 배우고 실험을 함.	병아리의 발생 과정을 배우고 직접 관찰함.	발생학적 증거에 대해 조사하는 데 도움이 됨.
봉사 활동	컴패션 메이트	한국 컴패션 사이트에서 수혜 아동이 후원자에게 보내는 영문편지를 한글로 번역하는 역할	매주 4통의 편지를 번역	

구분	화학1	생명과학1	생명과학II
교과 단원		• 유전자	• 생명의 기원
활동내용 (발표+토론+질문 +실험+탐구)	• 다양한 화학 실험을 진행	• 화학 진화설과 관련하여 오파린 가설에 대해 조사함.	• 교과단원에서의 궁금증을 관련 자료를 찾아 가며 연구함.

활동내용(제목) (수행 평가/보고서)			· 발생 과정과 발생학적 근 거의 타당성
연계 자료 (영화, 다큐, TED, 보고서 독서 등)	· 재밌어서 밤새 읽는 화학 이야기	· 이토록 아름다운 약자들 · 성게 실험에서 복제양 돌 리까지	· 다윈의 비밀 노트 · 나의 삶은 서서히 진화해 왔다.
후속 또는 타 활동 연계 (동아리, 방과후, 스터디, 멘토링 등)	· 조원과 함께 화학실험을 진행하고 이와 관련하여 토의함. · 방과후 화학실험 탐구반	· 2016 사이언스 북클럽에 서 2권의 책을 읽고 토론 진행 · 방과후 학교 생명과학I 수강	
결과 (학업, 진로에 끼친 영향)	· 다양한 분야에서 다양한 실험활동을 직접 수행하 고 토론해 봄으로써 화학 에 대한 흥미 고취	· 본인의 진로에 관련된 분 야에서 관련자료들을 찾 아 보는 등 지적 호기심 을 확장시켜 나감.	· 수업시간에 궁금한 내용 을 스스로 관련 자료를 찾아가며 새로운 논리로 확장해 나감.

독서활동 상황

구분		1학년	2학년	3학년
독 서 활 동 상 황	교과 연계	[국어] · 장화홍련전(작자 미상) · 오리엔탈리즘 (에드워드 사이드) [영어] · Who moved my cheese? (DR 스펜서 존슨)	[국어] · 시 맥락 읽기 (포항 국어교사 모임) [수학] · 0의 발견(요시다 요이치) [영어] · The Legend of Sleepy Hollow and Rip Van Winkle (워싱턴 어빙)	[국어] · 쓰면서도 잘 모르는 생활 속 우리말 나들이 (MBC 아나운서 우리말 팀) [수학] · 기하학 캠프(마이크 에스큐) · 푸엥카레가 들려주는 위상 수학이야기(백석윤)
		[과학] · 재밌어서 밤새 읽는 화학이 야기(사마키 다케오) · 연금술사의 부엌 (가이 오길비) · 이토록 아름다운 약자들 (이나가키 히데히로) · 성게 실험에서 복제양 돌리 까지(샐리 모건) · 해마(이케가야 유지, 이토이 시게사토)	[과학] · 물리와 친해지는 1분 실험 (사마키 다케오) · 빅히스토리(이명현) · 지구과학I : 우주의 비밀 (아이작 아시모프) · 다윈의 비밀노트 (Jonathan Clements) · 나의 삶은 서서히 진화해 왔 다(찰스다윈)	[영어] · The Scarlet Letter (Nathaniel Hawthorn) [과학] · 4차산업혁명을 이끌 IT과학 이야기(이재영)

독서 활동 상황	진로 연계	• 생명과학과 세상 (독일 생물학 협회) • 동물농장(조지 오웰) • 재밌어서 밤새 읽는 물리이야기(사마키 다케오) • 청소년이 꼭 알아야 할 과학이슈 11 Season3 (최순옥 외 10명)	• DNA 독트린 (리처드 르원틴) • 선생님도 모르는 과학자 이야기(사마키 다케오) • 위험한 과학책(랜들 먼로) • 과학과 계몽주의 (토머스 행킨스) • 지구온난화에 속지 마라(프레드 싱거, 데니스 에이버리)	• 고급생명과학 : 보이지 않는 지구의 주인 미생물(오태광) • 생체모방(재닌 M,베니어스) • 내가 유전자쇼핑에서 태어난 아이라면(정혜경) • 생명생물의과학 (David Sadava)
	공통 (기타)	• 오래된 미래 (헬레나 노르베리 호지) • 다리를 잃은 것을 기념합니다(니콜라우스 뉘첼) • 그리고 아무도 없었다 (애거서 크리스티) • 이외수의 생존법 하악하악 (이외수) • 앨버트로스의 똥으로 만든 나라(후루타 야스시) • 기억 전달자(로이스 로리)		• 리바이어던(토마스 홉스) • 유레카의 순간들(김형근) • 국가란 무엇인가(유시민) • 리더 김성근의 9회말 리더십 (정철우) • 나를 사랑하지 못하는 나에게(안드레아스 크누프)
합계		18권	13권	14권

 나의 성적

주요 교과 추이

교과	1-1	1-2	2-1	2-2	3-1
국어	1.0	2.0	3.0	1.0	1.0
수학	1.0	2.1	1.3	2.0	1.7
영어	1.0	1.0	1.0	1.0	1.0
과학	1.0	2.0	1.0	1.0	1.0

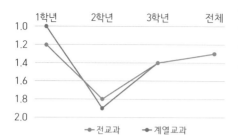

학년별 등급 추이

교과	1학년	2학년	3학년	전체
전 교과	1.2	1.8	1.4	1.3
계열교과	1.0	1.9	1.4	1.3

2019학년도 수시전형 지원 합불 결과

대학명	전형명	모집단위	수능최저여부	합불여부
서울대학교	지역균형선발	화학생물공학부	○	합격
포항공과대학교	일반	단일계열	×	합격
고려대학교	학교추천II	바이오의공학부	○	합격
성균관대학교	글로벌인재	글로벌바이오 메디컬공학	×	합격
성균관대학교	성균인재	공학계열	×	합격
유니스트	일반전형 (학생부종합)	이공계열	×	합격
연세대학교	활동우수형	화공생명공학부	○	불합격

 선배들이 알려주는 합격 포인트

Q1 학생부 관리에 있어서 본인만이 가지고 있는 노하우는?

A1 일반적으로 학생부에는 본인의 진로와 관련된 활동, 자신의 생각, 성장과정 등을 채우고 나서도 부족함을 느끼는 경우도 많은 것 같습니다. 물론 저도 그런 적이 있었지만 기본적으로 다른 과목이나 활동, 즉 내 진로와 큰 관련 이 없는 일에도 열심히 참여하고 나의 활동과 생각을 기록했습니다. 실제로

관련 활동보다 더 열심히 참여한 것도 있고 인문학과 관련된 것도 있습니다. 언제나 화학생물공학을 위한 학생부관리보다는 내 자신만의 생기부를 만들고 싶다는 생각을 가지고 있었고 이것이 나의 정체성이자 차별화의 노하우라고 생각합니다.

Q2 **학생부종합전형을 위한 올바른 고등학생 생활과 성적관리에서 필요한 것이 있다면?**

A2 간단하게 말하자면 모든 활동과 과목에 열심히 참여하고 좋은 결과를 얻으면 됩니다. 하지만 언제나 열심히 하기는 쉽지 않을 뿐더러 더 좋은 결과를 얻기는 더더욱 어렵습니다. 그래서 학교 생활을 하면서 본인이 하고 싶은 활동으로만 그치지 않고 이후에 본인의 지식을 심화시키거나 생각, 행동에 변화를 추구하는 것이 중요하다고 생각합니다. 일반적으로 성적 관리에 있어서는 본인의 진로 과목이나 주요과목에 집중하는 것이 당연하고 그 성적을 높이는 것이 최우선입니다. 하지만 중요하지 않은 과목이나 관련성이 비교적 낮은 과목에도 소홀히 하면 안 된다고 생각합니다. 불필요하게 에너지를 투자하라고 말하는 것은 아니지만 단 며칠, 몇 시간만이라도 최선을 다해 공부하고 시험을 볼 때도 집중하는 것이 중요하다고 생각합니다.

자기소개서 분석

(자기소개서 1번) 고등학교 재학기간 중 학업에 기울인 노력과 학습 경험에 대해, 배우고 느낀 점을 중심으로 기술해주시기 바랍니다(1,000자 이내).

음악수업 시간에 화음에 대해 배우면서 음악 속에 숨어 있는 다른 수학적 원리에 대한 호기심이 생겼습니다. 그래서 '음악에서의 프랙털 구조'에 대한 강의 후기를 보고 친구들과 창의수학 보고서대회에 참가하여 이에 대해 연구하기로 결정했습니다. 프랙털 이론과 카오스 이론이 생소하였지만 조원들에게 질문하고 함께 자료를 찾아봄으로써 내용을 이해하기 위해 노력했습니다. 또한 조사를 하는 과정에서 시어핀스키 삼각형과 멩거 스펀지 등을 통해 프랙털의 원리와 역설에 대해 알게 되었으며, 자연의 많은 부분이 프랙털과 카오스의 원리로 이루어져 있다는 것을 깨달았습니다. 저는 이러한 자연 현상의 원인에 대해 궁금해졌고 프랙털 구조의 예시를 찾아보며 멩거 스펀지와 폐포의 공통점을 발견할 수 있었습니다. 일정한 부피에서 표면적이 무한대로 늘어난다는 점에서 프랙털이 생명활동의 효율성을 높일 수 있는 열쇠이며 자연 상태에서 이러한 특성이 자연 선택되었다는 결론을 내렸습니다. 저희는 자연의 일부인 인간이 만든 음악도 이러한 자연적 원리를 따를 것이라는 가설을 세우고 이를 일반화하기 위해 다양한 장르의 노래를 채택했습니다. 그리고 각각의 음파와 악보를 분석함으로써 음악 속에서 자기유사성과 순환성을 찾고자 노력했습니다. 담당 교수님께서는 저희 주제가 참신하여 결과가 기대된다고 말씀해주셨습니다. 결과적으로 음악의 일부분에서 프랙털과 카오스의 특징을 발견하고 인간이라는 종뿐만 아니라 그 산물까지 자연의 원리를 따를 수 있다는 결론을 내렸습니다. 그리고 탐구보고서를 작성하여 제출하였고 장려상을 수상함으로써 그 능력을 인정받았습니다. 또한 교수님과의 질의응답에 참여하여 기존 악보 분석방법에 대한 의견을 여쭤보고 앞으로의 연구 방향과 보고서 양식에 대한 조언도 구하며 결과의 신뢰성과 완결성을 높이기 위해 노력했습니다. 자연의 구조적 원리를 탐구하며 자연 현상을 깊이 있게 바라볼 수 있는 새로운 시각을 얻게 되었으며 이를 통해 또 다른 의문점을 찾아서 스스로를 발전시킬 수 있을 거라고 확신하였습니다.

STAR 분석		지원대학 평가요소
구분	내용	
Situation (상황, 배경)	음악수업 시간에 화음에 대해 배우면서 음악 속에 숨어 있는 다른 수학적 원리에 대한 호기심 발생	학업능력 + 자기주도적학업태도 + 전공 분야에 대한 관심 + 지적 호기심 등 창의적 인재로 발전할 가능성을 종합적으로 평가함.
Task (목표, 역할)	창의수학 보고서대회에 참가하여 '음악에서의 프랙털 구조' 대해 연구하기로 결정	
Action (구체적인 행동)	Action1 : 조사하는 과정에서 시어핀스키 삼각형과 멩거 스펀지 등을 통해 프랙털의 원리와 역설에 대해 알게 됨. Action2 : 음파와 악보를 분석함으로써 음악 속에서 자기유사성과 순환성을 찾고자 노력함. Action3 : 탐구보고서 작성 및 제출함.	
Result (결과)	음악의 일부분에서 프랙털과 카오스의 특징을 발견하였고 인간이라는 종뿐만 아니라 그 산물까지 자연의 원리를 따를 수 있다는 결론을 내리게 됨.	

학생부 항목 분석	
핵심 내용	실제생활에 연계된 탐구 활동 강화
4번 수상실적	창의수학 보고서대회 수상
7번 창체 활동	자율활동-과학실험 발표
8번 교과 세특	1학년(미적분I) : 컴퓨터 실험을 통해서 악보에서 발견되는 프랙탈 구조와 카오스구조를 찾아 보고 실험을 위한 음향 분석 프로그램을 찾아봄.
10번 종합의견	새로운 과학 이론을 발견하면 호기심을 갖고 인터넷, 관련서적을 찾아보는 탐구 정신을 가짐.

(자기소개서 2번) 고등학교 재학기간 중 본인이 의미를 두고 노력했던 교내 활동(3개 이내)을 통해 배우고 느낀 점을 중심으로 기술해 주시기 바랍니다. 단, 교외 활동 중 학교장의 허락을 받고 참여한 활동은 포함됩니다(띄어쓰기 포함 1,500자 이내).

항상 전 과목에 관심과 열정을 갖고 임했지만 수학은 특히 잘하고 싶었던 과목이었습니다. 그래서 수학 관련 교과목을 공부하는 데 많은 시간을 투자했고 수업내용 이외의 수학에 대한 관심도 잃지 않았습니다. 창의수학 소논문 대회에 두 번 참가한 이유도 친구들과 함께 다양한 수학적 지식을 쌓고 싶었기 때문입니다. 진법이라는 개념이 친숙하지 않았기에 『0의 발견』이라는 책을 읽으며 진법의 역사와 의의에 대해 알아보고 조원에게 도움을 청해 진법에 대해 이해하고자 노력했습니다. 덕분에 3진 논리회로의 간략화 과정에 대해 의견을 나누기 위한 조원들과 토의에서 카르노맵을 직접 찾아내기도 하였으며 부울 대수와 3진 논리의 게이트에 대한 자료를 앞장서서 조사할 수 있게 되었습니다. 결국 조원들과 함께 수집한 연구 자료를 이해하면서 소논문의 완성도를 높일 수 있었고 장려상까지 수상하는 기쁨을 누렸습니다. 활동을 통해 얻은 진법에 대한 기초적인 지식과 컴퓨터의 2진법 체계에서 이루어지는 연산처리 과정에 대한 이해는 정보와 정보과학에서 우수한 성적을 받는데 큰 도움이 되었을 뿐만 아니라 기본에 충실한 공학자가 되겠다는 저의 목표를 다지는 초석이 되었습니다.

생명과학 또한 제가 남다른 열정과 애정을 갖고 탐구한 분야였습니다. 생명과학Ⅱ를 공부하면서 코아세르베이트에서 산소호흡 세균으로 이어지는 생물의 진화 과정과 막진화설에 대해서 학습했던 것이 기억에 남습니다. 또한 생명과학Ⅱ 수업시간 중 생명의 진화에 대해 학습하면서 생명과학선생님께서 헤켈의 발생반복설에 대해 설명해 주신 적이 있었습니다. 선생님께서는 후대의 진화학자들에 의해 발생반복설의 자의성이 밝혀짐에 따라 더 이상 과학적 지식으로 취급받지 못하는 수준이라고 설명해 주셨습니다. 저 역시 책의 내용이 주장을 뒷받침하기에 빈약하다고 생각하고 있었기에 선생님의 설명에 의문을 가지게 되었습니다. 그래서 방과 후 활동인 '융합과학 자유주제 연구 프로젝트'에서 척추동물의 발생 과정에 대해 학습하고 이를 관찰한 경험을 바탕으로 발생반복설의 타당성에 대해 조사해 보기로 하였습니다. 처음 조사를 할 때는 발생반복설의 근거에만 집중하였더니 원하는 자료를 찾을 수 없었습니다. 그래서 생물의 기원에 대한 근거를 목표로 하였고 영국 킹스칼리지 연구팀이 닭과 쥐의 부갑상선과 제브라피시 및 돔발상어의 아가미가 같은 형태의 조직에서 발달되었다고 발표했다는 사실을 알게 되었습니다. 저는 이를 근거로 생물권이 바다에서 육지, 그리고 다양한 환경으로 확장됨으로써 유사한 형태였던 기관이 각기 다른 기관으로 발달하게 된 것이라고 생각하였습니다. 또한 그 과정이 생물의 발생 초기단계에서 나타날 수 있으며 헤켈의 발생반복설이 허무맹랑한 주장은 절대 아니라는 결론을 내렸습니다. 활동을 통해 생명의 기원이 바다로부터 시작되었다는 믿음을 갖게 되었고 환경에 따라 과거, 현재 그리고 미래에도 계속될 생물의 진화에 경이로움을 느꼈습니다. 또한 수많은 적응과 진화의 결과에 대해 연구하고 이를 인류와 자연의 미래를 위해 활용하는 생명과학에 더 많은 애정을 갖게 되었습니다.

STAR 분석		지원대학 평가요소
구분	내용	
Situation (상황, 배경)	헤켈의 발생반복설에 대한 과학선생님의 설명을 듣고 이 부분에 대한 의문을 가지게 됨.	학업능력 + 자기주도적학업태도 + 전공 분야에 대한 관심 + 지적 호기심 등 창의적 인재로 발전할 가능성을 종합적으로 평가함.
Task (목표, 역할)	융합과학 자유주제 연구 프로젝트에서 척추동물의 발생 과정에 대해 학습하고 이를 관찰한 경험을 바탕으로 발생반복설의 타당성에 대해 조사해 보기로 함.	
Action (구체적인 행동)	Action1 : 자료 조사를 통해 '영국 킹스칼리지 연구팀이 닭과 쥐의 부갑상선과 제브라피시 및 돔발상어의 아가미가 같은 형태의 조직에서 발달되었다고 발표했다는 사실을 알게 됨. Action2 : 조사하는 과정에서 생물의 발생 초기단계에서 나타날 수 있으며 헤켈의 발생반복설이 허무맹랑한 주장은 절대 아니라는 것을 알게 됨.	
Result (결과)	생명의 기원이 바다로부터 시작되었다는 믿음을 갖게 되었고 환경에 따라 과거, 현재 그리고 미래에도 계속될 생물의 진화에 경이로움을 느낌.	

학생부 항목 분석	
핵심 내용	융합과학 자유주제 연구 프로젝트 참가
7번 창체 활동	2학년 진로활동 : 융합과학 자유주제 연구 프로젝트 진행 (생명과학의 기본 지식에 대해 복습하고 의학에서 사용되는 봉합방법에 대해 배움.)
8번 교과 세특	2학년(생명과학II) : 진화단원에 등장하는 발생학적 증거들 중에서 헤켈의 발생반복설을 공부하여 서로 다른 생물종의 초기 발생과정에 아가미 틈과 같은 형태적으로 유사한 부분이 나타난다는 점에 대해 의문을 품고 관련 자료 조사함.

9번 독서활동	2학년(교과연계) : 다윈의 비밀노트(Jonathan Clements), 나의 삶은 서서히 진화해 왔다(찰스 다윈)
10번 종합의견	2학년 : 자신의 능력과 주변의 환경을 철저하고 냉정하게 분석하며 긍정적인 결과가 나올 수 있도록 함.

 ## 최종합격 대학 전형 분석 (서울대 지역균형선발전형 2019 vs. 2020)

2019학년도 수시모집요강

전형명	모집단위	모집인원	전형방법 및 특징	수능최저	제출서류
지역균형선발	화학생물공학부	19	서류평가+면접 종합평가	있음	• 학교생활기록부 • 자기소개서 • 추천서
지원자격	소속 고등학교장의 추천을 받은 2019년 2월 국내 고등학교 졸업예정자(조기졸업예정자 제외) ※ 고등학교별 추천 인원은 2명 이내이며, 각 고등학교는 반드시 학교장 직인이 날인된 추천자 명단을 서류제출 기간 내에 공문으로 제출해야 함.				

2020학년도 입학전형안내

전형명	모집단위	모집인원	전형방법 및 특징	수능최저	제출서류
지역균형선발	화학생물공학부	19	서류평가(70)+면접(30) 종합평가	있음	• 학교생활기록부 • 자기소개서 • 추천서
지원자격	소속 고등학교장의 추천을 받은 2020년 2월 국내 고등학교 졸업예정자(조기졸업예정자 제외) ※ 고등학교별 추천 인원은 2명 이내이며, 각 고등학교는 반드시 학교장 직인이 날인된 추천자 명단을 서류제출 기간 내에 공문으로 제출해야 함.				

※ 위 내용은 입학전형계획안 내용이므로 자세한 사항은 2020학년도 수시모집요강을 반드시 참조하시기 바랍니다.
※ 변동사항
  - 서류평가와 면접의 반영비율을 70 : 30으로 명시함.

이 학생은 지역의 명문 일반고에 입학하여 2년 6개월간 전교 최상위권의 내신 성적과 비교과 활동, 그리고 수능을 열심히 준비해 온 친구다. 생명공학자라는 진로를 꿈꾸며 자연계를 지망한 학생이지만 문과와 이과를 넘나드는 균형잡힌 활동은 이 학생의 큰 장점이라고 생각한다.

생명공학자가 되기 위한 준비 활동으로 과학 실험 발표 대회, 융합과학 자유주제 프로젝트, 학교의 대표로 참가한 이공계학과 대탐험 등을 통해 희망 전공 분야의 시야를 넓히고 그 꿈을 이루고자 관련 분야의 연구과 분석을 충실히 하였다.

또한 해부학 동아리인 퓨리스에서 동물 해부와 실험을 통해 토끼 해부 실험을 주도하였고, 자율동아리인 엔지니어링에서는 유전자 가위를 주제로 발표하고 유전질환을 치료하는 수단으로서 유전자가위의 잠재력과 영향력을 연구하는 등 교과외 활동에서도 본인의 주요 관심사에 대해 흥미와 열정을 발휘하였다.

인문학에도 관심이 많아 사고력 향상 프로그램인 혜윰에 참가하여 사회적 배경지식을 습득하였고 토론 및 발표 학습에 적극적으로 참여하였다. 또한 과학기술 창업 발표회에 '식물의 부패 억제 기능'을 주제로 소논문을 작성하여 제출하고 포장 재료를 인체 친화적으로 만들기 위한 방법을 고안해내기도 하였다.

이 학생의 가장 큰 특징은 교과 선생님들마다 성실한 학습 태도와 수업 분위기를 이끌어 나가는 리더십을 언급한 부분이다. 교사의 발문을 듣고 대답하는 적극적인 태도를 칭찬하였고, 교사가 수업할 맛을 나게 하는 최고의 학생이라는 극찬을 아끼지 않는 선생님들이 대다수다.

또한 새로운 과학 이론을 발견하면 호기심을 갖고 인터넷, 관련 서적을 찾아보고 지식심화 확장이라는 부분에서 큰 강점을 가진 학생이다. 자신의 능력과 주변의 환경을 객관적으로 분석하며 긍정적인 결과가 나올 때까지 노력하는 점에서 서울대에서 선발하고자 하는 학생이라고 판단된다.

　서울대에서 본인의 꿈을 이뤄 학교를 빛내고 향후 대한민국 생명공학을 이끌어 나가는 인재로 성장할 것이라 확신한다.

충북대학교_학생부종합l전형

따뜻한 감성으로 환자들과 마음으로 소통하는 피부과 의사를 꿈꾸다!

의예과 / 충북지역 일반고 김○○

 합격에 결정적인 영향을 미친 요소

최종합격에 결정적인 영향을 미친 요소를 딱 하나만 꼽자면 면접 준비였다고 생각합니다. 원서를 넣을 때에도 자기소개나 생활기록부 등의 서류보다는 면접을 통해 저의 장점을 어필하고자 교과 전형도 면접이 있는 전형으로 지원하였습니다. 또한 수시 지원을 할 때 수능최저가 없는 전형에 지원했기 때문에 수시 원서를 넣고 수능을 보기 전까지 학생부와 자기소개서에서 면접 예상 질문을 뽑아보고 다양한 책도 읽으면서 면접 준비에 최선을 다했습니다. 수능에 대한 부담감이 없어 이 기간 동안 사고의 폭을 넓히면서 면접 준비에 집중할 수 있는 시간이었기 때문에 실제 면접을 볼 때도 긴장하지 않고 저의 생각과 모습을 잘 나타낸 점이 합격에 큰 영향을 끼쳤다고 생각합니다.

 학교 활동 분석

학교 정보 및 활동 프로그램

구분	내용
독서교육활동	[`교과 DAY`를 활용한 독서 프로그램] • `좋은 책` 홍보 : 학년별, 교과별 필독도서 및 추천도서 목록을 선정하여 실제 학생들이 읽을 수 있도록 동기를 부여하는 홍보활동 • 독서 골든벨 • 나의 친구 `책` : 가장 감명 깊게 읽었거나 도움이 되었던 책을 소개하는 활동 [다양한 독서 프로그램] • 목련인 작가와 만나다 • 목련 독서왕 선발 • 목련문학상 • 학생 독서활동 결과물 출판 프로그램
"T(Talent) UP(Uplift) Day" 매주 수요일 일과 시간 후(17시부터)에 학생들이 수시 진학과 관련된 다양한 활동을 실시	[자율동아리활동] • 다양한 분야의 활동을 학생들이 자발적으로 조직하여 자신의 재능과 능력을 계발 • 학생들이 주체적으로 동아리를 구성하고 장소, 시간, 지도교사 등을 포함하는 계획서를 제출하여 승인후 활동 • `T-UP DAY`에 활동하며 활동한 내용을 기록하고 결과물을 포트폴리오로 작성하여 학기 말에 지도교사의 평가를 통해 그 내용을 생활기록부에 기록 [Know How TalkTalk 멘토링] • 교사의 도움 없이 학생 스스로 협력학습 실시. 기초학력 제고에 도움이 됨. 멘토와 멘티 간 친밀감 형성 • 함께 쑥쑥 배움과 나눔 노트 제작을 통한 자기주도적 학습능력을 습관화
교과교실제	[수업연구 동아리(교과 연구회) 프로그램] • 수학과 수업 나눔 동아리활동 • 영어과 수업 나눔 동아리활동 [교과별 수업 활성화 프로그램] • 거꾸로 수업 운영 확대. 토론수업과 프로젝트 수업 등 다양한 수업 방법을 이용한 배움중심 수업의 확대 실시 • 학생 참여 수업의 실시와 이를 통한 과정중심의 평가가 가능하도록 수업 진행

※ 출처 : 학교 알리미 및 학교 홈페이지

학생부 분석 및 나의 열정스토리

구분	1학년	2학년	3학년 1학기
진로희망	피부과 의사	피부과 전문의	피부과 전문의
희망사유	외할머니의 건선피부와 자신이 앓았던 지루성 피부염, 그리고 이를 치료하는 과정에서 쌓인 경험을 통해 피부와 관련된 질병에 걸린 사람들의 괴로움을 잘 알아 이들을 치료해주고 싶다는 생각을 어릴 때부터 가짐. 진로활동 중 의대 교수의 강의를 듣고 인체의 신비함과 신체에서 일어나는 각종 반응에 흥미를 느껴 의·생명 계열 중 피부과 의사를 희망 진로로 설정함.	지속적인 병원, 요양원 봉사활동을 통하여 환자들이 질병으로부터 건강한 삶을 증진할 수 있도록 돕는 의사가 되어야겠다는 의지를 다짐. 피부 재생 속도 실험에 대한 동영상을 본 후 궁금증이 생겨 일차방어에 중요한 역할을 하는 피부에 신생조직 형성과 창상 치유에 있어 천연 소재의 효과에 대한 논문을 찾아보며 피부과 의사로서의 꿈을 구체화함.	구체적인 나눔과 배려의 정신을 가진 글로벌 시대의 인재로서 공익에 기여하고 봉사정신을 갖춘 의사가 되고자 하는 포부를 밝힘. 피부 조직에 대한 보고서를 작성하고 진로박람회에서 피부과 의사를 맡아 활동하는 등 자신의 희망진로에 한 발자국 더 나아가는 계기를 마련함.
진로희망을 위한 활동	• 의학동아리 메딕트 • 건강검진센터 부스 운영 • 노인요양병원 봉사활동 • 자서전 생애설계	• 의학동아리 메딕트 • '의약품 바르게 사용하기' 캠페인 기획 • 피부과 의사 강의 듣기 • 메디컬캠프 참여 • 노인요양병원 봉사활동 • 지역 종합병원 봉사활동	• 폐의약품 바르게 사용하기 보고서작성 후 진로박람회에서 홍보 • '후다닥 hospital'부스운영 • '만약은 없다' 독서활동

구분	1학년	2학년	3학년
학업역량	• 1학기교과우수상(수학I, 실용영어I, 화학I, 생명과학I, 미술창작) • 2학기 교과우수상(국어II, 수학II, 실용영어II, 화학I, 기술·가정, 한문I) • English Speech Concert (동상)	• 1학기교과우수상(문학, 스포츠문화, 미적분I, 물리I, 지구과학I, 중국어I, 생명과학I) • 2학기교과우수상(기하와벡터,독서와문법, 영어2, 스포츠문화, 미적분2, 생명과학2, 음악과진로, 중국어I) • English Writing Festival (은상) • English Voca Festival(동상)	• 1학기교과우수상(확률과통계, 기하와백터, 세계지리, 한국지리, 과학, 스포츠과학, 중국어II) • English Voca Festival • 은상)

전공 적합성	• 과학창의사고력경진대회(화학부문 은상) • 창의수리사고력한마당(장려상) • 과학창의사고력경진대회(생명과학부문) 금상	• 생명과학1 창의력 한마당(은상) • 창의수리사고력한마당(은상) • 물리1 창의력 한마당(은상)	• 창의수리사고력한마당(동상) • 생명과학1 창의력 한마당(은상)
발전 가능성	• 우리말겨루기대회(장려상) • 직지코리아보고서대회(금상) • 자기소개서쓰기대회(금상) • 압화만들기대회(은상) • 동아리활동 경연대회 프레젠테이션부문(금상) • 동아리활동 경연대회 체험부스부문(금상) • 포트폴리오대회(동상)	• 영어특강 소감문 우수상(우수상) • 청람교육 그리기 우수상(공동수상) • 동아리활동 경연대회 프레젠테이션부문(금상) • 우수학체험부스 우수운영(공동수상, 6인 장려상) • 국어 패러디 시 재구성(공동수상, 4인 장려상) • 영어프레젠테이션(금상) • 체험학습 보고서대회(금상) • 교내토론대회(공동수상, 2인 대상) • 동화구연대회 중국어부문(공동수상, 5인)	• 교과데이 국어과 우수상(토론부분, 공동수상 2인)
인성영역	• 모범학생표창(선행상) • 목련품성인상	• 모범학생표창(봉사상)	

창의적 체험활동 및 주요 교과세부능력 특기사항

구분	1학년	2학년	3학년
자율활동	• 목련무용제 • 국어 분야 명사초청강연 • 충북수학체육대회	• 학급기획부원 • 교내체육활동 계주선수 • 다국어동화구연대회	• 지식기부활동 • 체육대회 계주선수참가 • 건강한 고등학교 생활토의 및 발표
동아리 활동	• 의학동아리(메딕트) • 수학탐구(수정) 자율동아리 • 훈맹정음(맹학교봉사) 자율동아리	• 의학동아리(메딕트) • 의약품 바르게 사용하기 캠페인	
봉사활동	• 개인 73시간	• 개인 64시간	• 개인 8시간

진로활동	• 자서전 생애설계 • 수요진로아카데미 • 입시설명회/자기소개서쓰기 • 대학생 진로멘토링	• 지역대학 오픈캠퍼스 피부과 강의 수강 • 적성검사에서 '의학 및 생명과학에 적합한 유형' 진단 • 메디컬캠프 참여	• '폐의약품 바르게 처리하기' 보고서 작성 • 보건도우미 • 의학멘토 강연듣기 • 의학부스 운영
주요세특	[수학II] • 일상 생활 속의 피보나치 수열' 소논문 [진로와직업] • '행복한 미래를 위한 나의 브랜드 만들기'	[독서와문법] • 독서토론그룹 [확률과통계] • 수학독서 권장 포스터, 웹툰 제작 [미적분 I] • s파이 수학신문제작 [미적분II] • 테트리스수업 아이템	[심화영어독해I] • '드라마에 나오는 의학용어' 주제의 수업진행 [기하와벡터] • 수학멘토 [화학II] • '나도 교사 프로젝트' • 신약개발 관련 보고서 작성

1. 전문가의 주요 창의적 체험활동 매트릭스 분석

구분	동아리		
	[의학동아리(메딕트)]	[의학동아리(메딕트)]	[의학동아리(메딕트)]
교과(수업)연계활동 (발표+토론+실험 +탐구)	• 시력, 청력, 혈액형 측정 등 학교 내에서 할 수 있는 건강검진 코스를 설계하여 건강검진부스를 운영함.	• 질병을 예방하는 것의 중요성을 알리고자 손 씻기 캠페인을 진행하였음.	• 폐의약품에 대한 인식 설문조사를 진행하고 교내에서 폐의약품을 수거하여 인근 보건소에서 처리함.
탐구(활동)제목 (수행평가+ 탐구보고서)	• 건강검진부스	• 손 씻기 캠페인	• 폐의약품 수거 캠페인
연계독서 (도서명/간략 내용)			
연계 자료 (영화, 다큐, TED, 보고서 등)		• '결핵 관련 동영상 시청	• 과학 잡지(바이러스의 특성을 통해 치료제를 운반하는 기술)
결과 (학업, 진로에 끼친 영향)	• 의사가 하는 일을 미리 경험	• 예방의학의 중요성을 깨닫게 됨.	
후속 또는 타 연계 활동		• 다음 활동으로 손세정제를 만들고 젤클리너를 만드는 예방의학부스를 운영함.	• 폐의약품의 유해성과 인식의 심각성에 대한 보고서를 작성하고 후에 반 친구들에게 알리고 전교생을 대상으로 하는 진로박람회에서도 알려 경각심을 일깨움.

구분	행사명(제목)	행사내용	결과 (토론/발표/보고서/ 캠프/대회참가)	후속 또는 타 활동 연계
자율 활동	목련무용제	학교특색 사업 중의 하나로 일 년에 한 번씩 반별로 준비하여 전교생이 무용제에 참가함.	안무준비, 음향사고 발생했을 때 침착하게 해결	급우 모두가 즐겁고 행복하게 행사에 참가
	교과테마 체험학습	'우리말 모해'를 주제로 어문 규정에 어긋난 문구를 찾아 바르게 고치고 관련된 문법 조항을 찾아봄.	학우들이 올바른 언어생활을 할 수 있도록 도와줌.	
	지식기부활동	수학과 과학 영역을 어려워하는 반 친구들에게 점심 자습 시간을 이용하여 자신만의 접근법으로 알려줌.	학급 성적이 올라감.	알고 있는 지식을 나눔으로써 다른 사람과 함께 나눌 때의 기쁨을 알게 됨.
진로 활동	진로박람회	기획에서부터 실행까지 준비하며 자신의 진로에 대한 정보를 다른 학생들과 나누며 구체적인 진로 계획을 세우고자 함.	보고서 및 ppt를 이용한 발표를 진행하고 체험 부스를 운영함.	이것을 계기로 꿈에 대한 확신을 가지고 진로 설계를 위한 기초적인 토대를 다짐.
	지역대학교 오픈캠퍼스참가	피부에 관한 강의를 들음.	아토피에 관한 논문을 찾아 읽음.	친구들에게 내용을 발표하며 피부과 의사의 꿈을 더욱 확고히 함.
	메디컬캠프	미래 의료인의 조건과 자질에 대한 특강을 들음.	자신이 선택한 의료 관련 진로가 많은 사람을 도와줄 수 있다는 확신을 갖게 됨.	마음이 따뜻하며 동료들과 협력하는 의사가 되겠다고 다짐함.
봉사 활동	요양원 봉사	요양원에서 1학년부터 3학년 1학기 때까지 꾸준히 봉사함.	어르신의 욕창을 보고 왜 이런 증상이 나타나는지 조사한 후 조심해야 할 음식과 생활습관에 대해 알림.	염증과 세포 괴사에 대한 소중한 의학 지식을 쌓고 이 활동을 통해 친구 가족 그리고 주변의 인간관계의 소중함에 대해 깊이 느낌.

	병원 봉사	의학동아리장으로서 병원에 직접 동아리 차원에서 봉사를 하고 싶다고 컨택을 해 2학년 1년간 봉사함.	환자에 대한 설명을 듣고 검사실에서 어떤 검사를 하는지 자세히게 탐구하면서 의학적 지식을 쌓음.	환자들과 웃는 얼굴로 소통하는 것의 중요성과 필요성을 깨우치게 됨.
	맹학교 봉사	지역의 시각장애를 비롯한 장애를 가진 학생들이 다니는 학교에 수업 보조함.	한 장애학생이 다시 걸을 수 있게 되는 과정을 지켜보며 '연습을 이길 수 있는 것은 없으며 못할 것이 없다'는 생각을 함.	장애를 가지고 있음에도 행복하게 생활하는 모습을 보며 자신이 가지고 있는 것들의 소중함을 느낌.

2. 전문가의 주요 세부능력 특기사항 매트릭스 분석

구분	독서와 문법	수학Ⅱ
교과 단원	• 토론	• 수열
활동내용 (발표+토론+질문 +실험+탐구)	• 토론 발표	• 일상생활 속의 수열을 찾아보며 꽃잎의 수 나선형의 구조 등에 대해 탐구
활동내용(제목) (수행 평가/보고서)	• '책을 읽고 토론을 진행함.	• '일상생활 속의 피보나치 수열'을 주제로 소논문 작성
연계 자료 (영화, 다큐, TED, 보고서 독서 등)	• 아내를 모자로 착각한 남자, 감각의 제국	• 수열에 관련된 논문
후속 또는 타 활동 연계 (동아리, 방과후, 스터디, 멘토링 등)	• 드림렉처 더 넓은 세상으로! • 명사들의 질 높은 특강을 들음.	• 목련학술제에서 발표
결과 (학업, 진로에 끼친 영향)	• 자신의 의견을 논리적으로 펼치고 상대방의 의견을 경청하는 자세를 기름.	• 수학과 생명과학의 생태계를 융합하는 계기가 됨.

구분	미적분Ⅱ	고급생명과학
교과 단원	• 함수의 극한	• 생체공학
활동내용 (발표+토론+질문 +실험+탐구)	• S파이 수학신문 만들기	• 인공장기와 이종장기에 대해 발표
활동내용(제목) (수행 평가/보고서)	• 학생의 수학인생을 그래프로 표현하여 급우들에게 재미있게 설명함.	• 인공조직을 만드는 방법과 다양한 성공 사례 소개

연계 자료 (영화, 다큐, TED, 보고서 독서 등)		• 신문기사, 의공학연구소 홈페이지
후속 또는 타 활동 연계 (동아리, 방과후, 스터디, 멘토링 등)	• 나도 교사 발표 프로젝트에서 'Math Escape'게임을 만들어 급우들이 수학을 재미있게 접근할 수 있도록 도움.	• 줄기세포를 이용한 손상 장기 치유에 대한 조사보고서 작성
결과 (학업, 진로에 끼친 영향)	• 수학 교과데이에 수학사와 교과 내용에 관한 퀴즈로 수학 골든벨 행사 진행	• 오가노이드를 이용한 환자 맞춤치료를 해야겠다는 꿈이 생김.

독서활동 상황

구분		1학년	2학년	3학년
독서활동상황	교과연계	[국어] • 호질(박지원) • 봄봄(김유정) [수학] • 생각을 키우는 수학나무 (박경미) [영어] • 로미오&줄리엣(셰익스피어) [사회] • 지금은 중국을 읽을 시간 (중국어교사모임) • THAAD(김진명) [과학] • 알고 보면 생활 속에 숨 쉬 는 화학이야기 (요네야마마사노부)	[국어] • 금따는 콩밭(김유정) • 칼의 노래(김훈) • 구운몽(김만중) • 국경 없는 과학 기술자들 (이경선) [수학] • 파스칼이 들려주는 경우의 수 이야기(정연숙) • 수학으로 힐링하기(이수영) • 수학이 좋아지는 수학 (알렉스벨로스) • 길 위의 수학자 (릴리언 R/휴르레이리버) [영어] • TheNotebook-A Novel (Nicholas Sparks) • Tuesdayswith Morrie(Mitch Albom) [과학] • 그린잡(박경화)	[국어] • 화법과작문 : 시골의사의 아 름다운 동행2(박경철) [사회] • 지속 가능한 발전의 시대(제 프리 삭스) [과학] • 바람에 실려 온 페니실린 (권오길)
	진로연계	• 한국의GMO 재앙을 보고 통곡하다(오로지) • 바이러스의 습격(최강석) • 하리하라의 청소년을 위한 의학이야기(이은희)	• 알기 쉬운 물리학 강의 (Paul G.Hewitt) • 인간은 왜 병에 걸리는가 (R.네스, G.윌리엄스) • 아내를 모자로 착각한 남자 (올리버 색스)	• 만약은 없다(남궁인) • 병원 가기 전에 읽어야 할 책 (니미 마사노리)

독서활동상황	진로연계	• 줄기세포 발견에서 재생의학까지(샐리모건) • 내 몸 안의 지식여행 인체생리(다나카 에츠로)	• IT를 넘어 BT의 시대로(김은기) • 감각의 제국 (문종현, 이재구, 안재은) • 의사와 수의사가 만나다 (바버라 내터슨, 호러위츠)	
	공통 (기타)	• 쿤의 과학혁명의 구조 (박영대) • 왓슨의 이중나선(박승호)	• 사진으로 들어간 사람들 (이여신, 박종한) • 세상을 바꾼 미술(정연심) • 자존감 수업(윤홍균)	
합계		총 16권	총 20권	총 5권

 나의 성적

주요 교과 추이

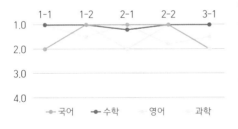

교과	1-1	1-2	2-1	2-2	3-1
국어	2.0	1.0	1.0	1.0	2.0
수학	1.0	1.0	1.2	1.0	1.0
영어	1.0	1.0	2.0	1.0	2.0
과학	1.0	1.5	1.0	1.8	1.5

학년별 등급 추이

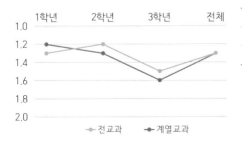

교과	1학년	2학년	3학년	전체
전 교과	1.3	1.2	1.5	1.3
계열교과	1.2	1.3	1.6	1.3

2019학년도 수시전형 지원 합불 결과

대학명	전형명	모집단위	수능최저여부	합불여부
충북대학교	학생부종합I	의예과	×	합격
이화여자대학교	고교추천	휴먼기계바이오 공학부	×	합격
한양대학교	학생부교과	건축공학과	×	합격
경희대학교	네오르네상스	의예과	×	불합격
계명대학교	잠재능력우수자	의예과	×	불합격
순천향대학교	학생부종합 (지역인재)	의예과	×	불합격

 선배들이 알려주는 합격 포인트

Q1 학생부 관리에 있어서 본인만이 가지고 있는 노하우는?

A1 저의 학생부 관리 노하우는 전공 관련활동뿐만 아니라 다양한 영역의 활동을 꾸준하고 적극적으로 참여했다는 것입니다. 많은 학생이 자신의 진로와 관련해서 학생부를 잘 관리했겠지만 제 친구들의 생기부와 비교해본 결과 제 학생부는 봉사활동의 측면에서 다른 학생부와 차별화될 수 있다고 생각했습니다. 일단 저는 크게 두 가지의 봉사활동을 했습니다. 저는 1학년부터 3학년 1학기까지 5개학기 동안 요양원에서 봉사활동을 해왔고 2학년 2개학기 동안 종합병원에서 봉사활동을 했습니다. 요양원 봉사를 통해서는 환자들을 가까이에서 보면서 그들의 마음을 이해할 수 있었고 종합병원 봉사를 통해서는 의학적 지식과 환자와 소통하는 의사로서의 자질 등에 대해 배웠습니다. 또한 병원에서 봉사활동을 하기 위해 제가 노력했던 과정도 의미 있었다고 생각합니다. 제가 했던 봉사활동이 정답은 아니지만 굳이 본인의 진로와 연관된 봉사활동을 해야 한다는 생각은 하지 않았으면 좋겠습니

다. 혹시라도 꼭 하고 싶다면 한 번쯤은 경험삼아 해보는 것도 나쁘지는 않다고 생각합니다.

Q2 자기소개서 작성과 면접 연습의 과정을 설명해주세요.

A2 선생님께서 주신 STAR 형식에 제 활동을 정리하면서 자기소개서에 쓸 소재를 정리했고 어떤 방식으로 글을 쓸지 틀을 정해 나갔습니다. 그러면서 자기소개서의 초안을 작성했고 선생님과 카카오톡이나 메일 등으로 거의 매일 글을 주고받으면서 자기소개서를 완성해갔습니다. 또한 제가 지원한 학교, 지원한 학과에 다니는 선배들을 만나며 조언을 받았고 학교에서 어떤 프로그램이 활성화되어 있는지 등을 들으면서 원서를 내기 직전까지 자기소개서를 수정했습니다. 면접을 준비할 때에는 선생님께서 주신 기본 면접 예상 질문들과 저의 생기부에서 뽑은 예상질문들에 저의 답변을 정리했습니다. 정리한 답변을 바탕으로 기숙사 친구들과 모의면접도 자주 하고 제 스스로도 거울을 보면서 제 표정을 확인하고 녹음을 하면서 제 목소리가 어떤지도 확인했습니다. 선생님과 면접을 준비할 때에는 면접장에 들어오기 전부터 나가는 순간까지 동영상을 찍으면서 저의 행동을 체크해가면서 준비했습니다.

🔍 자기소개서 분석

(자기소개서 1번) 고등학교 재학기간 중 학업에 기울인 노력과 학습 경험에 대해, 배우고 느낀 점을 중심으로 기술해주시기 바랍니다(1,000자 이내).

  [줄기세포를 이용한 맞춤 의학]

  책을 읽고 학교 수업을 들으며 줄기세포가 장차 의학에서 유용하게 쓰일 것이란 기대와 관심이 생겨 줄기세포의 자세한 연구 동향에 대해 알고 싶어졌습니다. 그래서 수전 솔로몬의 '줄기세포 연구의 전망'이라는 TED 강연을 들었습니다. 병든 환자에게서 얻은 줄기세포로 질병의 발생 단계를 추적해내고 환자 개인의 줄기세포로 아바타를 만들어 환자의 유전적 특성에 맞는 치료법을 고안해 '맞춤 치료'를 할 수 있다는 획기적인 사실을 알았습니다. 이를 계기로 유전자 발현 등에 대해 더 알고 싶어져 고급생명과학을 수강했고 이를 통해 분자생물학적인 관점으로 생물을 바라볼 수 있었습니다.

고급생명과학의 자유 발표 시간에 인공 장기와 이종 장기 이식에 대한 발표를 준비할 때 배양접시에서 뇌를 배양했다는 기사를 접했습니다. 줄기세포를 자극해 일어난 결과였기에 '그렇다면 손상된 장기를 이식이 아닌 줄기세포로 치유할 수는 없을까'라는 궁금증이 생겼습니다. 계속 찾아보다 '오가노이드'라는 개념을 접했습니다. 오가노이드는 줄기세포로부터 분리한 세포로 만들어졌고 장기의 기능을 재현해내는 인공장기라고 불렸습니다. 오가노이드라면 줄기세포 치료에 대한 제 호기심을 풀어줄 것 같아 생물학연구정보센터에서 오가노이드에 대한 리포트를 찾아봤습니다. 처음 접하는 전문 용어들이 많아 어려웠지만 인터넷으로 검색해가며 내용을 이해할 수 있도록 노력했습니다. 이전에 시행하던 2D 세포주 배양법은 대규모 약물 스크리닝에는 부적합해 새로운 약물 스크리닝의 수단으로 오가노이드가 주목받고 있다는 것을 알았습니다. 또한 환자 개인별 유전정보를 기반으로 맞춤형 치료가 가능할 수 있다는 것도 알았습니다. 이는 TED 강연에서도 접했던 줄기세포를 통한 '맞춤형 치료'였습니다. 이를 통해 하나의 기관인 피부 세포도 오가노이드를 이용해 치료할 수 있지 않을까에 대해 생각해보게 되었습니다. 환자에게 가장 효과적이고 적합한 치료법을 제시하는 맞춤형 치료법을 공부하고 싶습니다.

STAR 분석		지원대학 평가요소
구분	**내용**	
Situation (상황, 배경)	책을 읽고 학교 수업을 들으며 줄기세포가 장차 의학에서 유용하게 쓰일 것이란 기대와 관심이 생겨 줄기세포의 자세한 연구 동향에 대해 알고 싶어짐.	전공적합성 + 학업역량 우수 + 발전가능성 + 자기주도성
Task (목표, 역할)	수전 솔로몬의 '줄기세포 연구의 전망'이라는 TED 강연을 들음. 유전자 발현 등에 대해 더 알고 싶어져 고급생명과학을 수강함.	
Action (구체적인 행동)	Action1 : 고급생명과학의 자유 발표 시간에 인공 장기와 이종 장기 이식에 대한 발표를 준비 Action2 : '오가노이드'라는 개념을 접하고 생물학연구정보센터에서 오가노이드에 대한 리포트를 찾아봄. Action3 : 처음 접하는 전문 용어들이 많아 어려웠지만 인터넷으로 검색해가며 내용을 이해할 수 있도록 노력함.	
Result (결과)	새로운 약물 스크리닝의 수단으로 오가노이드가 주목받고 있다는 것과 환자 개인별 유전정보를 기반으로 맞춤형 치료가 가능할 수 있다는 것을 알게 됨. 피부 세포도 오가노이드를 이용해 치료할 수 있지 않을까에 대해 생각해보게 되고 환자에게 가장 효과적이고 적합한 치료법을 제시하는 맞춤형 치료법을 공부하고 싶어짐.	

학생부 항목 분석	
핵심 내용	줄기세포가 의학에서 유용하게 쓰일 것이라고 생각해 관련 강연을 듣고 자료들을 찾아보면서 줄기세포를 이용한 맞춤 치료법을 공부하고 싶어짐.
4번 수상실적	생명과학 창의력 한마당(은상)
7번 창체 활동	진로활동(1학년)자서전 생애설계
8번 교과 세특	2학년(고급생명과학) : 자유발표 시간에 생체 공학중 인공 장기와 이종 장기 이식에 대해 발표함. 줄기세포를 이용한 손상 장기 치유에 대한 조사보고서 작성
9번 독서활동	1학년 : 줄기세포 발견에서 재생의학까지(샐리모건) 2학년 : 인간은 왜 병에 걸리는가(R.네스, G.윌리엄스)

(자기소개서 2번) 고등학교 재학기간 중 본인이 의미를 두고 노력했던 교내 활동(3개 이내)을 통해 배우고 느낀 점을 중심으로 기술해주시기 바랍니다. 단, 교외 활동 중 학교장의 허락을 받고 참여한 활동은 포함됩니다(1,500자 이내).

[적정기술과 인류애]

한 구호 단체에 들어가 소외된 지역에서 봉사 활동을 하는 내용의 희망자서전을 지었습니다. 이를 읽으신 담임선생님께서 적정기술 과제를 해보는 것이 어떠나며 권해주셨습니다. 팀을 조직해 함께 주제를 고민하다 아프리카 아이들이 오염된 물을 마셔 병에 걸린다는 내용의 다큐멘터리가 기억나 간이정수기를 만들기로 기획했습니다. 프로젝트 시작에 앞서 적정기술의 개념을 정립하고자 『국경없는 과학기술자들』을 읽고 비용이 적게 들고 효율성과 접근성이 높다는 적정기술의 특징을 알았습니다. 적정기술의 특징이 잘 드러나며 정수효과가 좋은 물질로 사이펀의 원리를 활용해 15L 정도의 많은 물을 저장할 수 있는 장치를 만들었습니다. 1차 목표는 흙탕물이 투명한 물로 정수되는 것이었고 처음에는 성공했지만 쓸수록 효과가 떨어졌습니다. 실패의 원인은 환경공학과 교수님의 자문을 통해 공극 사이의 노폐물임을 찾았습니다. ppm농도, pH농도 등 식수의 조건을 조사하고 정수의 척도로 삼아 정수기에 사용할 물질을 찾는 실험을 설계했습니다. 간이정수기를 거친 물을 거름종이에 붓고 감압기로 불순물이 여과된 정도와 농도의 수치 등을 물질의 종류별로 기록하여 가장 정수 효과가 좋은 물질을 선별했습니다. 실험과정에서 오류의 편차를 줄이기 위해 같은 실험을 3번 이상 반복해 누적한 수치를 통해 최종 정수기에 들어갈 물질을 골라내 효율성 높은 정수기를 만들었습니다. 포기하지 않고 끝까지 달려와 만들어 낸 결과물이었기에 뿌듯함과 성취감을 배로 얻을 수 있었습니다. 또한 여러 난관을 거쳐 만들어진 정수기가 아프리카의 소외된 사람들에게 실질적인 도움을 줄 수 있으면 좋겠다는 생각을 했습니다.

[배움에서 나눔으로]

의학 동아리에서 '폐의약품 바르게 처리하기 캠페인'을 진행하기 위해 의약품의 사용 실태에 대한 설문조사를 진행했습니다. 그 결과 많은 학생들이 약의 사용 기간이 있다는 것을 모른 채 보관 기한이 지난 약물을 보관했다가 다시 사용하는 등 의약품을 잘못 사용하고 있었습니다. 설문조사 결과를 보고 폐의약품 수거의 필요성뿐만 아니라 의약품 사용에 대한 인식변화의 필요성을 느꼈습니다. 이에 약 1주일간 학교 현관에 폐의약품 수거함을 두고 수거한 약품을 학교 인근 보건소에서 처리했습니다. 또한 폐의약품이 환경에 주는 악영향에 대한 자료를 찾아보며 의약품의 올바른 사용법에 대한 보고서를 작성했습니다. 이후 반 친구들에게 설문조사 결과와 보고서의 내용을 바탕으로 아침 시간에 설명해주었고 친구들은 심각성을 깨달았다고 말해주었습니다. 더 나아가 전교생에게 이 정보를 알리고 싶어 전교생이 참석하는 진로박람회에서 판넬을 제작하여 정보를 전달했습니다. 정확한 정보를 아는 것으로 그치지 않고 많은 사람들과 정보를 나누는 것이 중요하다는 것을 깨달았습니다. 그리고 제가 알고 있는 것을 많은 사람에게 알려줌으로써 좋은 영향을 끼칠 수 있다는 것에 뿌듯했습니다.

훗날 충북대학교 병원에서 근무하며 대학에서 배운 의학 지식을 나누고 충북 지역의 의학 발전을 위해 힘쓰고 싶습니다.

STAR 분석		지원대학 평가요소
구분	내용	
Situation (상황, 배경)	의학 동아리에서 '폐의약품 바르게 처리하기 캠페인'을 진행하기 위해 의약품의 사용 실태에 대한 설문조사를 진행. 많은 학생들이 의약품을 잘못 사용하고 있음을 알게 됨.	
Task (목표, 역할)	설문조사 결과를 보고 폐 의약품 수거의 필요성뿐만 아니라 의약품 사용에 대한 인식변화의 필요성을 느낌.	전공적합성 + 학업역량 우수 + 발전가능성 + 자기주도성
Action (구체적인 행동)	Action1 : 학교 현관에 폐의약품 수거함을 두고 수거한 약품을 학교 인근 보건소에서 처리 Action2 : 폐의약품이 환경에 주는 악영향에 대한 자료를 찾아보며 의약품의 올바른 사용법에 대한 보고서를 작성 Action3 : 전교생에게 이 정보를 알리고 싶어 전교생이 참석하는 진로박람회에서 판넬을 제작하여 정보를 전달	
Result (결과)	정확한 정보를 아는 것으로 그치지 않고 많은 사람들과 정보를 나누는 것이 중요하다는 것을 깨달았고, 알고 있는 것을 많은 사람에게 알려줌으로써 좋은 영향을 끼칠 수 있다는 것에 뿌듯함을 느낌.	

학생부 항목 분석	
핵심 내용	의약품의 사용 실태에 대한 설문조사를 진행. 많은 학생들이 의약품을 잘못 사용하고 있음을 알게 됨.
4번 수상실적	동아리활동 경연대회 프레젠테이션 부문(금상)
7번 창체 활동	의학동아리 [메딕트] 폐의약품 수거 활동
8번 교과 세특	2학년 : 생명과학1 폐의약품 설문조사를 통해 심각함을 느끼고 수거 캠페인을 진행함.
9번 독서활동	2학년 : 인간은 왜 병에 걸리는가(R.네스, G.윌리엄스)

 ## 최종합격 대학 전형 분석 (충북대 학생부종합전형I 2019 vs. 2020)

충북대학교 2019학년도 수시모집요강

전형명	모집단위	모집인원	전형방법 및 특징	수능최저	제출서류
학생부종합전형I	의예과	6	① 서류종합평가100(3배수 내외) ② 1단계 80+면접 20	없음	• 학교생활기록부 • 자기소개서
지원자격	2018년 국내 고등학교 졸업자 또는 2019년 2월 이전 국내 고등학교 졸업예정자 ※ 국내 고등학교 학교생활기록부가 없는 자는 지원 불가능				

2020학년도 충북대학교 입학전형안내

전형명	모집단위	모집인원	전형방법 및 특징	수능최저	제출서류
학생부종합전형I	의예과	6	① 서류종합평가100(3배수 내외) ② 1단계 80+면접 20	있음	• 학교생활기록부 • 자기소개서
지원자격	2020년 2월 이전 국내 고등학교 졸업(예정)자 ※ 국내 고등학교 학교생활기록부가 없는 자는 지원 불가능				

※ 위 내용은 입학전형계획안 내용이므로 자세한 사항은 2020학년도 수시모집요강을 반드시 참조하시기 바랍니다.
※ 변동사항
  1.지원자격 : 졸업연도 제한없음.

이 학생이 합격한 충북대학교 학생부종합I 전형은 1단계에서 학생부와 자기소개서를 바탕으로 서류 평가를 하여 3배수의 인원을 뽑은 후 2단계에서 1단계 성적(80)과 면접(20)으로 최종 선발한다. 서류와 면접에서 평가하는 영역은 전문성, 인성, 적극성이다. 이 학생의 합격 비결을 평가영역을 기준으로 하여 살펴보면

첫째, 지원 분야에 대한 열정과 지적노력을 평가하는 전문성이다.

이 학생은 1학년 때부터 피부과 의사를 진로 희망으로 하여 의대 교수의 강의를 듣고 피부에 관련된 논문을 찾아보며 지원 분야에 대한 지적 노력을 계속해 왔다. 또한 줄기세포 관련 독서를 한 후 재생의학의 적용 현황과 실현 가능한 기술에 관해 알아가는 등 진로 분야에 대한 지식을 심화시켜 나갔다. 더 나아가 피부 조직에 대한 보고서를 작성하고 진로 박람회에서 피부과 의사를 맡아 활동하는 등 의사의 꿈을 구체화해 나가는 모습에서 전문성을 잘 드러내고 있다.

둘째, 배려, 협동심, 성실성, 봉사 정신 등을 평가하는 인성이다.

이 학생은 발목을 다쳐 이동 수업이 불편한 친구를 위해 수업 내용을 정리하여 제공하고 수업내용을 설명해주었을 뿐만 아니라, 학업을 어려워하는 급우들에게 학습 멘토 역할을 자처하는 등 친구를 배려하는 모습이 학생부 곳곳에서 잘 드러나고 있다. 또한 학업에 바쁜 시간을 쪼개어 3년 동안 지속적으로 노인요양병원에서 봉사를 하며 어르신들에게 말벗이 되어드리면서 환자들과도 함께 소통하는 열린 의사가 되어야겠다고 다짐하는 모습에서 마음에서 우러나는 진정한 봉사를 하는 학생임을 알 수 있다.

셋째, 자기주도성과 추진성을 평가하는 적극성이다.

이 학생은 전공 관련 활동뿐만 아니라 창의 사고력 경진대회, 우리말 겨루기

대회 등 학교 행사 대부분에 적극적으로 참여하여 우수한 결과로 많은 분야에서 수상을 하였으며, 동아리활동에서도 동아리장을 맡아 연간 활동 계획 수립과 실행 과정에서 동아리를 책임감 있게 이끄는 모습에서 추진력을 엿볼 수 있다.

그러나 무엇보다도 학생이 가장 노력을 기울인 것은 철저한 면접 준비였다. 면접의 비중이 큰 전형이었기에 학생부와 자기소개서를 완벽히 숙지하고 예상 문제를 뽑아 끊임없이 연습하고 본인의 부족한 점을 보완해 나감으로써 면접에서 자신의 역량을 잘 발휘한 점이 합격에 결정적인 요인으로 작용했을 것으로 생각된다.

건선으로 고생하시는 외할머니의 병을 고쳐주고 싶다는 따뜻한 마음에서 처음 의사의 꿈을 가졌던 이 학생이, 환자들과 진정으로 소통하며 나눔과 배려의 정신을 가진 의사로 성장하기를 진심으로 기원한다.

카이스트_일반전형

활동의 다양성과 뛰어난 탐구정신으로
소프트웨어 개발자를 꿈꾸다

무학과 / 경기지역 일반고 정○○

 합격에 결정적인 영향을 미친 요소

자기소개서 4번 항목 작성 시 학교 진학 후 학업계획을 고등학생 때의 경험과 카이스트의 커리큘럼을 연관지어서 서술하는 것이 도움이 된 것 같습니다. 저는 학교에서 했던 어플리케이션 기획 활동을 언급하고, 직접 어플리케이션을 구현하지 못한 아쉬움을 카이스트 학교 내의 창업석사 등의 활동을 통해 해결하고자 한다는 계획을 제시하였습니다. 자신이 학교에서 어떤 우수한 활동들을 했는지 제시하는 것 역시 자기소개서에 꼭 들어가야 할 내용이기는 하지만, 학교에 진학한 후 그것을 앞으로 어떻게 발전시켜 나갈지 제시하는 것 역시 중요하다고 생각합니다.

 학교 활동 분석

학교 정보 및 활동 프로그램

구분	내용
독서 활동 프로그램 서지향(書之香)	• 아침독서 10분의 힘 : 0교시 독서 활동을 통해 기본적인 독서 습관 형성 • 새벽샘(曉泉) 독서–사서가 권하는 책 : 월별로 주제를 정하여 다양한 도서를 추천, 권장함으로써 학생들에게 도서에 대한 정보 제공 • 오거서(五車書) : 다독 습관을 형성 • 문장(文章) : 독서 후 표현 활동 • 문답(問答) : 책을 정확하게 읽는 훈련
인문학 프로그램 삶의 레시피(recipe)	• 도서관 무료강연–'삶의 레시피–인문학적 인간' 프로그램 • 인문 독서 클럽– '삶의 레시피– 인문 독서 클럽' 프로그램 운영 • 인문학 독서 마라톤– '삶의 레시피– 인문 고전 필사' 프로그램 운영
사고력 향상 프로그램 [혜윰]	• 학생이 스스로 참여하는 '독서–토론–논술' 교육 과정을 구성하여 사고력 향상을 꾀함. • 교과 중심의 독서교육을 통해 공교육의 내실화를 추구하여 고등 사고 능력을 지닌 비판적 지성인 양성 • 사고력 향상 프로그램을 통해 자기 정체성을 확립함으로써 핵심역량을 체득할 수 있는 배움의 학교가 되도록 하는 데 기여
사회과학 프로그램 [지호락]	• 인문계 사회과학 계열에 대한 관심 제고 • 역사, 지리, 정치, 경제, 사회, 윤리 영역에 대한 지식의 습득 및 적용 능력의 신장 • 쟁점화된 사회적 주제에 대한 논의 기회 확산
창의수학 소논문대회	• 수학에 대한 편견을 버리고 단편적인 주입식 학습에서 벗어나 실생활에 활용되는 여러 가지 학문적인 지식과 예술적 감각을 통해 통합적으로 사고하고 창의성을 발휘 • 생활 속에서 즐기는 수학 교육의 기회를 제공하며 직접 체험하고 탐구, 발표의 기회를 제공
영어과 특색 사업	[영어 말하기대회] • 학생들의 영어 말하기 능력을 향상시키고 영어에 대한 학습동기와 성취감을 갖게 하며 국제적인 감각을 익히고 진정한 글로벌리더로서 꿈을 키우는 기회를 제공함. [영어 원서 독후감 쓰기 대회] • 원서 읽기를 통해 영어권 문화 전반에 대해 이해하고 배경지식을 늘릴 수 있도록 함. [영어 에세이 쓰기 대회] • 자신의 생각과 의견을 국제 공용어인 영어로 표현하는 기회를 갖고 영어 쓰기 능력 함양을 유도하며, 학교생활기록부에 관련 내용 기재를 통하여 영어에 대한 학습동기와 자신감을 배양함.

영어모의유엔 대회 (JSMUN)	• 외국어의 일차적인 목적인 의사소통 기능에 대한 관심을 제고하여 실질적인 영어 사용능력을 향상시킴. • 영어 토론을 통해 자신의 의견을 논리적으로 전달하는 능력을 함양함. • 모의UN토론방식의 경험을 통해 외교 등의 관련 분야에 대한 진로경험을 쌓고, 국 제적 안목을 키움.
진로 맞춤형 프로젝트 소프트웨어 교육	[정규교과 : 학년별 심화 교육] • 1학년 : 플레이봇, 로봇 응용교육 등 코딩 기초 학습(문제해결 능력 향상) • 2학년 : 스마트 어플 제작, 아두이노제작(진로에 맞는 프로젝트형 코딩교육) • 3학년 : IT관련 계열 집중 팀 프로젝트 [타 교과와의 자연스러운 연계] • 과학 실험이 많은 본교의 특징(과학 중점학교)을 살려 과학 교과와의 연계 [창업 경진대회를 통해 앱 제작 교육] • 창업과 경영 교과 시간에 이루어지는 창업 경진대회를 통해 다양한 창업 아이디 어를 도출해 내고 그 과정에서 발생하는 다양한 소프트웨어에 대한 고민을 앱 제 작 교육으로 해결

※ 출처 : 학교 알리미 및 학교 홈페이지

 학생부 분석 및 나의 열정스토리

진로희망사항

구분	1학년	2학년	3학년 1학기
진로희망	프로그래머	프로그래머	모바일 소프트웨어 개발자
희망사유	중학교 때 여러 과학 경시대회를 준비하면서 로봇과학을 공부하게 되었고 그 과정에서 프로그램을 정하고 내가 생각한 것을 그대로 구현해낼 수 있다는 점에서 매력을 느껴 프로그램에 관심을 갖게 되었으며 프로그래머를 희망하게 됨.	아이들에게 컴퓨터프로그래밍을 교육하는 봉사 동아리 활동을 하면서 어떤 사람이든지 손쉽고 편리하게 사용할 수 있는 프로그램을 만들고 싶다는 생각을 하게 됨. 동아리활동 중 SW페스티벌에 참석하여 여러 스타트업 기업들을 접하고 교내 앱 창업 계획서 발표 활동을 하면서 자신이 직접 제작한 프로그램으로 개인 창업을 하여 사회에 봉사하고 자아실현을 해보겠다는 원대한 포부를 지님.	교육 봉사활동을 하던 중 보다 많은 사람들이 쉽게 다룰 수 있는 환경이 모바일 환경이라는 것을 느꼈으며, 이것이 개발도상국에서 교육적 목적으로 쉽게 사용할 수 있는 환경이기도 하다는 점을 알게 됨. 이를 통해 접근성이 좋으며 편리하게 사용할 수 있는 모바일 환경을 구축하는 모바일 소프트웨어 개발자를 희망하게 됨.

진로희망을 위한 활동	• 과학실험 탐구대회 • 앱 창업계획서 발표대회	• 융합과학연구활동 • 수학/프로그래밍 동아리	• 과학실험 탐구동아리 • 융합과학동아리

수상경력

구분	1학년	2학년	3학년
학업역량	• 1차 자기주도학습능력경시 대회(수학, 우수상) • 예체능과목우수상(운동과 건강생활, 미술창작) • 학력우수상(화학Ⅰ, 수학, 국어Ⅰ) • 2차자기주도학습능력경시대 회(수학, 장려상) • 1차자기주도학습능력경시대 회(국어, 장려상) • 1차자기주도학습능력경시대 회(수학, 장려상) • 1차 자기주도학습능력경시 대회(영어, 장려상)	• 예체능과목우수상(미술창작) • 학력우수상(확률과 통계, 물 리Ⅰ, 지구과학Ⅰ, 경영일반) • 2차 자기주도학습능력 경시 대회(우수상) • 2차 자기주도학습능력경시 대회(영어, 장려상) • 학력우수상(국어Ⅱ, 수학Ⅱ, 미적분Ⅰ, 생명과학Ⅰ) • 1분기 자기주도학습 능력 우 수자(최우수상)	• 4분기 자기주도학습 능력우 수자(장려상) • 학력우수상(심회영어독해Ⅰ, 지구과학Ⅱ, 정보) • 학력진보상(스포츠과학) • 학력우수상(고전, 정보과학, 공학기술) • 학력진보상(스포츠문화)
전공 적합성	• 과학탐구대회(화학Ⅰ, 동상) • 과학실험탐구발표대회(최우 수상) • 창의수학보고서대회(최우수)	• 수학왕선발대회(장려상) • 과학실험탐구발표대회(최우 수상) • 2017학년도 창의수학소논 문대회(최우수상)	• 과학탐구대회(물리, 우수상) • 진성수학왕선발대회(장려상)
발전 가능성	• 앱창업계획서 발표회 (장려상) • 모의유엔대회(동상)	• 학교홍보영상 UCC 공모전 (장려상) • 논술대회(최우수상) • 진로UCC공모전(우수상)	• 창의아이디어발명품 공모전 (금상) • 학교홍보영상UCC공모전 (은상)
인성영역	• 표창장(공로상) • 표창장(다빈치상)	• 봉사활동실천대회(최우수상)	• 봉사활동실천대회(장려상) • 표창장(창의인재상) • 표창장(생활관리더상) • 표창장(참진성인상)

구분	1학년	2학년	3학년
자율활동	• 사고력향상프로그램(혜윰) • 진성통합학술 컨퍼런스(혜윰 열음) • 앱 창업계획서 발표회 • 창의수학보고서 행사	• 융합과학연구활동(노이즈 캔슬링 시스템 연구 계획) • 주제별 체험학습 활동	• 학급특색활동(독서토론) • 학습특색활동(IoT 발표 토론) • 수학왕선발대회(창의수학)
동아리 활동	• 수학동아리 STEAM(수학신문제작) • 더코드(C언어학습 동아리)	• 수학동아리 STEAM(수학신문제작) • 더코드(C언어학습 동아리)	• 수학동아리(STEAM)
봉사활동	• 개인 8시간+학교 10시간 = 총 18시간	• 꿈크리작은도서관(58시간) • 개인 58시간+학교 23시간 = 총 81시간	• 개인 10시간+학교 20시간 = 총 30시간
진로활동	• 교내 과학진로캠프 • 앱 창업계획서 발표회 참가	• 시기별 진로탐구계획서 제작 • 창업 인큐베이팅 프로그램 진행 • 과학 진로캠프	• 희망직업과 관련된 관심대학 및 학과 선정 • 대교협 자기소개서 쓰기 활동
주요세특	[수학II] • 프로그램을 꿈꾸는 학생으로 난수생성 알고리즘분석 [미분I] • 플렉사곤 제작, 소논문 작성 • 과학실험탐구 발표대회(학교 체육관 소리전달 원인실험)	[기하와 벡터] • 보로노이 다이어그램을 활용한 관공서 위치의 효율성 탐구 [물리I] • 특수상대성이론, 우주론 발표	[고급물리] • 특수 상대성 이론, 수소원자 모형 발표 [수학연습II] • 심화문제풀이에 응용력을 갖춘 학생으로 다양한 방법으로 해결하는 것을 좋아함.

1. 전문가의 주요 창의적 체험활동 매트릭스 분석

구분	
교과(수업)연계활동 (발표+토론+실험+탐구)	• SW 선도 주간에 체험 부스를 기획하고 운영하면서 별도의 발표 시간을 가짐.
탐구(활동)제목 (수행평가+탐구보고서)	• SW선도주간 • 코딩마당
연계독서 (도서명/간략 내용)	
연계 자료 (영화, 다큐, TED, 보고서 등)	• hamster.school 을 통해 컴퓨터 소프트웨어대한 코딩방식을 알게되고 이에 따른 하드웨어 기술을 접하게 됨.

결과 (학업, 진로에 끼친 영향)	· 미래의 소프트웨어 개발자를 꿈꾸는 사람으로서 직간접적인 경험을 쌓고 미래를 대비해 나감.
후속 또는 타 연계 활동	· 봉사활동 프로젝트 기획 및 진행

구분	행사명(제목)	행사내용	결과 (토론/발표/보고서/ 캠프/대회참가)	후속 또는 타 활동 연계
자율 활동	창의수학 보고서	플렉사곤의 제작, 면의 구조와 구성에 대한 연구	'플렉사곤의 제작과 원리탐구' 소논문 제출	혜윰 열음 발표
진로 활동	앱 창업계획서 발표회	어플리케이션 구상 및 창업계획서 작성, PPT로 발표	학생들, 선생님, 변리사 및 경영 컨설턴트에게 발표 '집밥' (구상한 어플리케이션), PPT 자료	동아리활동, 창업 대회
봉사 활동	꿈크리 작은 도서관 교육봉사 활동	엔트리 및 로봇 코딩 교육봉사		봉사활동 경진대회

구분	수학II	영어II	미적분I
교과 단원	· 수열		
활동내용 (발표+토론+질문 +실험+탐구)	· 조사 및 분석 활동	· 모의유엔 대회참가	· 보고서 작성 및 발표, 토론
활동내용(제목) (수행 평가/보고서)	· 난수 생성 알고리즘의 분석–은행이나 IOT 시스템의 보안을 위해 종종 사용하는 난수 생성 알고리즘을 분석	· '유전자변형식품의 사용과 그 부작용에 대한 논의' 주제의 모의 유엔대회에 노르웨이 대표로 참가함.	· 팀을 구성하여 플렉사곤 제작원리와 구성에 대하여 연구하고 직접 플렉사곤 제작함.
연계 자료 (영화, 다큐, TED, 보고서 독서 등)	· 인터넷을 통한 학술 자료 분석	· 노르웨이 관련 법안에 대한 보고서 조사	· 각종 논문
후속 또는 타 활동 연계 (동아리, 방과후, 스터디, 멘토링 등)	· 방과후 학교 수강(30시간)	· 방과후 유형별 영어 독해 연습을 수강(21시간)	· 연구하는 과정에서 기존에 알려진 내용 이외의 플레사곤 구성도를 발견하고 기존 사실과 접목함.

결과 (학업, 진로에 끼친 영향)	• 메르센 트위스터 등 다양한 생성원리를 이해하고 직접 정리하고 보고서 제출하여 수학적 증명 및 연구를 즐기게 됨.	• 탄탄한 자료 조사를 바탕으로 자신감 있게 자신의 생각을 발표하고 유창성까지 확보하며 우수한 영어 말하기를 구사함.	• 교과서에 있는 내용을 각종 논문을 찾아서 심화 탐구함으로써 실생활과 관련된 내용에 관심을 갖게 됨.

구분	경영일반	기하와 벡터
교과 단원		
활동내용 (발표+토론+질문 +실험+탐구)	• 실화몰 (광고 영상)	• 주제보고서 발표
활동내용(제목) (수행 평가/보고서)	• 인터넷 쇼핑몰 광고 '실화몰' 제작	• 보로노이 다이어그램을 활용한 관공서 위치의 효율성 탐구
연계 자료 (영화, 다큐, TED, 보고서 독서 등)		• 숫자 없이 모든 문제가 풀리는 수학책
후속 또는 타 활동 연계 (동아리, 방과후, 스터디, 멘토링 등)	• 프로그래밍 동아리 연계	• 내적 문제에서 정사영을 이용하는 등 여러 가지 방법을 이용하여 문제를 해결하여 친구들에게 멘토링함.
결과 (학업, 진로에 끼친 영향)	• 영상 제작을 통해 광고영상의 중요성을 알게 되고 영상 편집 방법을 익히게 된 계기가 됨.	• 체계적인 개념정리로 문제해결에 필요한 요소를 찾아내고 관련 내용을 적용하여 교과 심화 노력 기울임.

독서활동 상황

구분		1학년	2학년	3학년
독서활동상황	교과연계	[국어] • 국어실력이 밥먹여준다 (김경원, 김철호) • 조선언문실록 (정주리, 시정권) [수학] • 수학적 사고법 (요시자와 미쓰오) • 세상을 움직이는 수학 (정갑수)	[국어] • 이공계X의 글쓰기 (유키히로시) [수학] • 숫자 없이 모든 문제가 풀리는 수학책(도마배치 히데토), • 뉴턴이 들려주는 지수함수와 로그함수 이야기(이지현)	[국어] • 지금부터 프레젠테이션을 시작하겠습니다(허영진 외) [수학] • 내 생애 한 번은 수학이랑 친해지기(마커스 드 사토이)

독서활동상황				
	교과연계	[영어] • 단어만 알면 거침없이 영어되는 비법 책(최재봉) [과학] • 물리학자는 영화에서 과학을 본다(정재승) • 레드마켓 인체를 팝니다(스콧카니) • 세상을 바꾼 과학 논쟁(강윤재)	[영어] • 어원영어(최규식) • 영어는 3단어로(나카야마 유키코) [과학] • 모든 순간의 물리학(카를로 로벨리) • 착한 과학자들(미국 한림원저, 신민정역) • 썸 타는 천문대(지웅배)	[과학] • 찻잔 속 물리학(헬렌 체르스키) • 인공지능70 재미있게 알아보는 AI키워드(미야끼 오이치로) • 내 휴대폰 속의 슈퍼스파이(타니야 로이드)
	진로연계	• 이공계 진로콘서트(이승택) • 엔지니어의 인문학 수업(새뮤얼 플러먼)	• 리얼 게임 기획자, 아티스트(이윤미) • 엔지니어 히어로즈(권오상)	• 청소년이 꼭 알아야 할 과학이슈11 season4(최순욱 외) • 미래를 읽다. 과학이슈11 season(홍희범 외) • 누구나 쓱 읽고 싹 이해하는 IT핵심 기술(Dave Lee) • 프로그래머 수학으로 생각하라(유키 히로시)
	공통(기타)		• 횡설수설하지 않고 정확하게 설명하는 법(고구레 다이치)	
합계		10권	11권	9권

나의 성적

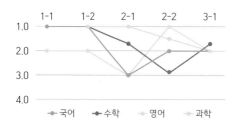

주요 교과 추이

교과	1-1	1-2	2-1	2-2	3-1
국어	1.0	1.0	3.0	2.0	2.0
수학	1.0	1.0	1.7	2.9	1.7
영어	2.0	2.0	3.0	1.0	2.0
과학	1.0	1.0	1.0	1.5	2.0

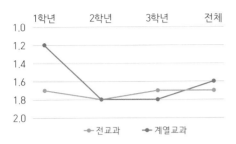

교과	1학년	2학년	3학년	전체
전 교과	1.7	1.8	1.7	1.7
계열교과	1.2	1.8	1.8	1.6

 2019학년도 수시전형 지원 합불 결과

대학명	전형명	모집단위	수능최저여부	합불여부
성균관대학교	소프트웨어 과학인재	소프트웨어학	×	합격
성균관대학교	글로벌인재	소프트웨어학	×	합격
KAIST	일반전형	–	×	합격
UNIST	일반전형	–	×	합격
서울대학교	일반	자유전공학부	×	불합격
연세대학교	활동우수형	컴퓨터과학과	○	불합격
고려대학교	학교추천2	컴퓨터학과	○	불합격
한양대학교	학생부종합	컴퓨터소프트웨어학	×	불합격

 선배들이 알려주는 합격 포인트

Q1 학생부 관리에 있어서 본인만이 가지고 있는 노하우는?

A1 교내활동에 적극적으로 참여한 것이 많은 도움이 되었습니다. 우리 학교는 일반고 중에서는 교내 대회나 발표회 등의 활동들이 많은 편이었습니다. 저는 1학년 때 과학 연구, 소논문 작성과 같은 큰 행사들뿐만 아니라 UCC 공모전, 모의 유엔 등의 활동에도 빠짐없이 참여했으며, 여러 동아리에서

활동하였습니다. 이러한 경험이 바탕이 되어서 2, 3학년 때는 어떤 활동이 나에게 도움이 되고 어떻게 하면 시간 관리를 잘 할 수 있는지 알 수 있었고 이것을 바탕으로 성적을 관리하면서 생기부 관리를 할 수 있었습니다.

Q2 학생부종합전형을 위한 올바른 고등학생 생활과 성적관리에서 필요한 것이 있다면?

A2 학교생활을 하면서 생활기록부 관리를 하는 것은 물론 중요한 일이지만 너무 그것에만 몰두하지 않았으면 좋겠습니다. 생활기록부를 챙기기 위해서 학교생활을 하는 것이 아니라 학교생활 자체를 즐기고 참여했으면 좋겠다는 것입니다. 학생부종합전형에 있어서 학생부를 바탕으로 한 자기소개서는 엄청 중요하지만 그렇다고 생활기록부만을 위한 학교생활을 하다 보면 스트레스를 받을 수 있고 '만들어진 학생부'라는 느낌을 줄 수 있습니다. 상위권 대학을 지원하는 학생들 중 교육봉사 기록이 없고 소논문이나 보고서를 작성해본 적이 없는 학생들은 거의 없을 것입니다. 오히려 성적도 챙기고, 대회도 나가면서 자기가 흥미 있는 일을 즐길 수 있는 학생이 더 매력적으로 느껴질 수 있다고 생각합니다.

🔍 자기소개서 분석

(자기소개서 1번) 고등학교 재학기간 중 학업에 기울인 노력과 학습 경험에 대해, 배우고 느낀 점을 중심으로 기술해주시기 바랍니다(1,000자 이내).

단순히 주어진 내용대로 외우는 것을 좋아하지 않던 저는 평소에 공부를 할 때, 어떤 현상이 일어나는 원인에 대해 알아보거나 수업시간에 배운 내용들이 우리 주변에 적용되는 예시들을 찾아보며 공부했습니다.

1학년 때, 교내 체육관에서 선생님께서 하시는 말씀이 잘 들리지 않아 이것의 개선방안에 대해 탐구하고자 '벽면에 따른 소리 전달의 특성과 효천관 재설계'를 주제로 과학 탐구 발표대회에 나갔습니다. 연구를 위해 직접 실험 동을 제작하여 구조와 재질에 따른 소리 전달의 특성을 확인하고자 하였지만, 제작한 실험동의 크기가 소리의 특성들을 확인하기엔 너무 작았고 견고하지 않아 외부의 영향을 받지 않고 실험을 하기 어려워 처음에 의도한 실험 결과를 얻어낼 수 없었습니다. 실험기간 종료가 가까워져 재 실험을 할 수는 없었지만 우리의 연구내용과 한계점을 정리하여 1, 2학년 학생들에게 발표했고 학생들의 투표를 통해 최우수상을 받았습니다. 실험 보고서를 작성하면서 실험에서 미흡했던 점과 소리의 성질에 대해 자세히 알 수 있었고 이는 이후에 물리I 과목을 공부할 때 도움이 되어 우수한 성적을 받을 수 있었습니다. 또 물리I 수업시간에 '파동은 매질의 진동이 에너지의 형태로 전달되는 것'이라는 것을 배워 이것을 이용하면 소음에서 에너지를 발전할 수 있을 것이라 생각해 2학년 과학 탐구 발표대회에 참가했습니다. 소리를 이용하여 진동판을 진동시켜 이전에 배운 전자기 유도를 이용해 전기를 발전하는 연구를 계획, 수행하였습니다. 연구 내용 발표에서는 전년도에 하지 못했던 3D모델링을 해 발표 시 다른 학생들의 이해를 도와 최우수상을 수상할 수 있었습니다. 2년간 이렇게 현상의 원인을 찾고 수업시간에 배운 것을 실생활에 적용하는 탐구 활동들을 통해 물리 과목에 대한 이해도를 높일 수 있었고 물리 과목에 대한 자신감을 가지게 되었습니다. 또한 이후 다른 과목들을 공부할 때도 배운 이론들의 실제 현상들을 공부하고 그 이론들이 적용된 예시들을 알아보는 학습 태도를 가지게 되었습니다.

STAR 분석			지원대학 평가요소
구분		내용	
Situation (상황, 배경)		교내 체육관에서 선생님께서 하시는 말씀이 잘 들리지 않아 이것의 개선방안에 대해 탐구하고자 함.	학업성취도 + 학교생활 충실도 및 인성 + 도전·창의·배려 + 발전가능성
Task (목표, 역할)		벽면에 따른 소리 전달의 특성과 효천관 재설계'를 주제로 과학 탐구 발표대회 참가	
Action (구체적인 행동)		Action1 : 실험동 제작 Action2 : 실험 보고서 작성 Action3 : 2학년 때 과학탐구 대회 재참가	
Result (결과)		2년간 이렇게 현상의 원인을 찾고 수업시간에 배운 것을 실생활에 적용하는 탐구 활동들을 통해 물리 과목에 대한 이해도를 높일 수 있었고 자신감을 가지게 됨. 또한 이후 다른 과목들을 공부할 때도 배운 이론들의 실제 현상들을 공부하고 그 이론들이 적용된 예시들을 찾아보는 학습 태도를 가지게 되었음.	
학생부 항목 분석			
핵심 내용	실제생활에 연계된 탐구 활동 강화		
4번 수상실적	1학년 과학실험 탐구 발표대회(최우수상) 2학년 과학실험 탐구 발표대회(최우수상)		
7번 창체 활동	동아리활동(STEAM) : 수리 과학 융합 탐구 활동		
8번 교과 세특	1학년(과학실험탐구대회) : 학교 체육시간에서의 소리의 전달에 대한 의문점을 토대로 벽면의 재질, 구조에 따른 소리 전달의 특성을 알아보고자 탐구함.		
9번 독서활동	1학년(수학) : 세상을 움직이는 수학(정갑수)		
10번 종합의견	2학년 : 이공계 분야에서 커다란 동량이 되리라 확신		

(자기소개서 2번) 고등학교 재학기간 중 본인이 의미를 두고 노력했던 교내 활동(3개 이내)을 통해 배우고 느낀 점을 중심으로 기술해주시기 바랍니다. 단, 교외 활동 중 학교장의 허락을 받고 참여한 활동은 포함됩니다(띄어쓰기 포함 1,500자 이내).

가장 즐거웠던 활동은 1, 2학년의 앱 창업 기획이었습니다. 1학년 동아리활동의 일환으로 동아리 친구들과 교내 앱 창업 계획서 발표회에 참가하여 집 냉장고 식재료 관리의 불편을 해결하고자 식재료의 유통기한을 관리하는 서비스를 기획했습니다. 이후 아이디어를 보완하여 유통기한을 관리하는 한편 식재료 현황에 따른 레시피 제공과 보유하지 않은 식재료의 배달 서비스까지 제공하는 어플리케이션 '집밥'의 창업 계획서를 작성했습니다. 본선 진출 후 PPT 프로그램을 활용해 서비스의 목적과 수익 구조를 선생님들과 변리사, 경영 컨설턴트 등 전문가들 앞에서 발표하며 어플리케이션 동작원리를 시연했습니다. 의도를 모두 전달하지는 못했지만 "기획한 서비스의 내용이 좋았고 실제로 구현된다면 좋을 것 같다."라는 평가를 받았습니다. 이후 바코드의 형태로 식재품들을 등록해 관리하는 매장 대상의 어플리케이션이 출시된 것을 보고 직접 서비스를 기획하는 것에 대해 자신감을 가지게 되었습니다. 2학년 때 동아리 부원들과 함께한 프로그래밍 캠프의 어플리케이션 발표 활동에서는 '운전이라는 행위를 좀 더 재미있고 의미 있는 행동으로 만들 수 있을까?'라는 아이디어를 내어 사용자에게 안전운전에 대한 미션을 제시하고 그에 맞는 보상을 제공하는 어플리케이션을 기획하고 PPT 자료를 이용해 서비스의 내용을 다른 친구들과 발표하였습니다. 두 번의 어플리케이션 기획 및 발표 경험을 통해 추후 내가 낸 아이디어로 많은 사람들이 편리하게 사용할 수 있는 프로그램을 직접 만들고 싶다는 생각도 하게 되었습니다.

1학년 때 친구들과 6개월 동안 연구한 소논문 작성 프로젝트도 뜻 깊었습니다. '수학 원리 대 탐험'이라는 책에서 놀이 수학의 일종인 플렉사곤을 접하고 플렉사곤의 종류들과 그 원리에 대해 더 자세하게 탐구하고자 '플렉사곤의 제작과 원리탐구'를 주제로 친구들과 창의수학 소논문 대회에 참가하였습니다. 먼저 책을 보고 플렉사곤을 제작하여 n단6각 플렉사곤의 기본 구조가 뫼비우스의 띠임을 알 수 있었지만 책에서 다룬 내용만을 가지고 연구를 하기에는 부족함이 많아 지도교수님께서 주신 자료들과 국내 논문뿐만 아니라 영어로 된 논문들까지 이용해 팀원들과 연구하였습니다. 논문의 내용을 참고하여 n단육각 플렉사곤의 기본 구성 단위를 파악하였고, 그 결과 만들어진 플렉사곤 면의 배치들을 도식화하여 나타내어 이 그림을 '플렉사곤 구조도'라고 명명하였습니다. 또한 이 구조도의 형태가 플렉사곤을 만들 때 사용했던 플렉사곤 구성도의 숫자 배치 위치를 옮긴 것과 동일하다는 것을 알 수 있었습니다. 연구기간이 종료된 후 논문들을 통해 알게 된 플렉사곤의 원리와 새로 알게 된 구조도와 구성도의 관계를 정리하여 소논문 형태로 작성하였고, 이후 지도교수님들과 다른 선생님들께 형식의 적절성과 주제의 참신성을 인정받아 최우수상을 수상할 수 있었습니다. 친구들과 함께 직접 주제를 선택하여 자료를 찾아 연구한 6개월간의 경험을 통해 진정한 학문 탐구의 즐거움을 조금이나마 느낄 수 있었습니다.

STAR 분석		지원대학 평가요소
구분	**내용**	
Situation (상황, 배경)	집 냉장고 식재료 관리의 불편을 해결하고자 식재료의 유통기한을 관리하고자 함.	학업성취도 + 학교생활 충실도 및 인성 + 도전·창의·배려 + 발전가능성
Task (목표, 역할)	동아리 친구들과 교내 앱 창업 계획서 발표회에 참가	
Action (구체적인 행동)	Action1 : 어플리케이션 '집밥'의 창업 계획서를 작성 Action2 : 서비스의 목적과 수익 구조를 선생님들과 변리사, 경영 컨설턴트 등 전문가들 앞에서 발표하며 어플리케이션 동작원리를 시연	
Result (결과)	어플리케이션 기획 및 발표 경험을 통해 추후 내가 낸 아이디어로 많은 사람들이 편리하게 사용할 수 있는 프로그램을 직접 만들고 싶다는 생각을 하게 됨.	

학생부 항목 분석	
핵심 내용	교내 앱 창업 계획서 발표회에 참가
4번 수상실적	앱 창업 계획서 발표회(장려상)
7번 창체 활동	1학년 진로활동 : 집에 남은 식재료들을 이용해 어떤 음식을 어떻게 만들어야 하는지 레시피컨설팅 서비스와 그 과정에서 부족한 식재료를 제안하고 쇼핑몰과 연계
8번 교과 세특	1학년(미적분Ⅰ) : 팀을 구성하여 각종 논문에 소개된 플렉사곤 제작원리와 구성에 대하여 연구하고 직접 플렉사곤을 제작하여 소논문으로 작성함.
9번 독서활동	1학년(수학) : 수학적 사고법(요시자와 미쓰오), 수학원리 대탐험(테오니 파파스) 2학년(진로) : 리얼 게임 기획자, 아티스트(이윤미) 3학년(진로) : 프로그래머 수학으로 생각하라(유키 히로시)
10번 종합의견	2학년 : 진로에 대한 관심이 높아져서 컴퓨터공학, 정보보안과 관련된 서적 탐독

최종합격 대학 전형 분석 (카이스트 일반전형 2019 vs. 2020)

2019학년도 수시모집요강

전형명	모집단위	모집 인원	전형방법 및 특징	수능 최저	제출서류
일반전형	무학과	550명 내외	① 서류평가(2.5배수내외) ② 면접 평가	없음	• 학교생활기록부 • 자기소개서 • 교사추천서
지원자격	2019년 2월 기준 고등학교 졸업(예정)자 또는 국내 법령에 의한 동등 학력자 ※ 국내 소재 외국인학교, 외국교육기관, 국제학교 출신자와 고교 교육과정 일부를 외국에서 이수한 경우 가. 국내 소재 외국인학교, 외국교육기관, 국제학교 중 국내 학력인정을 받는 학교 출신자는 지원 가능함. 나. 외국에서 마지막 3년 이상의 고등학교 교육과정을 이수한 자는 지원할 수 없음. 다만, 「재외국민의 교육지원 등에 관한 법률」에 따른 한국학교 출신자는 지원 가능함. 다. 기타 고등학교 교육과정 일부를 외국에서 이수한 경우에는 국가별 학제 및 수학기간을 고려하여 종합적으로 지원자격을 판단함.				

2020학년도 입학전형안내

전형명	모집단위	모집 인원	전형방법 및 특징	수능 최저	제출서류
일반전형	무학과	550명 내외	① 서류평가(2.5배수내외) ② 면접 평가	없음	• 학교생활기록부 • 자기소개서 • 교사추천서
지원자격	• 2020년 2월 기준 고등학교 졸업(예정)자 또는 국내 법령에 의한 동등 학력자 • 「조기진급 등에 관한 규정(대통령령 제27751호)」 제3조 및 제4조에 따라 조기졸업 또는 상급학교 조기입학 자격을 갖춘 자 • 국내 고등학교 2학년 수료예정자로서 「과학영재선발위원회규칙(과학기술정보통신부령 제1호)」에 따라 KAIST 과학영재선발위원회에서 학사과정 입학 지원자격을 인정받은 자				

※ 위 내용은 입학전형계획안 내용이므로 자세한 사항은 2020학년도 수시모집요강을 반드시 참조하시기 바랍니다.

학생부가 30페이지가 넘을 정도의 많은 활동과 탐구 역량을 보여준 학생으로 학교의 거의 모든 행사에 참여하고 그러면서 교과 성적도 소홀히 하지 않은 활동성과 도전정신이 뛰어난 인재라고 볼 수 있다. 카이스트의 서류평가지표인 학업성취도, 학교생활충실도 및 인성, 도전·창의·배려, 발전가능성 등에서 우수한 평가를 받은 것으로 판단된다.

이 학생의 결정적인 합격 비결은 다음과 같다.

첫째, 뛰어난 교과 성적은 학교수업에 충실하다는 것을 말해주는 것으로 평소 근면하고 성실하며 기본기가 잘 다져진 학생으로 볼 수 있다. 또한 교과세부능력특기사항을 보게 되면 단순히 교과 수업 내용을 학습하는 수준에서 벗어나 지적호기심을 갖고 책 또는 다양한 학술자료 등을 참고하여 각종 보고서를 작성하여 발표하는 등 공부의 깊이가 드러난다고 볼 수 있다.

둘째, 소프트웨어 개발자라는 꿈을 가지고 이와 관련된 독서활동과 동아리활동은 진로와 목표를 설정하고 그에 맞춰 끊임없이 노력하고 있다는 것을 보여준다. 정규 동아리인 STEAM과 자율동아리인 더코드 활동을 통해 과학 융합 활동과 프로그래밍 창작 대회에 참여하는 등 프로젝트를 계획하고 아이디어를 결합해 발표하는 것을 좋아하는 학생으로 전공적합 활동이 강한 학생으로 보인다.

셋째, 도전과 창의성이 돋보이는 학생이다. 학교의 앱 창업계획서 발표회에 참여하여 독특한 창업 아이템을 선보였다. 집에 남는 식재료들을 이용해 어떤 음식을 만들 것인지 더 나아가 레시피 컨설팅 서비스와 부족한 식재료를 제안하면서 자연스럽게 쇼핑몰에 연계시키는 과정에서 학생의 창의성이 돋보인다. 또한 설계한 앱에 대해 전문가(변리사, 경영컨설턴트)에게 의견을 구하고 창업계획서의 실현 가능성을 높이기 위해 열정적으로 노력한 도전 정신은 고등학생

수준을 뛰어넘는 도전 정신이라 할 수 있다.

　또한 이 학생은 카이스트가 선발하고 싶은 Ω수 중 과학기술 분야에 전문성을 갖추고, 지식탐구가 즐거운 학생, 새로운 분야를 개척하려는 열정과 도전의지를 가진 학생이라는 타이틀에 적합하고 대한민국의 소프트웨어 생태계의 한 축을 담당할 뛰어난 융합형 인재가 될 것으로 확신한다.

서강대학교_자기주도형

수학을 좋아하고 빅데이터에 관심을 가진 학생, 수학자의 꿈을 품다!

수학과 / 경기지역 일반고 정○○

 합격에 결정적인 영향을 미친 요소

저는 수학에 대한 열정이 매우 강하여 수학 관련 교내활동을 많이 하였습니다. 그 결과 수학 성적 및 수학 관련 비교과 활동에서 우수한 성적을 받을 수 있었습니다. 또한 수학에 비해 부족한 다른 과목도 학년이 올라가면서 성적향상을 보인 것이 좋은 평가를 받은 것 같습니다. 더불어 수학공부에 어려움을 겪는 친구들에게 멘토역할을 하면서 일방적이 아닌 서로 윈윈하는 것을 배우게 되면서 다른 활동에도 선한 영향력을 미친 점입니다.

학교 활동 분석

학교 정보 및 활동 프로그램

구분	내용
독서 활동 프로그램 서지향(書之香)	• 아침독서 10분의 힘 : 0교시 독서 활동을 통해 기본적인 독서 습관 형성 • 새벽샘(曉泉) 독서–사서가 권하는 책 : 월별로 주제를 정하여 다양한 도서를 추천, 권장함으로써 학생들에게 도서에 대한 정보 제공 • 오거서(五車書) : 다독 습관을 형성 • 문장(文章) : 독서 후 표현 활동 • 문답(問答) : 책을 정확하게 읽는 훈련
인문학 프로그램 삶의 레시피(recipe)	• 도서관 무료강연–'삶의 레시피–인문학적 인간' 프로그램 • 인문 독서 클럽– '삶의 레시피– 인문 독서 클럽' 프로그램 운영 • 인문학 독서 마라톤– '삶의 레시피– 인문 고전 필사' 프로그램 운영
사고력 향상 프로그램 [혜윰]	• 학생이 스스로 참여하는 '독서–토론–논술' 교육 과정을 구성하여 사고력 향상을 꾀함. • 교과 중심의 독서교육을 통해 공교육의 내실화를 추구하여 고등 사고 능력을 지닌 비판적 지성인 양성 • 사고력 향상 프로그램을 통해 자기 정체성을 확립함으로써 핵심역량을 체득할 수 있는 배움의 학교가 되도록 하는데 기여
사회과학 프로그램 [지호락]	• 인문계 사회과학 계열에 대한 관심 제고 • 역사, 지리, 정치, 경제, 사회, 윤리 영역에 대한 지식의 습득 및 적용 능력의 신장 • 쟁점화된 사회적 주제에 대한 논의 기회 확산
창의수학 소논문대회	• 수학에 대한 편견을 버리고 단편적인 주입식 학습에서 벗어나 실생활에 활용되는 여러 가지 학문적인 지식과 예술적 감각을 통해 통합적으로 사고하고 창의성을 발휘 • 생활 속에서 즐기는 수학 교육의 기회를 제공하며 직접 체험하고 탐구, 발표의 기회를 제공
영어과 특색 사업	[영어 말하기대회] • 학생들의 영어 말하기 능력을 향상시키고 영어에 대한 학습동기와 성취감을 갖게 하며 국제적인 감각을 익히고 진정한 글로벌리더로서 꿈을 키우는 기회를 제공함. [영어 원서 독후감 쓰기 대회] • 원서 읽기를 통해 영어권 문화 전반에 대해 이해하고 배경지식을 늘릴 수 있도록 함. [영어 에세이 쓰기 대회] • 자신의 생각과 의견을 국제 공용어인 영어로 표현하는 기회를 갖고 영어 쓰기 능력 함양을 유도하며, 학교생활기록부에 관련 내용 기재를 통하여 영어에 대한 학습동기와 자신감을 배양함.

영어모의유엔 대회 (JSMUN)	• 외국어의 일차적인 목적인 의사소통 기능에 대한 관심을 제고하여 실질적인 영어 사용능력을 향상시킴. • 영어 토론을 통해 자신의 의견을 논리적으로 전달하는 능력을 함양함. • 모의UN토론방식의 경험을 통해 외교 등의 관련 분야에 대한 진로경험을 쌓고, 국제적 안목을 키움.
진로 맞춤형 프로젝트 소프트웨어 교육	[정규교과 : 학년별 심화 교육] • 1학년 : 플레이봇, 로봇 응용교육 등 코딩 기초 학습(문제해결 능력 향상) • 2학년 : 스마트 어플 제작, 아두이노제작(진로에 맞는 프로젝트형 코딩교육) • 3학년 : IT관련 계열 집중 팀 프로젝트 [타 교과와의 자연스러운 연계] • 과학 실험이 많은 본교의 특징(과학 중점학교)을 살려 과학 교과와의 연계 [창업 경진대회를 통해 앱 제작 교육] • 창업과 경영 교과 시간에 이루어지는 창업 경진대회를 통해 다양한 창업 아이디어를 도출해 내고 그 과정에서 발생하는 다양한 소프트웨어에 대한 고민을 앱 제작 교육으로 해결

※ 출처 : 학교 알리미 및 학교 홈페이지

 학생부 분석 및 나의 열정스토리

진로희망사항

구분	1학년	2학년	3학년 1학기
진로희망	화학공학연구원	수학자, 통계연구원	수학자, 통계연구원
희망사유	눈에 보이지 않는 화학에 흥미를 느낌. 주변에서 흔히 볼 수 있는 화장품이나 세제 등에서의 화학 성분들이 궁금해져 관심있게 보면서 화학공학에 대해 알게 됨. 화학1 수업 시간에 배웠던 화학반응식에서 양적 관계가 매력적으로 느껴졌고 이를 계기로 화학공학연구원의 꿈을 가지게 됨.	논리적이고 답이 명확하게 떨어지는 수학을 좋아하여 막연하게 수학을 동경하다가 확률과 통계를 공부하면서 아주 사소한 조건으로도 확률이 크게 달라지는 통계학에 큰 흥미를 느껴 통계학 이론을 연구하여 수학 분야 뿐만 아니라 과학, 공학 등의 분야 발전에 기여하고자 함.	정답이 명확한 수학을 공부하면서 그래프의 활용에 흥미를 느끼고, 확률과 통계 분야에서 어떠한 기준을 정하여 그 기준에 의해 자료들이 정확하게 분류되는 것에 매력을 느껴 수학 및 통계연구원의 꿈을 키움.
진로희망을 위한 활동	• '좋아하는 과목에서 진로를 찾아라'를 읽고 진로에 대해 깊이 있는 성찰을 함.	• 통계의 함정에 대해 소개하고 통계의 왜곡에 대해 토론함. • 실생활 속에서 수학이라는 주제로 통계학에 대해 조사함.	• 교내수학 경시대회 준비 • 학급 특색 활동에서 수학의 즐거움 및 고난도 문제에 대한 발표 • 빅데이터 전문가 탐색 활동

구분	1학년	2학년	3학년
학업역량	• 학력우수상(수학I) • 예체능과목우수상(운동과건강생활) • 학력우수상(수학II, 미적분I, 화학I) • 학력 진보상(국어)	• 학력우수상(확률과 통계, 미적분II) • 2017수학왕선발대회 • 학력우수상(확률과 통계, 기하와 벡터)	• 2018 1학기 진성 수학왕 선발대회(장려상) • 학력우수상(수학연습II, 고급수학I)
전공 적합성			
발전 가능성	• 1차 자기주도 학습 능력 경시대회(수학부문, 최우수상) • 2차 자기주도 학습 능력경시대회(수학부문, 우수상) • 1차(2학기) 자기주도 학습 능력경시대회(수학부문, 최우수상) • 2차(2학기) 자기주도 학습 능력경시대회(수학부문, 최우수상)	• 2분기 자기주도학습능력우수자(최우수상)	
인성영역			

구분	1학년	2학년	3학년
자율활동	• 사고력 향상 프로그램 '혜윰' (토론, 독서, 논술) • 교내 과학실험 탐구 경연	• 차세대 산업혁명에 대한 토론 • 기초과학과 관련한 주제 토론 • '실생활 속의 수학'이라는 주제로 토의	• 학급 특색활동에서 수학의 즐거움 및 고난도 문제 풀이, 수학이 추상적인지에 대한 토론. 수학 모의고사 교과 멘토 활동
동아리 활동	• (폴라리스) 천문동아리	• (폴라리스) 천문동아리	• (폴라리스) 천문동아리 : 별자리의 물리적 현상 및 그 안에서의 수학적 현상에 대한 이해, 망원경에서의 수학적 원리 조사

봉사활동	• 굿네이버스 경기 1본부 • 다양한 학교 봉사 • 개인 3시간 + 학교 6시간 = 총 9시간	• 학교 과학실 환경 정리 • 학교 25시간	• 자기주도학습 프로그램 학습 문제지 배부 및 답안지 수거 도우미 활동
진로활동	• '좋아하는 과목으로 진로를 찾아서'와 같은 독서를 통한 진로 탐구 활동 • 명상 체험 프로그램 • 대입 면접대비	• 과학진로캠프 • 창업 인큐베이팅 프로그램 진행. • 자기소개서 2번 문항 작성 활동	• 직업 정보 세계 탐색 : 빅데이터 관련 직업 및 수학, 컴퓨터와의 관련성에 대한 보고서 작성
주요세특	[수학II] • 로그 단원 학습 [화학I] • 수업의 집중도 및 수업 이해도가 매우 높음.	[확률과 통계] • 선택효과 [기하와 벡터] • 타원과 원의 관계성. [미적분I] • 삼각함수와 관련된 다양한 증명	[화법과 작문] • 말하기 시간에 '황금비'에 대해 발표 [고급수학 1] • 벡터를 통한 공간도형의 이해, 행렬식의 학습 등 폭넓은 수학적 지식의 활용능력 [정보] • 불대수를 이용한 논리 회로 조합, 미적분 2의 주요공식 앱인벤터를 활용한 프로그램 제작

1. 전문가의 주요 창의적 체험활동 매트릭스 분석

구분	동아리	
교과(수업)연계활동 (발표+토론+실험 +탐구)	[폴라리스] • 주제 발표 시간에 태양의 활동을 주제로 하여 일식 및 월식 현상과 태양 대기 활동인 코로나와 홍염, 플레어 등의 특징을 정리하여 발표함.	[폴라리스] • 우리 학교에 있는 천체 망원경의 구조와 조립에서부터 관측 과정을 떠올려 후배들을 위한 별자리 관측 매뉴얼을 만듦.
탐구(활동)제목 (수행평가+ 탐구보고서)	• 태양의 특징	• 천체 관측 매뉴얼
연계독서 (도서명/간략 내용)	• 지구과학산책	
연계 자료 (영화, 다큐, TED, 보고서 등)	• 태양의 움직임에 대한 인터넷을 통한 조사	• 인터넷을 통한 망원경의 다양한 원리에 대한 조사

결과 (학업, 진로에 끼친 영향)	• 태양의 특징에 대해 더 자세히 알아보는 계기를 가짐. • 연구를 할 때의 집요한 조사의 자세를 알게 됨.	• 망원경의 작은 부품이 조금이라도 문제가 생기면 관측할 수 없다는 것을 생각함. 동아리활동으로 미세한 변화에 주목할 줄 아는 힘을 갖게 됨.
후속 또는 타 연계 활동	• 1학년 부장으로서 학기 초에 동아리 연간 포트폴리오 초안 작성 및 천체 망원경 조립에 관해 2학년 선배들과 함께 심도 있게 분석하여 연구함.	• 기하와 벡터 시간에 배운 2차 곡선의 조합으로 만드는 카세그레인 망원경의 원리에 대해 학습을 함.

구분	행사명(제목)	행사내용	결과 (토론/발표/보고서/ 캠프/대회참가)	후속 또는 타 활동 연계
자율 활동	기초과학과 관련한 주제와 사례를 소개하고 토의하는 활동	평소에 관심을 기울이고 있는 수학 및 화학과 관련된 기초과학 지식을 소개함.	통계의 함정에 대해서 소개하고 정보를 어떤 의도로 어떻게 처리하는가에 따라 통계가 어떻게 왜곡될 수 있는지를 설명하고 이에 대한 토론을 유도함. 이 과정에서 '새빨간 거짓말 통계', '통계의 미학'을 읽고 공부함.	빅데이터에 대한 관심이 증가하여 실생활에서 빅데이터 활용에 관심을 가지게 됨. 진로활동 시간에 빅데이터 보고서를 작성함.
	차세대 산업혁명에 대하여 토론	인공지능, 생명과학 등 4차 산업혁명이 가져올 혁신적 변화를 학습함.	사물 인터넷의 기술이 의료 분야에 적용되는 사례를 분석하고 인공지능과 로봇이 미치는 영향에 대해 조원들과 토론함.	인공지능에서 빅데이터가 활용되는 분야를 이해한 후 수학적인 활용 능력 및 통계적인 지식의 필요성을 알게 됨. 이를 통해 공식의 증명 위주의 이해 학습을 하는 학습법을 터득하여 기하와 벡터등 여러 과목에 적용을 함.
	토의 활동	관심분야를 발표하고 모둠을 조성하고 모둠별로 주제를 정하고 토의하는 활동	평소에 수학에 관심이 많은 친구들과 모둠을 구성하여 '실생활 속의 수학'이라는 주제로 토의를 진행함.	

진로 활동	과학진로캠프	과학 연구소 및 과학 대학 견학을 통해 과학적 소양을 증진시키고 관심 있는 분야를 연구함.	아두이노에 자신이 원하는 동작을 실행시키는 활동을 하면서 아두이노 보드 프로그래밍을 위한 것이 스케치 프로그램이라는 것을 알게 되고 직접 업로드하면서 흥미를 느낌.	
	대교협 자기소개서 1번 문항 쓰기	재학기간 중 학업에 기울인 노력과 학습경험에 대해 배우고 느낀 점에 대해 기술한 것을 발표하기 활동	자신이 관심 깊게 보는 수학 과목을 탐구한 내용과 과정을 구체적으로 설명하면서 작성하여 발표함.	특히 기하와 벡터 과목에서 발견한 정사면체, 정육면체, 정팔면체의 기하적 관련성을 정리하고 작성하여 자신감 있는 모습으로 설명함.
	빅데이터 보고서	빅데이터를 이해하기 위해 빅데이터의 개념과 컴퓨터에서의 표현방법, 필요한 역량 등을 정리하여 보고서를 작성함.	빅데이터전문가의 하는 일이 세분화되어있고, 데이터는 결국 수학의 언어로 추출되기 때문에 통계학적 지식과 컴퓨터 프로그래밍 기술이 필요하다는 것을 알게 됨.	이것을 계기로 꿈에 대한 확신을 가지고 진로 설계를 위한 기초적인 토대를 다짐.
봉사 활동	과학실 정리	학교 과학실 환경을 정리하고 실험기자재를 정비하는 일		자발적으로 참여하여 1년 동안 지구과학실의 환경 봉사 활동을 수행함.

구분	수학2	기하와 벡터
교과 단원	• 로그	• 타원
활동내용 (발표+토론+질문 +실험+탐구)	• 탐구	• 탐구
활동내용(제목) (수행 평가/보고서)	• 숫자 배열이 상용로그의 소수부분과 관계가 있음을 스스로 찾아냄.	• 타원에서 x축이나 y축에 상수를 곱해 단축과 장축의 길이를 같게 하여 원으로 바꾸면 초점과 넓이도 실수배로 바뀐다는 것을 확인하고 타원의 넓이를 구하는 데 활용함.

연계 자료 (영화, 다큐, TED, 보고서 독서 등)		• 수학 참고서 및 인터넷 자료
후속 또는 타 활동 연계 (동아리, 방과후, 스터디, 멘토링 등)	• 응용문제를 풀 때도 융합형 문제의 경 우는 기존에 배웠던 단원을 다시 공부 하는 등의 노력을 하였음.	
결과 (학업, 진로에 끼친 영향)	• 증명에 익숙해지고자 증명 관련 문제를 여러 문제집에서 찾아 풀어보는 적극성 을 가짐.	• 수학문제를 푸는 것을 즐기며 응용문제 를 두려워하지 않고 문제해결에 필요한 것이 무엇인지, 시간을 단축하는 방법은 없는지 생각하는 습관을 가짐.

구분	확률과 통계	기하와 벡터
교과 단원	• 확률	• 공간도형
활동내용 (발표+토론+질문 +실험+탐구)	• 질문	• 발표
활동내용(제목) (수행 평가/보고서)	• 독서를 통한 '선택효과'에 대한 내용을 접하게 되어 '두 딸 문제'와 '동전문제' 에서 설명하고 있는 '정보를 주는 상대 의 의도에 따라 달라지는 확률'과 '선택 효과'에 대한 질문을 함.	• 두 평면 사이 이면각의 코사인 값을 구하는 문제에서 이면각을 직접 구하 기보다 삼각함수의 덧셈정리를 사용 해서 풀이하는 것이 쉽다고 발표함.
연계 자료 (영화, 다큐, TED, 보고서 독서 등)	• 통계의 미학(최제호)	
후속 또는 타 활동 연계 (동아리, 방과후, 스터디, 멘토링 등)		• 이면각에 대한 세 가지 해석법에 대하여 풀이법을 생각하는 등 공간도형에 대한 다양한 시각에 대해 이해를 함. • 기하에 어려움을 토로하는 멘티에게 기 하문제를 해결하는 다양한 방법을 설명 하여 멘티의 문제 해결력을 높임.
결과 (학업, 진로에 끼친 영향)		• 기하 문제가 분석 방법에 따라 문제의 난이도가 바뀔 수 있다고 생각함. 그리 고 어떤 어려운 문제라도 문제의 원인을 찾으려는 노력을 하겠다는 결심을 함.

독서활동 상황

구분		1학년	2학년	3학년
독서활동상황	교과연계	[수학] • 과학으로 수학보기 수학으로 과학보기(김홍종) • 박경미의 수학콘서트 플러스(박경미) [생명과학I] • 과학카페2(KBS과학카페 제작팀) [생명과학I] • 유전자가 세상을 바꾼다(김훈기)	[독서와 문법] • 82년생 김지영(조남주) [지구과학II] • 달력과 권력(이창모)	[고급지구과학] • 코스모스(칼세이건) [고급지구과학] • 공기의 연금술(토머스 헤이거) [정보과학] • 인공지능, 컴퓨터가 인간을 넘어설 수 있을까?(사이언티픽 아메리칸 편집부)
	진로연계	• 화학 교과서는 살아있다(박태현) • 진정일 교수의 교실 밖 화학이야기(진정일)	• 새빨간 거짓말, 통계(대럴 허프) • 통계의 미학(최제호) • 벡터 이야기(나소연)	[수학연습II] • 직관 미적분(하타무라요타로) [고급수학I] • 수학의 언어(케이스 데블린) [고급수학II] • 틀리지 않는 법(조던 엘렌버그)
	공통(기타)	• 나우루 공화국의 비극(뤽 폴리에) • 오즈의 의류수거함(유영민) • 국어시간에 수필 읽기2(이옥분) • 돼지가 한 마리도 죽지 않던 날(로버트 뉴턴 펙) • 광고 속에 숨어 있는 과학(최원석) • 오늘은 내 생애 가장 젊은 날(이기주) • 왜 세계의 절반은 굶주리는가?(장지글러) • 헬로사이언스(정재승) • 빅히스토리4(김효진) • 자전거의 숨은 과학(정창훈) • 화성 이주 프로젝트(스티븐 L. 퍼트라넥)	• 세상을 바꿀 용기(존 슐럼)	• 박사가 사랑한 수식(와가와 요코) • 나우루공화국의 비극(뤽 폴리에)
합계		17권	6권	8권

082

나의 성적

주요 교과 추이

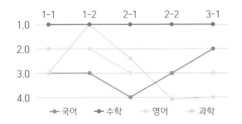

교과	1-1	1-2	2-1	2-2	3-1
국어	3.0	3.0	4.0	3.0	2.0
수학	1.0	1.0	1.0	1.0	1.0
영어	2.0	2.0	3.0	3.0	3.0
과학	3.0	1.0	2.4	4.1	4.0

학년별 등급 추이

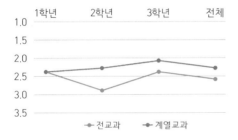

교과	1학년	2학년	3학년	전체
전 교과	2.4	2.9	2.4	2.6
계열교과	2.4	2.3	2.1	2.3

※ 성적 분석

위 학생은 고급수학 I, II를 포함한 모든 수학교과목에서 1등급을 받았습니다. 또한 1등급 내에서도 상위 레벨에 위치하고 있습니다. 영어 및 국어 과목에서는 성적이 비교적 저조했지만 성적향상을 위한 노력을 통해 국어 등급은 향상을 하였고 영어는 등급 향상은 없었지만 전체적인 점수 및 세부능력 특기사항에서 우수한 평가를 받았습니다.

 2019학년도 수시전형 지원 합불 결과

대학명	전형명	모집단위	수능최저여부	합불여부
서강대학교	자기주도형	수학과	×	합격
중앙대학교	탐구형인재	수학과	×	합격
숭실대학교	SSU미래인재	수학과	×	불합격
건국대학교	KU자기추천	수학과	×	불합격
성균관대학교	성균인재	자연과학계열	×	불합격
고려대학교	일반	수학과	○	불합격

 선배들이 알려주는 합격 포인트

Q1 학생부 관리에 있어서 본인만이 가지고 있는 노하우는?

A1 자율활동도 진로에 관련된 내용을 위주로, 진로활동은 꿈을 이루기 위해 노력한 과정을 여러 내용으로 조금씩 작성하기보다 의미 있는 것들을 추려서 최대한 구체적으로 작성하면 좋은 것 같습니다. 또한 다른 학생들도 올릴 수 있는 것 말고 차별화된 내용으로 기록할 필요가 있습니다. 하지만 가만히 있으면 선생님들이 알아서 잘 입력해주시지 않기 때문에 스스로 적극적으로 나서서 수업에 참여하고 활동을 하거나 질문하여 교과 선생님의 기억에 남도록 많은 노력을 기울여야 합니다. 생기부를 관리하는 기간이 되면 각 과목별로 어떤 내용을 넣을지 정리해서 교과 선생님께 찾아가서 직접 어필하는 노력도 하면 좋습니다.

Q2 학생부종합전형을 위한 올바른 고등학생 생활과 성적관리에서 필요한 것이 있다면?

A2 모든 과목을 전체적으로 잘 하면 좋을 것 같습니다. 주요 과목들은 성적이 좋은데 나머지 과목들만 성적이 낮으면 성실하지 못한 학생으로 보입니다. 성적은 학년이 올라갈수록 향상되는 모습을 보이는 것이 좋고, 그 과정에서 진로에 대한 깊이 있는 이해가 있으면 더 좋겠습니다. 생기부에서의 인성은 다 좋아 보이므로 진솔한 활동이 꾸준히 있는 것이 중요합니다. 꾸준함이 있으면 스스로도 많이 느끼게 되고 진솔하게 자신의 인성을 나타낼 수 있는 것 같습니다. 또한 여러 가지 대회에 참여해서 자신이 배운 것을 활용해서 수상하면 좋을 것 같습니다.

(자기소개서 1번) 고등학교 재학기간 중 학업에 기울인 노력과 학습 경험에 대해, 배우고 느낀 점을 중심으로 기술해 주시기 바랍니다(1,000자 이내).

기하와 벡터의 공간도형을 공부하며 문제가 요구하는 도형이 머릿속에 한 번에 그려지지 않아 어려움을 겪었습니다. 그 원인이 무조건 좌표축을 설정하여 문제와 직접적인 관련이 없는 도형들을 모두 그려서 해결하려는 습관 때문이라는 것을 알게 되었습니다. 이를 극복하기 위해 문제를 정확히 분석한 후 보기 편한 방향으로 필요한 부분만을 그리는 연습을 하였습니다. 그 뒤에는 문제에 접근할 수 있는 방법들을 모두 나열하는 습관을 들였습니다. 예를 들면 이면각과 관련된 문제를 풀 때는 세 가지 방법을 생각할 수 있었습니다. 첫째는 삼수선 정리 이용하기, 둘째는 원래 도형과 정사영한 도형의 넓이나 길이의 비 이용하기, 마지막은 도형들의 법선 벡터를 내적하기와 같은 방법이었습니다. 한 문제를 이 세 가지 방법으로 풀고자 반복적으로 학습하여 문제의 유형에 따라 간편한 방법을 찾기 위해 노력하였습니다. 이러한 노력으로 어려운 공간도형 문제를 저만의 방법으로 풀어나갈 수 있었습니다. 기하 문제는 개인의 공간지각 능력만을 측정하는 것이 아니며, 분석 방법에 따라 문제의 난이도가 바뀔 수 있는 것이라고 생각했습니다. 이를 통해 저는 어떤 어려운 것이든지 문제의 원인을 찾아 이를 해결하는 노력을 기울인다면 그에 상응하는 결과를 이끌어낼 수 있다는 자신감을 얻었습니다.

저는 수학의 변화무쌍함이 상당히 흥미롭습니다. 찌그러진 원도 방정식으로 표현되는 것이 신기하여 특히 타원에 호기심을 갖고 탐구하였는데 타원과 원의 유사성에 대해 생각해 볼 수 있었습니다. 타원을 계속 관찰해보니 타원에서 x축이나 y축에 상수를 곱해 단축과 장축의 길이를 같게 하면 원이 된다는 것을 발견했습니다. 타원을 원으로 바꾸면, 기존 타원의 넓이, 접선 등의 값도 타원에 곱하였던 실수 배로 바뀐다는 것을 확인할 수 있었습니다. 이 결과를 바탕으로 타원 문제를 원으로 바꿔 풀어보면서 도형은 원과 삼각형을 기본으로 한다는 말의 의미를 이해하게 되었고 여러 가지 방식으로 접근 가능할 수 있는 수학에 깊이 매료되었습니다.

STAR 분석		지원대학 평가요소
구분	**내용**	
Situation (상황, 배경)	공간도형 공부를 할 때 도형이 머릿속에 한 번에 이해가 되지 않아 어려움을 겪게 됨. 문제에 직접적인 관련이 없는 도형을 모두 그려서 해결하는 습관에 문제가 있는 것을 알게 됨.	학업역량 + 성장가능성 (Academic) + 성장가능성 (General) + 개인의 차별적 특징
Task (목표, 역할)	문제를 정확히 분석한 후 해석하기 쉬운 방법으로 도형을 이해하는 노력을 함.	
Action (구체적인 행동)	문제를 풀 때 접근할 수 있는 다양한 방법을 모두 나열하여 가장 효과적인 방법으로 문제 해결을 하려는 노력을 함. 예를 들어 이면각 관련 문제 해결법을 3가지 측면에서 접근함.	
Result (결과)	기하 문제는 분석 방법에 따라 난이도가 바뀔 수 있음을 깨닫게 됨. 또한 어떤 어려운 문제라도 문제의 원인을 찾아 해결하는 노력의 필요성을 깨닫게 됨.	
학생부 항목 분석		
핵심 내용	기하에서 어려운 문제 해결을 위해 풀이 관점을 다양하게 한 이후 문제풀이 능력의 향상. 이를 통한 문제 분석 능력의 중요성을 깨닫게 됨.	
4번 수상실적	학력 우수상(기하와 벡터)	
8번 교과 세특	기하와 벡터 : 이면각에 대한 문제풀이에 익숙해지기 위하여 삼수선, 정사영, 수직성분인 법선을 이용하는 방법 3가지로 문제를 접근하고자 반복 학습하여 문제의 유형마다 쉽게 해결하는 방법을 찾아감.	
9번 독서활동	벡터 이야기(나소연)	
10번 종합의견	2학년 : 1학년 때부터 2학년 2학기까지 수학 전 교과의 등급이 1등급으로 수학에 대한 관심과 흥미가 높으며 학업 능력 및 성취가 매우 뛰어나 탁월한 역량을 보여주고 있음. 수학 교과와 관련된 교내상은 모두 수상하고, 수학 교과와 관련된 교내 프로그램에 모두 참여하여 매우 뛰어난 성취를 보여 수학에 특화된 능력을 지니고 있음. 수학자라는 진로 방향을 설정하여 진로 탐색 활동을 꾸준히 열심히 하고 있음.	

(자기소개서 2번) 고등학교 재학기간 중 본인이 의미를 두고 노력했던 교내 활동을 배우고 느낀 점을 중심으로 3개 이내로 기술해 주시기 바랍니다. 단, 교외 활동 중 학교장의 허락을 받고 참여한 활동은 포함됩니다(1,500자).

천문학 동아리 폴라리스에서 활동하였습니다. 별자리 관측에 익숙해지고, 경기도 학생 천체관측 대회를 통해 저배율 망원경인 파인더의 중요성을 알 수 있었습니다. 대회 이후 별자리의 이동 궤적을 관찰하고 싶었지만 사진기가 없어서 지구과학에서 배운 북극성 위도법을 떠올려 북극성을 중심으로 관찰했습니다. 먼저 육안으로 보이는 여름의 대삼각형을 찾아 세 별을 직녀성, 알타이르, 데네브로 구분하고, 데네브를 백조의 꼬리로 하여 부리에 위치한 알비레오를 찾았습니다. 쌍성인 알비레오를 주로 관측하였는데, 천구를 따라 북극성과 알비레오를 이은 선이 만나는 건물 위치로 백조자리의 이동 궤적을 대략 파악하였습니다. 7월부터 9월까지 21시경 백조자리를 관측한 결과, 초여름에는 21시가 넘어서 동쪽에서 떠올라 한밤중 항상 관측할 수 있었고, 늦여름에는 21시에 남동쪽, 자정에 머리 위에 있었습니다. 별이 동쪽에서 떠서 서쪽으로 진다는 사실을 통해 뜨는 시각이 한 달에 약 두 시간 빨라져 하루에는 약 4분 빨라짐을 깨달았습니다. 이를 고려하여 9월에는 21시에 떠서 자정에 남중한다는 것을 예측하였고 관측을 통해 확인할 수 있었습니다. 결국 계절이 지날수록 서쪽에서 관측되는 것을 보고, 지구의 자전과 공전을 실감할 수 있었습니다. 이를 통해 별자리의 이동 궤적을 파악하기 위해서는 항상 같은 시간, 같은 장소에서 관측해야 함을 깨달았으며 추론과정에서 즐거움을 느꼈습니다. 결국 세밀한 관찰로 별자리의 변화를 아는 것은 물리고, 물리적 현상을 표현하는 언어가 수학이라는 것을 깨달아 수학에 더욱 매력을 느꼈습니다. 또한 저의 관측 노하우를 공유하기 위해 후배들을 위한 별자리 관측 매뉴얼을 만들 수 있었고, 미세한 변화에 주목할 줄 아는 힘을 갖게 되었습니다.

교내 수학 관련 대회를 준비하면서 많은 수학문제를 풀었습니다. 고난도 문제를 풀 때 풀이과정이 길어지면 흐름이 끊길 수 있어서 계산 과정을 단축시키도록 했습니다. 미적분에서 합성함수의 개형을 파악하려면, 두 번 미분하여 변곡점과 극값의 위치를 알아야 했습니다. 하지만 저는 먼저 대칭성, 주기성, 점근선을 확인하고 정의역과 치역의 범위를 생각했으며, 지수함수, 다항함수, 로그함수 순으로 함수의 개형을 빠르게 추론하였습니다. 또한 초월함수의 극한값을 알기 위해서는 사인극한 정리를 위한 식의 변형이 필요했는데, 삼각함수도 숫자로 표현할 수 없을까 고민했습니다. 연속하는 곡선인 사인, 코사인 함수가 다항함수와 비슷할 것이라고 막연히 생각했는데, 그 과정에서 테일러 급수를 알게 되었습니다. 미지수로 표현한 다항함수 식을 미분하는 방식으로 직접 계산하여 삼각함수를 다항함수로 나타낼 수 있었고, 이 과정에서 다항함수는 차수에 비례하여 진동한다는 것을 깨닫게 되었습니다. 이러한 방법으로 문제의 흐름을 놓치지 않고 풀어내는 것에 희열을 느꼈고, 이를 동력으로 수학 관련 대회에서 좋은 성과를 얻을 수 있었습니다. 수학 공식은 단순해 보이지만 자유자재로 활용될 수 있다는 것을 깨달았고, 저의 진로를 더욱 확고히 할 수 있었습니다.

STAR 분석		지원대학 평가요소
구분	내용	
Situation (상황, 배경)	천문학 동아리 폴라리스에서 별자리 관측에 대해 학습한 이후 저배율 망원경인 파인더의 중요성을 깨닫게 됨.	학업역량 + 성장가능성 (Academic) + 성장가능성 (General) + 개인의 차별적 특징
Task (목표, 역할)	하지만 사진기가 없어서 북극성 위도법을 통해 천문 관측을 함.	
Action (구체적인 행동)	주요한 별자리의 위치를 관측하고 백조자리의 이동을 관측함. 관측을 통해 별이 한 달에 약 두 시간씩 빨라지고 하루는 약 4분 빨라짐을 깨닫고 9월의 별의 이동을 예측함.	

| Result
(결과) | 이를 통해 별자리 관측 방법을 깨닫게 되고 세밀한 관찰로 별자리의 변화를 물리와 수학으로 표현하는 것을 깨닫게 됨. 이후 관측 노하우를 위해 후배들을 위한 관측 매뉴얼을 만듦. | |

학생부 항목 분석

핵심 내용	별자리 이동의 관측을 통해 별의 이동을 예상하고 관찰을 위한 노하우 전수를 위해 관측 매뉴얼을 제작
7번 창체 활동	동아리 폴라리스에서의 활동
9번 독서활동	달력과 권력(이정보)

 ## 최종합격 대학 전형 분석 (서강대 자기주도형 2019 vs. 2020)

서강대학교 2019학년도 수시모집요강

전형명	모집단위	모집 인원	전형방법 및 특징	수능 최저	제출서류
자기주도형	수학과	15	서류 100%(일괄합산)	없음	• 학교생활기록부 • 자기소개서 • 교사추천서
지원자격	국내외 정규 고등학교 2015년 2월(포함) 이후 졸업(예정)자 ※ 2019년 2월 2학년 수료예정자 중 상급학교 조기입학 자격 부여자(상급학교 진학 대상자)도 지원가능				

2020학년도 경희대학교 입학전형안내

전형명	모집단위	모집 인원	전형방법 및 특징	수능 최저	제출서류
학생부종합 (종합형)	수학과	14	서류 100%(일괄합산)	없음	• 학교생활기록부 • 자기소개서 • 교사추천서(선택)
지원자격	국내외 정규 고등학교 졸업(예정)자 ※ 2020년 2월 2학년 수료예정자 중 상급학교 조기입학 자격 부여자(상급학교 진학 대상자)도 지원가능				

※ 위 내용은 입학전형계획안 내용이므로 자세한 사항은 2020학년도 수시입학요강을 반드시 참조하시기 바랍니다.

※ 변동사항

(1) 모집인원 감소

이 학생이 합격한 서강대학교의 자기주도형 전형은 서류 평가 100%로서 합격자를 선발한다. 서류평가 기준은 학업의 성취도 및 배운 내용의 활용을 평가하는 학업역량, 지적호기심 및 배우고 경험한 능력인 성장가능성(Academic), 주어진 여건에서 최선을 다한 것과 리더십에 대한 성장가능성(General), 학교 교육 여건 및 환경에 대한 고려 요소인 개인의 차별적인 특징이다. 면접 없이 서류평가로 합불을 결정하기 때문에 학생부와 자기소개서가 매우 중요한 요소이다.

위 평가 요소를 보게 되면 이 학생은 학업역량에서 매우 우수한 평가를 받은 것 같다. 고교 재학 중 수학 관련 모든 과목에서 1등급을 받았으며 1등급 내에서도 상위 레벨의 등급을 받고 있음을 교과 성적을 통해서 알 수 있다. 또한 고3 때 고급 수학 등 심화교과목에서도 100점을 받는 등 학업 역량이 매우 우수함을 알 수 있다.

수학 관련 동아리활동은 없지만 진로활동에서 수학의 실생활 활용에 대한 깊이 있는 토의를 진행하여 배운 내용의 활용 능력의 우수함도 알 수 있다. 특히 토의 과정에서 통계학 분야에 관심을 가지고 관련 독서 및 통계에 대한 연구자료를 찾아보며 전문적인 지식을 쌓아감을 학생부를 통해서 알 수 있다.

교과 세부능력 특기사항에서 수학 전 과목에서 높은 학업 역량을 바탕으로 수업 이해도가 부족한 친구들을 위한 멘토링을 수행하였다. 이 부분에서 배려를 통한 리더십을 학생부와 자기소개서를 통해서 충분히 알 수 있었다. 또한 이 학생은 학교 프로그램을 충실히 이수하면서 성적의 향상과 수학(통계) 분야의 전공 이해도를 높여감을 알 수 있다. 이를 통해 서강대 자기주도형 전형의 인재상에 적합한 평가를 받아서 합격한 것 같다.

중앙대학교 _학교장추천전형

뛰어난 분석력과 탐구정신으로 인류를 행복하게 만들어줄 빅데이터 전문가를 꿈꾸다

소프트웨어학과 / 충북지역 일반고 김OO

 합격에 결정적인 영향을 미친 요소

저는 합격에 결정적인 요인으로 교과 성적이 가장 중요하다고 생각합니다. 비교과 활동이 지나치게 적거나, 활동과 지원학과 간에 괴리가 있는 경우에는 문제가 있을 수도 있지만 어느 정도 학생부와 자기소개서를 준비했다면, 가장 크게 영향을 미치는 요소는 교과 성적이라고 생각합니다. 또한 대학별로 학년별 성적 반영 비율이 다르고, 또 전 과목, 주요 과목 등을 반영하는 비율도 다르므로 자신의 성적이 높게 반영될 수 있는 대학을 찾아 지원하는 것이 중요합니다. 제가 지원한 학교장 추천은 신설전형으로 표본이 없기에 전형 선택에 고민을 했었는데, 교과 성적이 주요 요소로 반영될 것이라는 생각으로 지원하였고 합격을 할 수 있었습니다. 이런 여러 요소들을 고민해보면서 지원해야 좋다고 생각합니다.

 학교 활동 분석

학교 정보 및 활동 프로그램

구분	내용
[교육력 도약을 위한 다양한 프로그램 운영]	• 학생중심 교육과정 편성·운영 • 학습과제별 토론·발표식 수업 전개 • 학생 선택형 방과후학교 운영 • 소인수선택형 맞춤식 교육과정 운영 • 진로탐색 맞춤형 프로그램 운영 • 꿈·끼 탐색 기간 운영 내실화
[학생 자치 능력 향상을 위한 학생 주도적 학교 교육 활동]	• 자기 주도적 학습 계획 및 실천 • 학생 주도적 학교 행사 운영 • 학생 자치활동 역량 강화 • 학생 주도형 체험 활동 활성화 • 주제탐구형 학습동아리 운영 • 감동이 있는 진로 및 동아리 축제 운영
[학생·학부모·교사 교육 3주체 소통 한마당 운영]	• 교육 3주체 상호 편지쓰기 운동 • 교육 3주체 주제별 토론 활성화 • 학교홈페이지 칭찬 릴레이 실천 • 교육 3주체 사회적 협동조합 운영 • 학생·교사가 함께 하는 독서토론 • 부모와 함께 하는 백두대간 종주
[독서교육 프로그램]	• 하루독서 2030(매일 30분을 독서시간으로 운영) • 교과연계 독서보고서 쓰기 • 독서축제 '책으로 만나는 세상' (우리말겨루기대회, 작가와의 만남, 밤샘 독서캠프 등) • 인물 집중탐구프로젝트 '조선의 다비치, 정약용' • 교사와 학생이 함께하는 독서토론 • 작가 초청강연회

※출처 : 학교 알리미 및 학교 홈페이지

학생부 분석 및 나의 열정스토리

진로희망사항

구분	1학년	2학년	3학년 1학기
진로희망	빅데이터 전문가	빅데이터 전문가	빅데이터 전문가
희망사유	통계와 관련된 책을 읽고 다양한 자료가 존재하고 그 안에서 의미가 있는 일정한 규칙을 찾아내고 분석하는 일이 매력적으로 느껴짐. 평소 수학을 좋아하고 잘하며 꼼꼼하게 자료를 정리하는 편이었기에 빅데이터 전문가에게 요구되는 자질을 많이 갖추고 있다고 생각하여 빅데이터 전문가를 꿈꾸게 됨.	1학년 때부터 희망하는 진로 관련 책이나 기사를 꾸준히 읽었고 관련 자료를 읽은 다른 사람들의 의견을 내용이나 패턴에 따라 분석하고 싶다는 생각을 하게 됨. 또한 친구들과 학습자료, 공부법, 강의 내용 등의 정보를 공유하면서 데이터 수집의 필요성과 중요성을 알게 되었고 통계 관련 수학공부를 하게 되면서 빅데이터 전문가의 꿈을 확실히 갖게 됨.	사람들이 어렴풋이 알고 있거나 쉽게 알아듣기 어려운 추상적인 개념이나 현상을 구체화하고 세분화하여 기준을 만들면 미래를 예측하거나 수요를 파악하는 데 도움이 되고 사람들의 삶을 개선하는 데 활용할 수 있을 것으로 생각되어 빅데이터 전문가가 되길 희망함.
진로희망을 위한 활동	• 전공학과 및 계열탐색 멘토링을 통해 희망전공 분야에 대한 정보를 알아보고 희망학과에 대한 탐색을 통해 진로계획을 확고히 함. • '빅데이터를 지배하는 통계의 힘'을 통해 다양한 통계검정의 방법과 잘못된 점을 알게 됨.	• 대학연계 전공학과 특강교실 : 컴퓨터학과 탐방을 통해 다양한 연구시설을 견학하고 캠프에 참가하여 학과에 대한 이해를 높임. • 탐구활동보고서를 쓰면 신뢰 있는 기관의 출처 제공이 중요하다는 것을 경험함.	• '빅데이터 분석대로 미래는 이루어진다'를 읽고 미래에 빅데이터의 영향력과 중요성을 깨닫게 됨.

수상경력

구분	1학년	2학년	3학년
학업역량	• 학력상(국어I, 수학I, 영어I, 물리1) • 학력상(국어II, 수학II, 영어I, 세계지리, 물리I) • 수학골든벨(우수상) • 수학창의력한마당(장려상)	• 학력상(문학, 확률과통계, 미적분I, 영어II, 화학I, 생명과학I, 지구과학I) • 학력상(영어독해와작문, 미적분II, 지구과학I) • 창의사고력한마당(지구과학I, 최우수상)	• 학력상(물리II, 미적분II, 화법과 작문)

전공 적합성	• 청운수학축제(우수상) • 컴퓨터꿈나무대회(최우수상) • 창의력경진대회(우수상) • 과학문자디자인(장려상)	• 청운수학축제(창의적구조물 만들기, 공동4인, 우수상) • 청운수학축제(통계포스터 부문, 공동3인 최우수상) • 발명아이디어(우수상)	• 창의사고력 한마당대회 • (생명자연탐구대회 우수상)
경험의 다양	• 학습플래너활용 (우수상) • 독도신문 만들기(장려상) • 우리말겨루기대회(장려상) • 교과연계독후감 쓰기(장려상)	• 과학 시화전(우수상) • 과학도서 독후감(우수상) • 교과연계독후감 쓰기 (장려상)	
인성영역	• 모범상(그린마일리지부문)		

창의적 체험활동 및 주요 교과세부능력 특기사항

구분	1학년	2학년	3학년
자율활동	• 학교협동조합강연회 • 인문학 축제 강연회 • 이웃나라 문화 한마당 • 장애이해교육	• 국어축제 • 청운체육한마당 • 세계시민교육 • 장애이해교육	• 학급 학습부 차장 • 협동조합 대의원활동 • 주제별 체험학습 • 학교폭력예방교육
동아리 활동	• 충북헤럴드 • TED+	• 공유와 상생 • MathMMR(자율동아리) • STN(자율동아리)	• 공유와 상생 • 청운스포츠클럽
봉사활동	• 개인 104시간+학교 41시간 = 총 145시간	• 개인 56시간+학교 15시간 = 총 71시간	• 학교 19시간 = 총19시간
진로활동	• 전공학과 및 계열 탐색 멘 토링 • 대학연계 전공학과 특강교실 • 진로설계서 작성	• 대학연계 전공학과 특강교실 • 선배와의 만남 학과탐색특강 • 통계에 대한 탐구보고서	• 꿈 비전찾기 • 대학별 관련 학과 탐색
주요세특	[수학] • 물리에서 사용되는 공식을 수학적으로 증명해보면서 수 학의 필요성을 인식함.	[확률과 통계] • '통계의 허와 실'을 주제로 통 계를 올바르게 해석하는 방 법에 대한 보고서 작성	[미적분Ⅱ] • 무한의 개념에 큰 발전을 이 루게 한 '제논의 역설' 관련 논문을 읽고 자율탐구 보고 서를 작성함.

구분	동아리		
교과(수업)연계활동 (발표+토론+실험 +탐구)	[공유와 상생] • 협동조합원 교육 분과 위원으로 활동하며 조합의 운영에 대해 다양한 의견을 제안함.	[자율동아리 'Math MMR'] • 수학II와 확률과 통계에서 배웠던 문제들을 깊게 탐구함.	[자율동아리TED+] • TED명사들의 강연을 들으며 비언어적 반언어적인 표현들을 모둠원들과 토의하고 분석함.
탐구(활동)제목 (수행평가+ 탐구보고서)	• 동아리 축제를 이용해 협동게임 등을 학생들에게 소개하여 함께하는 가치를 알리기 위해 노력함.	• 카프라 구조물 만들기	• 청소년의 게임상태를 바탕으로 PPT 제작
연계독서 (도서명/간략 내용)	• '사회적 경제의 발전'을 읽고 협동조합의 생성과정과 운영하는 과정 등을 알게 됨.	• 제논의 역설, 상대성 이론의 역설 등의 논문을 찾아봄.	
연계 자료 (영화, 다큐, TED, 보고서 등)	• 영국에서 학교에 협동조합을 도입하여 성공적으로 운영하는 다큐를 시청함.		
결과 (학업, 진로에 끼친 영향)	• 자기소개서 3번에서 협동조합을 운영하며 겪은 갈등을 해결하는 과정에서 배우고 느낀 점을 진솔하게 기술하여 문제해결력을 보여줌.	• 청운수학축제에 참가하여 구조물 만들기 부문에서 우수상(공동수상4인)을 수상함.	• 명사들의 발표멘트와 표정 제스처 등의 표현들을 익혀 발표에 자신감을 가질 수 있었고 영어 실력이 향상되었음.
후속 또는 타 연계 활동	• 3학년 때 '협동조합 이해교육'이라는 주제로 신입생들에게 강연 • 과학 멘토링 활동을 할 때 학생들의 입장을 존중하며 의견을 받아들이기 위해 노력하는 태도로 이어짐.		• 동아리 축제 때 영어로 하는 speed quiz 부스운영으로 학생들의 많은 호응을 얻음.

구분	행사명(제목)	행사내용	결과 (토론/발표/보고서/ 캠프/대회참가)	후속 또는 타 활동 연계
자율 활동	협동조합강연회	학교 협동조합의 의미와 가치에 대해 강의를 들음.		2학년과 3학년 때 '공유와 상생'이라는 협동조합 동아리활동을 지속적으로 함.
	주제별, 교과별 체험활동	주제별, 교과별 체험활동을 탐색하고 계획함. 조별 탐구주제 선정, 탐구 장소 모색	주제별 체험활동 우수기행문(장려상)을 수상함.	
	국어축제	꿈을 찾아 떠나는 문학 한마당행사에 적극적으로 참여하여 문학적인 소양과 감성을 키움.	인문학 논술쓰기 활동에서 자신의 생각을 논리적으로 구성하여 글을 작성함.	'햄릿' 등 고전 문학 작품을 읽음.
진로 활동	입시전략 세우기 진로진학캠프	진로에 따른 학과 계열 선정 검사를 통해 본인의 적성에 적합한 대학의 학과와 직업에 대한 계획을 세워 봄.	청운수학 축제 통계포스터 부문 최우수상 수상	본인의 진로인 빅데이터 전문가에 집중하기 위해 좀 더 세부적인 전공을 알아보고 학과 탐색을 함. 창의적 체험활동과 교과활동에서 진로와 관련 있는 활동을 진정성이 부각되도록 노력함.
	진로설계서 작성	자신의 재능에 대해 고민해보는 시간을 가지고 구체적으로 진로를 설계하는 과정을 통해 구체적인 목표를 설정할 수 있게 됨.	자기주도적 진로설계 작성대회 우수상을 수상함.	꿈에 대한 확신을 가지고 진로 설계를 위한 기초적인 토대를 다짐.
	대학연계 전공학과 특강교실	자신의 꿈과 관련된 컴퓨터 공학과 탐방을 통해 다양한 연구 시설을 둘러보고 캠프생활을 하면서 협동심도 기를 수 있었음.	융합보고서를 작성하여 제출. 통계에서 신뢰 있는 기관의 출처 제공이 중요하다는 것을 몸소 체험함.	대학별 관련학과 탐색하기를 통해 자신의 진로와 관련해 각 대학에 설치된 관련학과에 대한 정보를 탐색하여 전공하는 데 필요한 교육과정을 확인함.

봉사 활동	과학멘토링 활동	주말을 이용하여 배움 터에서 아이들과 3D펜 을 이용하여 입체도형 만들기, 로봇만들기 등 을 함께 하는 나눔멘토 봉사활동을 함.		아이들의 눈높이에 맞 춰 수업하면서 소통하 는 방법을 고민하고 아 이들의 입장에서 생각 해보려고 노력함.
	학습도우미	수업의 원활한 진행을 위해 과학 및 영어시간 에 학습지 배부 및 보 조활동 도우미를 함.		

2. 전문가의 주요 세부능력 특기사항 매트릭스 분석

구분	국어II	수학2
교과 단원	• 토론	• 함수
활동내용 (발표+토론+질문 +실험+탐구)	• 토론 발표	• 수학 UCC 만들기
활동내용(제목) (수행 평가/보고서)	• 사회자로 자원하여 다양한 양쪽의 의견 에 대해 어느 한쪽으로 치우치지 않고 객관적인 태도로 수용	• 수학UCC '세상에서 가장 효율적인 거 품'을 만들어 우리 일상에서 쉽게 찾을 수 있는 거품이 가장 효율적인 구조를 가지고 있다는 것을 수학적으로 표현
연계 자료 (영화, 다큐, TED, 보고서 독서 등)	• '공학이란 무엇인가' 책을 읽고 서평 작성	
후속 또는 타 활동 연계 (동아리, 방과후, 스터디, 멘토링 등)	• 저자인 공학 교수님과 인터뷰를 진행하 여 인류에 대한 인식이 공학의 출발이 라는 깨달음을 얻음.	• 동아리축제에서 '스트링 아트' '정다면체 를 이용한 무드등 만들기' 등을 통해 수 학적 구조와 패턴의 중요성을 알게 됨.
결과 (학업, 진로에 끼친 영향)	• 컴퓨터 공학에 관심을 갖게 되었고 빅데 이터 공학자의 꿈을 다지게 됨.	

구분	확률과 통계	지구과학
교과 단원	• 통계	• 환경오염
활동내용 (발표+토론+질문 +실험+탐구)	• 통계자료 보고서 작성 및 발표	• 신재생에너지 탐구보고서

활동내용(제목) (수행 평가/보고서)	• '새빨간 거짓말, 통계'라는 책을 읽고 통계자료가 어떻게 사람들을 속이는지에 대해 알아보고 보고서를 작성하고 발표함.	• 환경오염으로 인한 환경위기를 극복하기 위한 방법으로 신재생 에너지발전의 필요성과 생성방식 등을 탐구하여 보고서로 작성하여 발표함.
연계 자료 (영화, 다큐, TED, 보고서 독서 등)	• '새빨간 거짓말, 통계'	
후속 또는 타 활동 연계 (동아리, 방과후, 스터디, 멘토링 등)		
결과 (학업, 진로에 끼친 영향)	• 통계의 허와 실을 주제로 보고서를 작성하며 통계자료는 보는 관점에 따라 다양하게 해석되므로 올바르게 해석하는 능력을 길러야겠다고 생각함.	

독서활동 상황

구분		1학년	2학년	3학년
독서 활동 상황	교과 연계	[국어] • 토론의 힘(강차원), • 피그말리온 아이들(구병모) [수학] • 우주는 수학이다 [영어] • 스칸디 부모는 자녀에게 시간을 선물한다 (황선준, 황레나) [한국사] • 조선과학실록(이성규) • 경성을 뒤흔든 사람들 (김동진) [물리I] • 니코의 양자 세계 어드밴처 (소니아 페르난데스 비달) • 과학 콘서트(정재승)	[수학] • 김정훈의 수학 에세이 (김정훈) • 길 위의 수학자 (릴리언R.리버) [과학] • 고분자 화학 연구실에서 무슨 일이 일어나고 있을까? (진정일) • 우리는 어떻게 화학 물질에 중독되는가?(로랑 슈발리에)	[수학] • 로바체프스키가 들려주는 비 유클리드 기하학이야기 (송정화) [국어] • 햄릿(셰익스피어)
	진로 연계	• 수학I : 통계의 미학(최재호) • 수학II : 빅데이터를 지배하는 통계의 힘 (니시우치 히무로)	• 물리 : 세상물정의 물리학 (김범준) • 구글은 빅데이터를 어떻게 활용했는가?(벤 웨이버)	• 물리II : 1억배 빠른 양자 컴퓨터가 온다 (니시모리 히데토시)

독서활동상황	진로연계	• 수학Ⅱ : 프로그래머, 수학으로 생각하라(유키 히로시) • 세계지리 : 경제학 카운슬링 (팀 하포드) • 공학이란 무엇인가(성풍현) • 기술가정 : '빅데이터, 경영을 바꾸다(함유근, 채승병)	• 빅데이터는 거품이다 (김동환)	• 빅데이터 분석대로 미래는 이루어진다(우종필)
	공통(기타)	• 초록천사(엘리스 호프만) • 믿는다는 것(이찬수) • 돈이 되는 말의 법칙 (간다 마사노리) • 스티브잡스를 꿈꿔라 (임원기)	• 네가 있어 나는 멈출 수 없다(김정민) • 너의 췌장을 먹고 싶어 (스미노요루) • 유시민의 글쓰기 특강 (유시민) • 사회적 경제의 발전 (충남연구원) • 당신은 겉보기에 노력하고 있을 뿐(리샹룽)	• 굿 라이프(최인철)
합계		18권	12권	5권

나의 성적

주요 교과 추이

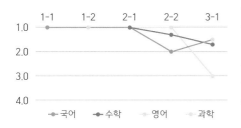

교과	1-1	1-2	2-1	2-2	3-1
국어	1.0	1.0	1.0	2.0	1.5
수학	1.0	1.0	1.0	1.3	1.7
영어	1.0	1.0	1.0	1.0	3.0
과학	1.0	1.0	1.0	2.0	1.5

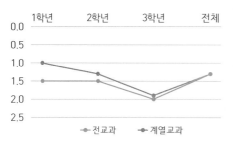

교과	1학년	2학년	3학년	전체
전 교과	1.5	1.5	2.0	1.3
계열교과	1.0	1.3	1.9	1.3

 2019학년도 수시전형 지원 합불 결과

대학명	전형명	모집단위	수능최저여부	합불여부
건국대학교	KU학교추천	소프트웨어학과	×	합격
중앙대학교	학교장추천	소프트웨어학과	×	합격
성균관대학교	성균인재	공학계열	×	불합격
서강대학교	학생부종합	컴퓨터공학과	×	불합격
한양대학교	학생부종합	컴퓨터소프트웨어학과	×	불합격
서울시립대학교	학생부종합	통계학과	×	불합격

선배들이 알려주는 합격 포인트

Q1 학생부 관리에 있어서 본인만이 가지고 있는 노하우는?

A1 자신이 활동을 할 때 어떤 자료를 근간으로 활동을 했는가가 중요하다고 생각합니다. 탐구자료 보고서를 쓸 때에도 책을 읽으며 보고서를 쓰면, 생활기록부 독서 칸에 기입할 수도 있고 이 과정을 자기소개서에도 사용할 수 있습니다. 저는 이런 보고서들을 노트북에 자료로 다 보관해 두고 자기소개서를 쓸 때에도 제가 썼던 자료들을 참고하면서 느낀 점을 다시 생각해볼 수 있었습니다. 이런 보고서를 작성할 때 더 궁금한 점이 있다면, 추

가 보고서를 작성하는 경우도 자신의 끈기 등을 보여줄 수 있는 활동이라고 생각해서 좋다고 생각합니다. 꿈과 관련해 영향을 미치는 협력, 분석력과 같은 여러 요소들을 세특 보고서 등에 골고루 담기 위해 노력하는 것도 중요하다 생각합니다.

Q2 학교 프로그램에서 가장 도움이 되었던 것을 알려주세요.

A2 저는 저희 학교만의 특색 프로그램인 매점 우리누리를 경영하는 활동을 했습니다. 통계학과 관련해 빅데이터 전문가가 되고 싶다고 생각했기에, 관련된 분야의 활동인 경영 분야 활동을 하였습니다. 이 활동을 통해 여러 학생의 의견을 반영하고 학부모들의 의견을 고려하는 등 여러 가지 활동이 협력과 같은 여러 인성 요소들을 보여주는 데 큰 도움이 됐다고 생각합니다. 또 저의 장래희망은 분석력이 중요한 역할을 하는데, 매점에서의 재무재표를 보는 등의 활동들을 통해 저의 분석력을 부각시킬 수 있었고, 적극성을 보여줄 수 있었던 것 같습니다. 여러분도 학교에서 특별하게 운영되는 활동들이 있다면, 이런 활동들을 하는 것이 입학사정관들에게 궁금증을 일으킬 수 있을 것이라고 생각합니다.

🔍 자기소개서 분석

(자기소개서 1번) 고등학교 재학기간 중 학업에 기울인 노력과 학습 경험에 대해, 배우고 느낀 점을 중심으로 기술해주시기 바랍니다(1,000자 이내).

'빅데이터는 정확히 예측했다.' 힐러리와 트럼프의 선거 결과는 여론조사와 정반대의 결과였습니다. 동아리에서 관련 기사를 작성하며 빅데이터만이 미국 선거 결과를 정확히 예측했음을 알았습니다.

확률과 통계 시간에 표본에 대한 개념을 배우며 이유에 대해 조사해보고자 결심했습니다. '빅데이터를 지배하는 통계의 힘'을 다시 읽으며 통계의 오류인 감정의 오류가 '샤이 트럼프 효과'와 관련이 있다는 것을 인지하여, 논문을 통해 다양한 오류 유형을 찾아보았습니다. 통계포스터 대회를 통해 1, 2학년을 대상으로 직접 통계를 내보면서, 충분한 표본의 수가 중요하다는 사실을 체감했고, '꿈'이라는 단어의 중의성에 의한 오류를 경험해보기도 하였습니다. 하지만 통계의 오류를 이해하는 것만으로는 빅데이터가 미국 대선의 결과를 어떻게 예측했는지 알지 못했습니다. 이를 알아보고자 대선 결과 연구자들을 조사하였고, 선거 분석 과정이 실린 '빅데이터의 분석대로 미래는 이루어진다'라는 책을 찾았습니다. 긍정, 부정의 단어 대입법을 통해 감정의 오류를 가진 여론조사의 문제를 해결하는 것을 보고, 빅데이터에 대한 흥미가 깊어졌습니다.

이 경험은 모르는 것에 대해 알아가는 과정에 도전의식을 느끼게 해주었습니다. 동아리활동 중 무한의 개념과 관련해 이해하지 못한 '제논의 화살 논변'에 대해 조사했습니다. 논변의 전제를 분석하며 화살이 날아가는 한순간은 멈춰있다는 전제가 미분과 속도 개념에 어긋난다고 생각했습니다. 위치 시간 그래프를 표현할 때, 그래프의 기울기가 항상 0이 되지만은 않는다 생각했기 때문입니다. 논변에 대한 많은 학설 중 '한순간을 잘라도 화살은 멈춘 것이 아니라 여전히 움직이고 있다.'라는 것을 미분을 통해 증명해 역설을 해결한 자료를 찾았습니다. 순간이 무한하게 모여 시간을 만든다는 개념을 이해하며, 무한과 속도는 밀접하게 관련 있음을 이해했습니다. 모르는 것에 대해 알아가는 과정은 새로운 정보를 익히는 것만이 아닌 기존의 지식들을 새로운 지식들과 연결해 나가는 과정이라 느꼈습니다.

STAR 분석		지원대학 평가요소
구분	**내용**	
Situation (상황, 배경)	동아리에서 힐러리와 트럼프의 대선결과에 관한 기사를 쓰던 중 빅데이터가 정확히 예측한 것을 알게 됨.	전공적합성 + 학업역량 우수 + 자기주도성 + 발전가능성
Task (목표, 역할)	확률과 통계 시간에 표본에 대한 개념을 배우며 그 이유에 대해 조사해보고자 결심함.	
Action (구체적인 행동)	Action1 : '빅데이터를 지배하는 통계의힘'을 읽음. Action2 : 빅데이터 관련 논문을 통해 다양한 오류를 찾아봄. Action3 : 통계포스터 대회를 통해 1,2학년을 대상으로 직접 통계를 내 봄. Action4 : 선거 분석과정이 실린 '빅데이터의 분석대로 미래는 이루어진다' 책을 찾았음.	
Result (결과)	모르는 것에 대해 알아가는 과정에 도전의식을 느끼게 해주었고, 동아리활동 중 '제논의 화살논변'에 대해 조사할 때 모르는 것에 대해 알아가는 과정은 새로운 정보를 익히는 것만이 아닌 기존의 지식들을 새로운 지식들과 연결해 나가는 과정이라 느꼈음.	
학생부 항목 분석		
핵심 내용	선거 결과를 정확히 예측한 빅데이터에 대해 흥미가 생겨 관련 자료를 찾아보며 선거 분석과정에서의 오류를 찾아나감.	
4번 수상실적	2학년 통계포스터 부분 최우수상 확률과 통계 교과우수상	
7번 창체 활동	자율동아리 'MathMMR'에서 수학II와 확률과 통계에서 배웠던 문제들을 깊게 탐구함. 제논의 역설, 상대성 이론의 역설 등의 논문을 찾아봄.	
8번 교과 세특	확률과 통계 : 통계학에 관심을 갖고 통계학의 발전과정과 그 이론들에 대하여 조사하고 보고서를 작성함.	
9번 독서활동	1학년(수학I) : 통계의 미학(최제호) 2학년 : 구글은 빅데이터를 어떻게 활용했는가?(벤 웨이버) 3학년 : 빅데이터 분석대로 미래는 이루어진다(우종필)	
10번 종합의견	2학년 : 과학적 상상력과 창의력이 뛰어난 학생으로 의문이 드는 점은 관련 자료를 찾아 궁금증을 해결해 나감.	

(자기소개서 2번) 고등학교 재학기간 중 본인이 의미를 두고 노력했던 교내 활동(3개 이내)을 통해 배우고 느낀 점을 중심으로 기술해주시기 바랍니다. 단, 교외 활동 중 학교장의 허락을 받고 참여한 활동은 포함됩니다(1500자).

수학동아리 'Math mmr'에서 수학 문제를 함께 풀거나 스틱밤 도미노를 쌓고 그 구조를 이해하는 등 다양한 수학 관련 활동을 진행했습니다. 가장 기억에 남는 활동은 카프라 구조물 만들기 대회입니다.

1학년 때도 대회에 참가했지만 목표 구조물인 수원 화성의 곡면을 살리지 못한 아쉬움이 있었습니다. 이를 해결하고자 구, 원기둥 등 곡면을 가진 입체도형을 조사했습니다. 조사 과정에서 입체도형의 측면, 정면 단면도를 보았습니다. 입체도형은 평면도형들의 집합이라는 사실을 인지했고, 곡면 또한 곡선의 집합일 것이라 생각했습니다. 미적분 1 교과서에서 곡선의 넓이를 구하기 위해 이를 채우는 직사각형의 수를 늘려나가는 '구분 구적법'과 같이, 중앙 기둥을 차지하는 카프라를 늘리면서 높여 나가면 옆면에 위치한 카프라가 밀려 곡선을 표현할 수 있다 생각했습니다. 이를 이용해 곡면을 표현하여 목표 건축물인 방주를 제작하기 시작했습니다. 하지만 곡선으로 표현된 방주의 몸통 단면은 뱃머리의 단면과 달라 이어지지 않았습니다. 이를 해결하기 위해 몸통 단면의 틈새에 카프라를 넣은 후, 동아리원들이 뱃머리 단면에 틈새를 벌리고 받치는 동안 틈새에 몸통의 카프라를 집어넣으며 연결할 수 있었습니다. 지금까지 함께 활동해온, 동아리원과의 팀워크 덕분이었습니다.

교과서 개념인 '구분구적법'이 곡면을 표현하기 위한 원리가 된 것을 보며, 목표를 완성하는 토대는 개념에 있음을 깨달았습니다. 또한 곡선이 모여 곡면을 만들어내는 것처럼, 함께 모여 공동의 목표를 해결하는 협동의 중요성을 알았습니다.

1학년 때 책의 저자를 만나 인터뷰를 하는 프로젝트를 했습니다. '공학이란 무엇인가'라는 책이 진로를 고민하던 제게 큰 도움이 되었기에 이 책을 친구들에게 추천했습니다. 하지만 이 책을 어렵게 느끼는 친구들도 있었기에, 책에서 다룬 공학 분야 3가지를 뽑아 감상을 적고 이를 공유해보자 제안했습니다. 이 과정에서 책에 대한 친구들의 이해도가 높아졌을 뿐만 아니라, 조원

모두가 관심 있는 분야가 '인공지능'에 있음을 알게 되었습니다. 이에 해당 부분을 저술하신 지식서비스공학과 교수님과의 인터뷰를 기획했습니다.

저와 조원들은 교수님과의 인터뷰에의 열의를 보여드리기 위해, 책을 읽은 후 각자의 서평을 첨부한 인터뷰 요청 메일을 보냈습니다. 서평을 읽으신 교수님께서는 흔쾌히 인터뷰에 응해 주시기로 하셨습니다. 지식서비스공학 분야에 대한 질문부터 한국의 정보산업과 인공지능의 발전 방향까지 다양한 질문을 하였습니다. 특히 생소하게 느껴졌던 인지공학에 대해 질문하며, 이는 nbic 기술 중 하나로 인간들의 생각을 연결하는 융합 분야라는 것을 알았습니다. 교수님을 찾아뵙고 궁금했던 점에 대해 묻고 들으며 책에서 얻지 못한 정보를 얻을 수 있었을 뿐만 아니라 전공 분야를 끊임없이 탐구하는 교수님의 태도도 배울 수 있었습니다. 또한 불가능할 것이라 여겼던 저자 인터뷰를 저와 친구들만의 힘으로 성공한 경험은 저에게 불가능을 먼저 이야기하기보다 먼저 시도를 해보자는 긍정적인 태도를 심어주었습니다.

STAR 분석		지원대학 평가요소
구분	내용	
Situation (상황, 배경)	수학동아리 'Math mmr'에서 다양한 수학 관련 활동을 진행하였음.	전공적합성 + 학업역량 우수 + 자기주도성 + 발전가능성
Task (목표, 역할)	1학년 때도 대회에 참가했지만 목표 구조물인 수원 화성의 곡면을 살리지 못한 아쉬움이 있어 카프라 구조물 만들기 대회에 다시 참가함.	
Action (구체적인 행동)	Action1 : 구분구적법을 이용하여 목표 건축물인 방주를 제작했지만 몸통 단면이 이루어지지 않음. Action2 : 동아리원들과 협력하여 틈새에 몸통의 카프라를 집어넣어 몸통을 완성함.	
Result (결과)	목표를 완성하는 토대가 개념에 있음을 깨닫고, 곡선이 모여 곡면을 만들어내는 것처럼, 함께 모여 공동의 목표를 해결하는 협동의 중요성을 알게 됨.	
학생부 항목 분석		

핵심 내용	1학년 때도 대회에 참가했지만 목표 구조물인 수원 화성의 곡면을 살리지 못한 아쉬움이 있어 카프라 구조물 만들기 대회에 다시 참가함.
4번 수상실적	청운수학축제(창의적 구조물 만들기, 공동4인, 우수상)
7번 창체 활동	자율동아리 'MathMMR' : 카프라 구조물 만들기 대회에 참가함.
9번 독서활동	물리 : 세상물정의 물리학(김범준)

 ## 최종합격 대학 전형 분석 (중앙대 학교장추천전형 2019 vs. 2020)

중앙대학교 2019학년도 수시모집요강

전형명	모집단위	모집인원	전형방법 및 특징	수능최저	제출서류
학생부교과 학교장추천	소프트웨어대학	10	학생부 교과60+서류평가40	없음	• 학교생활기록부 • 자기소개서 • 교사추천서 • 학교폭력사실관계증명서
지원자격	국내 고등학교 졸업예정자로서 소속 고등학교장의 추천을 받은 자 중 1. 고교별 최대 4명까지 추천가능(단 서울캠퍼스의 경우 3명까지 추천가능)하며 모집단위별 1명씩만 추천 가능 2. 3학년 1학기까지 국내고등학교 교육과정에서 통산 5학기 이상의 성적을 취득한 자(개별 학기별 성적을 산출할 수 있는 자)				

2020학년도 중앙대학교 입학전형안내

※ 2020변경사항 : 선발안함
※ 위 내용은 입학전형계획안 내용이므로 자세한 사항은 2020학년도 수십모집 요강을 반드시 참조하시기 바랍니다.

 ## 최고의 입시전문가가 공개하는 합격의 비결

이 학생이 합격한 중앙대학교 학교장 추천전형 소프트웨어학부는 학생부 교과에 속하는 전형으로 고교 졸업 예정자만 지원할 수 있는 전형이다. 학생부 교과 60% 서류 40% 일괄합산해서 선발하므로 교과 성적의 비중이 높지만 서류평가의 영향력도 매우 크다고 볼 수 있다.

중앙대학교 학교장 추천전형의 서류 평가 요소는 학업역량, 탐구역량, 통합역량, 발전가능성, 인성의 다섯 가지를 같은 비율로 평가한다. 이 학생이 합격한 비결을 평가 요소에 맞게 분석해보면,

첫째, 내신 평균 1.3 특히 전공 관련 과목인 수학과 과학 내신이 1.1로 학업역량을 충분히 보여주고 있다.

둘째, 교과서적인 지식에 머무르지 않고 동아리활동을 통해 카프라 구조물 만들기, 학생들을 대상으로 통계포스터 만들기 등 호기심을 가지고 깊게 탐구해 나가는 뛰어난 탐구역량을 지니고 있는 학생임을 알 수 있다.

셋째, 이과 학생이지만 우리말겨루기 대회, 독도문자 디자인전, 학교축구 동아리활동 등 전공 영역뿐만 아니라 학교 교육의 다양한 영역에 적극적으로 참여하여 통합역량과 자기주도성을 잘 드러내고 있다.

넷째, 형편이 어려운 배움터 학생들에게 지속적이고 꾸준한 멘토링 활동으로 지식 나눔을 실천하였으며, 학교 협동조합의 분과위원으로서 학생들과 학부모들 사이에 갈등이 생겼을 때 양쪽의 의견을 잘 수렴하여 문제를 해결해 나가는 모습에서 나눔과 배려뿐만 아니라 소통 능력까지 겸비한 인성을 갖춘 학생임을 잘 보여주고 있다.

마지막으로 3년 동안의 충실한 학교생활과 다양한 활동을 여러 번의 수정을 통해 자기소개서에 잘 어필한 점이 합격의 결정적인 요인으로 작용했을 것이라고 생각한다.

빅데이터 분석 전문가가 되어 사람들에게 더 편리하고 좋은 세상을 만들어주고 싶다는 우리 학생의 꿈에 응원과 격려의 박수를 보낸다.

아주대학교 _ACE 전형

교과와 비교과의 조화! 공동체의 배려심으로
똘똘 뭉친 학생! 대한민국 3D애니메이션을
이끌어갈 인재로 성장하다

미디어학과 / 경기지역 일반고 함○○

합격에 결정적인 영향을 미친 요소

1학년 때는 정확한 꿈과 목표가 없었기 때문에 성적, 비교과 활동 관리가 힘들었습니다. 하지만 2학년 때 꿈과 목표 대학교를 정하고 그때부터 달라졌습니다. 그 학교 학과의 특성에 맞게 비교과 활동을 하나라도 열심히 하였고 성적향상에 의지가 있었습니다. 그 의지 덕분인지 학년이 올라갈수록 성적도 올랐습니다. 이렇게 향상된 성적 그래프, 진로에 맞는 비교과 활동(많지 않아도 포인트가 있는 활동) 덕분에 합격할 수 있었다고 생각합니다. 결론적으로 합격에 미친 요소는 내가 어느 대학교, 어느 학과를 가고 싶어 하는지에 대해 먼저 고민해보는 시간이라고 생각합니다. 정확한 목표가 없었다면 성적향상도 어려웠을 것이고 그에 맞는 비교과 활동도 어려웠을 것입니다. 아직 정확한 목표, 꿈이 없다면 배워보고 싶은 것에 초점을 맞춰 서 학과를 골라 보기 바랍니다.

 학교 활동 분석

학교 정보 및 활동 프로그램

구분	내용
졸업 선배 멘토링 프로그램	• 입시전략 및 대학소개 강연 프로그램 • 그룹 멘토링 프로그램 • 개별 멘토링 프로그램
인성교육	• 명함(명심보감과 함께) 인성함양 프로그램
공습프로젝트	• 2학년 : 학습멘토링 • 3학년 : 학습멘토링과 플래너로 학습경험 만들기
○○고 plan	• ○○고 학습 플래너를 활용한 '나만의 학습경험 만들기' • 진로 실현 강화를 위한 '연구하고 체험하라' • 진로 실현 역량 강화를 '개인별 문헌 연구 활동'

※ 출처 : 학교 알리미 및 학교 홈페이지

 학생부 분석 및 나의 열정스토리

진로희망사항

구분	1학년	2학년	3학년 1학기
진로희망	영상컨텐츠 기획자	3D영상 제작자	3D 애니메이터
희망사유	'잉여들의 히치하이킹'이라는 영화를 보고 영상제작에 대한 호기심을 갖게 됨. 그 후 영화, 게임애니메이션, 사진 등을 자주 접했는데 양질의 콘텐츠를 보면서 자신도 이런 분야에 종사하고 싶다고 생각함.	평소 게임영상이나 애니메이션 영상을 보면서 그런 영상에서의 세계에 대해 호기심이 생겼고 관련 분야를 열심히 공부하여 직접 제작해보고 싶어 꿈을 가지게 됨.	3D애니메이션들을 보면서 캐릭터들에게 실제 사람 같은 표정과 움직임이 부여되는 것이 신기했음. 학술제 활동을 통해 3D애니메이터로의 역할에 더 매료되어 진로로 더욱 희망하게 됨.
진로희망을 위한 활동	• 적성검사 결과와 문화콘텐츠에 대한 관심이 합해져 영상콘텐츠 기획자를 목표로 전공탐색을 함.	[VMAV] • 영상작곡 동아리에서 영상 팀과 작곡 팀을 총괄하는 역할을 함.	[심화영어독해I] • 대중매체오락물의 감정유발을 잘 설명함. • 진로탐구 프레젠테이션 활동 시간에 D애니메이션 제작에 참여함.

구분	1학년	2학년	3학년
학업역량	· 교과우수상(한국사)	· 수학문제해결력평가(장려상) · 교과우수상(영어II, 물리I, 화학I) · 교과우수상(미적분II, 물리I)	· 교과우수상(확률과 통계, 기하와 벡터) · 수학문제해결력평가(장려상)
전공 적합성		· 자율동아리발표대회(공동수상, 우수상)	
발전 가능성	· 융합과학대회(공동수상, 3인, 장려상)	· 융합과학대회(공동수상, 3인, 우수상)	
인성영역		· 1년 개근상	· 1년 개근상

창의적 체험활동 및 주요 교과세부능력 특기사항

구분	1학년	2학년	3학년
자율활동	· 학급총무부장 · STEAM 과학제 · 체육활동 · 테마형체험학습 · 정보통신윤리교육 · 제2회 수학&교과 체험 축제	· 공습 프로젝트 학습 멘토링 · 독도사랑 교육 · 체육활동 · 정보통신 윤리교육	· 학습 플래너 활동 · 멘토링 활동 소개
동아리 활동	· (진동) 진로 탐색 동아리 · (자연미남 : 자율동아리) : 모둠별 과제 연구 활동 · (배드민턴점프스매싱클럽)	· (이용대)배드민턴 동아리 · (CMAV : 영상작곡동아리) · 배드민턴반 : 방과후 스포츠 클럽	· 수학 콘서트
봉사활동	· 학교 봉사(11시간) · 광명시청소년축제(8시간) · 사랑의 겨울나기 연탄릴레이(4시간) · 개인 12시간 + 학교 12시간 = 총 24시간	· 학교봉사(15시간) · 지역 환경정화(2시간) · 중증장애아동돌보기(6시간) · 지역 축제 환경정화(2시간) · 단열재부착봉사(2시간) · 개인 12시간 + 학교 15시간 = 총 27시간	· 학교 봉사활동
진로활동	· 모둠별 과제 탐구 활동	· 직업인 초청 특강 · 교과체험축제 · 2학년 다짐식	· 진로탐구 프레젠테이션

| 주요세특 | [수학II]
• 부득이한 이유로 수업에 불참을 했지만 공부를 게을리 하지 않고 스스로 보충하려는 의지가 매우 강함.
[과학]
• 화학 분야에 관심이 많아 스스로 전공서적을 찾아보고 TED 강의를 주도적으로 듣고 학습을 함. | [물리I]
• 자기장효과와 전자기유도 현상의 원리를 적용한 스피커 만들기 활동
[미적분II]
• 모둠별 발표학습(테일러 급수를 이용한 삼각함수의 미분)
[심화영어I]
• 우수한 독해력으로 해석이 곤란한 친구들을 위해 이해하기 쉽게 지도하는 모습이 인상 깊음. | [확률과 통계]
• 베이즈 정리와 추론에 대한 조사. 조건부 확률이 인공지능 발전에 기여하는 부분 조사
[심화영어독해II]
• 진로에 맞게 대중매체 오락물의 감정유발을 주제로 정하고 ppt를 제작함.
[물리II]
• 물리 전 영역에 걸쳐 매우 우수한 학업 성취도를 보이고 있음. |

1. 전문가의 주요 창의적 체험활동 매트릭스 분석

구분	동아리	
교과(수업)연계활동 (발표+토론+실험 +탐구)	[자연미] • 자율동아리에 가입하여 과제탐구 역량 강화를 위한 연구활동을 수행함.	[CMAV] • 영상작곡동아리
탐구(활동)제목 (수행평가+ 탐구보고서)	• '지렁이 유무에 따른 식물 생장 속도와 그 이유'에 대한 연구	• 단편 영화 제작으로 공모전 참여
연계독서 (도서명/간략 내용)		
연계 자료 (영화, 다큐, TED, 보고서 등)	• 주제에 관련된 논문 참고 • 주제에 관련된 다큐 유튜브로 시청	• 영상 편집 영상물을 통해 편집 능력 • 작곡 코드 학습 등 유튜브를 통한 학습
결과 (학업, 진로에 끼친 영향)	• 평소 수업시간에 배우면서 궁금했던 것을 직접 실험해보면서 그 단원에 대한 이해도를 높일 수 있었음.	• 본 활동 이전에는 단순히 영상 관련 직업에 호기심이 있었지만 활동 이후 영상물 제작에 대한 구체적인 꿈을 설정할 수 있었음. • 3D애니메이터에 관심을 가지고 진로를 생각하게 됨.
후속 또는 타 연계 활동	• 연구 진행 방법에 대한 이해를 통해 2학년 때 물리I 시간에 스피커 만들기 활동에서 좋은 평가를 선생님으로부터 받게 됨.	• 고3 때 진로탐색 프레젠테이션 활동으로 연결되어서 3D애니메이션에 대한 주제를 정하고 혼자 공부하면서 발표함. • 학교에서 좋은 성과를 거두었고 3D 애니메이터 진로로 구체화함.

구분	행사명(제목)	행사내용	결과 (토론/발표/보고서/ 캠프/대회참가)	후속 또는 타 활동 연계
자율 활동	멘토멘티 활동	수학 지도 활동을 함.	멘티 및 학생의 성적도 향상됨.	고3 때 수학 과목에서 모두 1등급을 받게 됨.
	○○고 Planer 활동	학교에서 배운 내용을 간단히 정리하는 활동과 1주치 계획을 세우고 그 성과를 체크하는 활동을 함.	• 수업시간에 배운 것들을 잠깐의 복습을 통해 시험공부를 할 때 훨씬 수월해짐. • 자신이 무엇을 이해하고 이해 못하는지 알게 됨으로써 공부에 도움이 됨.	1학년 때 해보고 이 활동이 자신의 공부에 도움이 됨을 확인함으로써 2학년, 3학년 때도 꾸준히 참여함.
진로 활동	○○고 종합학술제	꿈이 3D애니메이터였기 때문에 '3D애니메이션의 제작과정'을 주제로 연구를 진행하고 친구들 앞에서 발표를 하고 선생님과의 확인 면접을 진행함.	• 진로에 대한 이해도를 높임으로써 후에 대학 면접 준비에 도움이 많이 됨. • 친구들 앞에서 발표를 함으로써 발표능력도 키울 수 있었음.	발표 점수와 선생님들의 면접 평가를 통해 상위 점수를 받아 이 활동을 참여한 학생들과 3학년 부장선생님 앞에서 발표하고 질문 활동도 진행함.
봉사 활동	연탄릴레이	연탄이 필요하신 집에 연탄 400개를 나누어 드림.		
	중증장애아동 돌보기	• 중증장애를 가진 아동들에게 말동무가 되어주고 밥을 먹여주는 활동을 함. • 아동들이 활동하는 장소를 청소하기도 하고 그들에게 책을 읽어주는 활동도 함.		할 수 없는 것을 대신 하는 것이 중요한 것이 아니라 책을 읽어 주는 등 같이 있는 시간을 가지는 것의 소중함을 깨닫게 됨.

2. 전문가의 주요 세부능력 특기사항 매트릭스 분석

구분	물리1	미적분2
교과 단원	• 자기장 및 전자기 유도 현상	• 호도법
활동내용 (발표+토론+질문 +실험+탐구)	• 실험+탐구	• 탐구

활동내용(제목) (수행 평가/보고서)	• 스피커의 과학적 원리를 활용한 이어폰 제작	• 호도법의 정의와 수학에서의 유용한 측면 살펴보기
연계 자료 (영화, 다큐, TED, 보고서 독서 등)	• 교과서에서 배웠던 불리와 관련된 법칙을 참고함.	• 호도법과 관련된 독서 참고
후속 또는 타 활동 연계 (동아리, 방과후, 스터디, 멘토링 등)	• 물리II 전자기 학습으로 이어짐.	• 친구들에게 호도법의 원리 및 다양한 활용 문제에 대한 멘토링 수행
결과 (학업, 진로에 끼친 영향)	• 물리를 배우면서 이해가 안 갔던 것에 대해 좀 더 확실하게 알아갈 수 있게 됨.	• 교과서를 통해서 이해하기 어려웠던 것을 심화학습을 통해서 해결하는 능력을 키움.

구분	심화영어독해I	화학1
교과 단원	• 수능특강	• 탄소화합물
활동내용 (발표+토론+질문 +실험+탐구)	• 발표	• 탐구+발표
활동내용(제목) (수행 평가/보고서)	• 'The relationship of emotion and mass media entertainment' 수행과제 발표	• 탄소 동소체인 LED와 관련된 논문을 읽고 정리
연계 자료 (영화, 다큐, TED, 보고서 독서 등)	• 수능특강 지문에 나온 논문을 인용, 네이버 기사를 참고하여 ppt제작	• LED조명과 그래핀과의 관계를 적은 논문
후속 또는 타 활동 연계 (동아리, 방과후, 스터디, 멘토링 등)		• 친구들에게 발표한 이후 이론에 대한 멘토링
결과 (학업, 진로에 끼친 영향)	• 진로에 관련된 공부를 하면서 후에 면접 준비에 도움이 됨. • 진로에 대한 지식도 풍부해짐.	• 탄소동소체의 단원을 심화 있게 공부함.

독서활동 상황

구분		1학년	2학년	3학년
독서활동상황	교과연계	[수학] • 생각을 움직이는 수학 개념 100(라파엘 로젠) [생활과윤리] • 세계 1%의 철학수업 (후쿠하라 마사히로)	[미적분II] • 깨달음에서 바라본 수학 (오정균) [물리I] • 괴짜 물리학(렛 얼레인) • 아인슈타인이 틀렸다면 (브라이언 클레그)	[독서와문법] • 사람은 왜 알고 싶어 할까 (채운)

독서활동상황	교과연계	[과학] • 5차원 우주과학의 비밀 (로베르트, 김재훈)		
	진로연계	• 뉴미디어 환경과 커머셜 영상 콘텐츠(이강호)	• Webgl 3D 프로그래밍 (디에고 캔토, 브랜든 존스)	• 상상을 현실로 만들다 (A.M.버클리) • C를 배우기 전에 반드시 알아야 할 것들 (무라야마 유키오) • 애니메이션의 장르와 역사 (이용배)
	공통 (기타)			
합계		4권	4권	4권

📝 나의 성적

주요 교과 추이

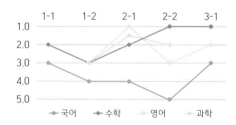

교과	1-1	1-2	2-1	2-2	3-1
국어	3.0	4.0	4.0	5.0	3.0
수학	2.0	3.0	2.0	1.0	1.0
영어	2.0	3.0	1.0	3.0	2.0
과학	3.0	3.0	1.5	2.0	2.0

학년별 등급 추이

교과	1학년	2학년	3학년	전체
전 교과	2.6	2.3	1.8	2.3
계열교과	2.6	2.7	1.8	2.3

※ 물리 전 과목 1등급을 받는 등 과학 과목의 수학 능력이 우수함을 알 수 있음. 또한 고3 수학 확률과 통계, 기하와 벡터 모두 1등급을 받고 해당 교과목의 교과활동의 적극성을 알 수 있음.

2019학년도 수시전형 지원 합불 결과

대학명	전형명	모집단위	수능최저여부	합불여부
아주대학교	ACE	미디어학과	×	합격
숭실대학교	교과	글로벌미디어학부	○	합격
국민대학교	국민프런티어	소프트웨어학과	×	불합격
국민대학교	학교장추천	소프트웨어학과	×	불합격
아주대학교	교과	미디어학과	×	불합격

 선배들이 알려주는 합격 포인트

Q1 학생부 관리에 있어서 본인만이 가지고 있는 노하우는?

A1 아무래도 자기소개서 문항에 맞춰서 활동을 해나가는 것이 중요하다고 생각합니다. 각각의 문항에서 평가하는 것이 다르기 때문에 각각의 문항에 맞는 활동이 필요합니다. 같은 활동을 중복으로 다른 문항에 쓰지 못하기 때문에 여러 방면으로, 최대한 많이 활동하는 것이 좋습니다. 정리하면 자기소개서 문항을 먼저 확인하고 그에 맞는 활동들을 해나가는 것이 좋다는 것입니다. 예를 들어 학습방법과 관련해서 멘토링, 수업시간에 한 활동을 적은 세특, 학습 동아리 등과 관련 활동을 쌓고 진로와 관련해서는 학교에서 추진하는 진로 관련 활동에 참여하는 것이 좋습니다.

Q2 학생부종합전형을 위한 올바른 고등학생 생활과 성적관리에서 필요한 것이 있다면?

A2 교과목 선생님들의 평가가 들어가기 때문에 각 과목시간에 하는 활동들을 성실히 참여하는 것이 중요합니다. 특히 진로와 연관되는 활동은 더욱 열심히 참여해야 합니다. 그리고 봉사활동도 무조건 많이 하기보다는 의미 있

는 봉사활동을 하는 게 좋습니다. 성적관리의 경우에는 멘탈을 챙기는 것이 가장 중요합니다. 예를 들어서 1학년 때 성적이 잘 안 나왔다고 해서 좌절할 필요는 없습니다. 학년별 성적 반영 비율이 다르기 때문에 1학년 때의 부진한 성적은 빨리 잊고 내신에 집중하여 성적이 오르면 더 효율적입니다. 긍정적 마음을 유지하는 상태가 중요하다고 생각합니다.

자기소개서 분석

(자기소개서 1번) 고등학교 재학기간 중 학업에 기울인 노력과 학습 경험에 대해, 배우고 느낀 점을 중심으로 기술해주시기 바랍니다(1,000자 이내).

2학년 물리 시간 때 앙페르 법칙을 적용한 스피커 만들기 활동을 했었습니다. 평소 음악을 들을 때 사용하는 스피커에 물리 법칙이 쓰인다는 것을 물리 시간에 앙페르 법칙을 배우면서 처음 알게 되었습니다. 이 원리가 적용된 스피커를 더 구체적으로 알고 싶었던 저에게 스피커 만들기 활동은 정말 행운 같았습니다. 선생님께 스피커에 사용된 원리의 설명을 듣고 구리 선, 자석 등을 가지고 스피커를 제작해나갔습니다. 구리 선을 감아서 코일을 만들고 그 코일과 스피커 선을 연결해서 완성하였습니다. 제가 만든 스피커를 가지고 실험해보기 위해 제 휴대전화와 연결하고 스피커를 자석과 붙여서 재생해 보았습니다. 하지만 기대와 달리 스피커는 귀를 가까이 해야만 들리는 정도였습니다. 공들여서 만들었던 스피커였기에 더 실망이 컸습니다. 이 문제를 해결하기 위해 물리 시간 때 배웠던 것을 다시 돌아보았고 유도전류의 세기가 감긴 코일의 수와 자석의 세기에 비례한다는 것이 생각이 났습니다. 그래서 구리 선을 전보다 더 많이 감았고 자석의 개수도 늘려서 다시 재생해보았습니다. 전보다 소리도 커졌고 음질도 훨씬 좋아진 것을 확인할 수 있었습니다.

이 활동을 한 후 평소에 훨씬 더 많이 쓰는 이어폰도 스피커의 원리와 같은지 궁금했습니다. 직접 이어폰을 분해해보고 스피커를 만들 때와 똑같이 코일과 자석으로 이루어진 것을 확인했습니다. 단지 크기만 달랐을 뿐이지 구성은 똑같았기에 똑같은 원리로 재생된다고 생각했습니다. 제 의견을 선생님께 말씀드렸고 선생님께서는 둘 다 앙페르 법칙을 활용한 것이라고 제 생각이 맞았다고 칭찬해주셨습니다. 이 활동을 통해 배운 것을 바탕으로 문제를 해결했다는 것에 정말 뿌듯함을 느꼈고 수업시간에 배웠던 것들은 항상 기억한다면 실생활이 더 편리해질 수 있다는 것을 느꼈습니다. 또한 궁금한 것이 생겼을 때 먼저 혼자 해결책을 생각해보고 행동으로 옮겼던 경험은 제 호기심들의 답을 찾는 데 필요한 도전정신을 한층 성장시켜주었습니다.

STAR 분석		지원대학 평가요소
구분	내용	
Situation (상황, 배경)	물리 시간에 앙페르 법칙을 적용한 스피커 만들기 활동을 함.	교과/비교과의 균형 잡힌 인재 + 학교생활 내에서 자신의 꿈을 이루기 위한 노력 + 자신이 속한 공동체를 배려하는 인재
Task (목표, 역할)	선생님께 스피커에 사용된 원리의 설명을 듣고 구리 선, 자석 선 등을 가지고 스피커 제작을 함.	
Action (구체적인 행동)	제작하는 과정에서 소리가 잘 안 들리는 문제가 있었지만 물리시간에 배운 내용을 활용해서 극복함. 이후 다른 스피커를 분해하여 같은 원리인지 조사하고 같은 원리임을 알게 됨.	
Result (결과)	수업 시간에 배운 것을 실생활에 적용했을 때 더 편리할 수 있음을 알게 됨. 또한 궁금한 것이 생겼을 때 해결방안과 행동으로 옮기는 것이 중요함을 깨닫게 됨.	
학생부 항목 분석		
핵심 내용	수업 시간에 배운 앙페르 법칙을 활용한 스피커를 제작하면서 실생활에 활용할 수 있는 과학 이론에 흥미를 가지고, 궁금한 것이 생겼을 때 해결 방법에 대한 답을 얻게 됨.	
4번 수상실적	교과우수상(물리I)	
8번 교과 세특	물리I : 스피커 만들기 활동을 흥미를 가지고 참여하고 과학적 원리를 잘 적용함.	
9번 독서활동	괴짜 물리학(렛 얼레인)	

(자기소개서 2번) 고등학교 재학기간 중 본인이 의미를 두고 노력했던 교내 활동을 배우고 느낀 점을 중심으로 3개 이내로 기술해주시기 바랍니다. 단, 교외 활동 중 학교장의 허락을 받고 참여한 활동은 포함됩니다(1,500자).

여러 분야를 융합한 사고를 이용하여 설계하는 과학 융합 대회 공지가 떴을 때 해본 경험이 없는 융합적 사고였지만 한 번 시도해보고 싶었습니다. 그렇게 친구들과 참여를 했고 저희가 받은 주제는 주어진 재료로 효율적인 등산화를 설계하는 것이었습니다. 저희는 먼저 신발의 안락함에 초점을 두었고 과학시간에 배운 '충격량과 충격력의 법칙'을 이용해서 발에 가해지는 충격력을 줄이기로 했습니다. 이를 실현하기 위해서 신발 밑창과 발 사이에 지면과의 접촉시간을 늘릴만한 것을 넣어야 했습니다. 신발의 안락성을 위한 좋은 의견을 내는 것까지는 무난히 흘러갔지만 주어진 재료로 조건을 만족하는 것을 설계하는 것은 과학만을 이용해서 해결하기 힘들었습니다. 그래서 기술의 측면에서도 같이 생각해보았습니다. 조건을 만족하는 데 필요한 성질을 신축성과 탄성력으로 정하고 주어진 재료에서 이 성질들을 최대한 만족할 만한 것으로 스티로폼을 정했습니다. 하나의 크고 평평한 스티로폼은 충격력을 분산시키지 못할 것이라고 생각했기 때문에 여러 개의 반구 모양으로 설계했습니다. 이렇게 과학과 기술의 분야에서 함께 문제를 해결해 나가면서 효율적인 의견을 도출할 수 있었고 더불어 융합적 사고의 의미에 대해 생각해볼 수 있었습니다. 대회에 참가하기 전에 융합적 사고란 여러 분야를 합친 새로운 분야의 사고로 알고 낯설게 느껴졌지만 대회를 통해 무조건 합친다는 개념이 아닌 각각의 분야에서 생각하되 '함께'라는 개념을 중요시하는 사고라고 느끼게 되었습니다.

2학년 때 관심이 생겼던 3D애니메이션에 대해 깊게 알아보고 싶었습니다. 그래서 3학년 때 진로와 관련된 주제로 연구를 해나가는 학술제에 참가했습니다. 3D애니메이션의 제작과정을 주제로 하고 '픽사'에서 제공하는 영상과 프로그램을 통해서 각 과정을 공부하고 체험해보았습니다. 제가 가장 이끌렸던 과정은 움직임을 부여하는 애니메이션이었습니다. 영화를 통해서 움직이는 결과물만 봤을 때는 미처 몰랐는데 이 과정에는 수학과 물리가 자리 잡고 있었습니다. 이 사실을 고무공이 튀기는 움직임을 부여하는 활동을 체험하면서 느낄 수 있었습니다. 현실에서 고무공이 튀길 때 약한 강성 때문에 지면에 닿을 때 찌그러지는 성질을 애니메이션에도 반영해야 했습니다. 또한 베지어 곡선은 자동차를 디자인할 때 부드러운 곡선을 표현하기 위해 만들어진 곡선인데 이는 제가 사용한 프로그램에 이용되고 있었습니다. 제가 좋아하는 수학과 물리가 이 과정에서 중요한 작용을 하는 것에 이 과정에 매료되었고 사람들이 애니메이션을 보고 생동감을 느낄 수 있는 것이 이 과정을 통해서 이루어지는 것을 알게 되었습니다. 이런 점들 때문에 꿈을 사람들이 생동감을 최대로 느껴 애니메이션의 세계에 빠질 수 있도록 노력하는 3D애니메이터가 되겠다는 꿈을 확고히 결정하게 되었습니다. 학술제를 통해 3D애니메이션에 대해 깊게 알아가려는 목적도 달성했지만, 그 과정에서 혼자 무엇이든지 공부해낼 수 있는 자기 주도성과 자신감을 기를 수 있었고 확고한 꿈이 생겼기에 정말 의미 있는 경험이었습니다.

STAR 분석		지원대학 평가요소
구분	내용	
Situation (상황, 배경)	고2 때 생긴 3D애니메이션에 대해 알고 싶어 고3 때 진로와 관련된 주제로 연구하는 학술제에 참가함.	교과/비교과의 균형잡힌 인재 + 학교생활 내에서 자신의 꿈을 이루기 위한 노력 + 자신이 속한 공동체를 배려하는 인재
Task (목표, 역할)	3D애니메이션의 제작 과정을 주제로 하고 '픽사'에서 제공하는 영상과 프로그램을 공부하고 체험을 함.	
Action (구체적인 행동)	움직이는 결과물, 자동차 곡면 디자인에 수학과 물리가 활용이 되는 것을 알고 이를 통해 생동감이 넘치는 3D애니메이션이 만들어짐을 알게 됨.	

Result (결과)	이러한 활동을 통해 3D애니메이터의 꿈을 확고히 함.	

학생부 항목 분석

핵심 내용	3D애니메이션 구성에서 수학과 물리가 중요함을 깨닫고 3D애니메이터의 꿈을 확고히 함.
4번 수상실적	교과우수상(물리I, 미적분II, 확률과 통계, 기하와 벡터) 수학 문제 해결력 평가(장려상)
7번 창체 활동	진로탐구 프레젠테이션 활동
9번 독서활동	애니메이션 장르와 역사
10번 종합의견	진로 의식이 강하여 끊임없이 진로희망에 대한 정보를 탐색하고 목표지향적으로 자신이 준비해야 할 사항을 체크해 나가는 등 매우 적극적인 자세로 미래를 준비하고 꿈을 이뤄가기 위해 노력함.

 ## 최종합격 대학 전형 분석 (아주대 ACE전형 2019 vs. 2020)

아주대학교 2019학년도 수시모집요강

전형명	모집단위	모집 인원	전형방법 및 특징	수능 최저	제출서류
ACE전형	미디어학과	45	① 서류종합평가100(3배수 내외) ② ①단계70+면접평가30	없음	· 학교생활기록부 · 자기소개서
지원자격	국내 고등학교 졸업(예정)자[조기졸업자 포함] ※ 검정고시, 국외고등학교 등 학교생활기록부가 없는 자는 지원할 수 없음(국외고등학교 일부 교육과정 이수자는 지원 가능)				

2020학년도 경희대학교 입학전형안내

전형명	모집단위	모집 인원	전형방법 및 특징	수능 최저	제출서류
ACE전형	미디어학과		① 서류종합평가100(3배수 내외) ② ①단계70+면접평가30	없음	· 학교생활기록부 · 자기소개서
지원자격	국내·외 고등학교 졸업(예정)자[조기졸업자 포함] ※ 검정고시 등 학교생활기록부가 없는 자는 지원할 수 없음.				

※ 위 내용은 입학전형계획안 내용이므로 자세한 사항은 2020학년도 수시모집요강을 반드시 참조하시기 바랍니다.

※ 변동사항
(1) 2020학년도 미디어 학과 모집인원이 발표되지 않았습니다.

이 학생이 합격했던 아주대학교의 학생부종합전형(ACE)을 살펴보면 1단계에서 서류종합평가 100으로서 3배수 선발한다. 이때 선발 기준은 학생부와 자기소개서를 바탕으로 학교에서의 교과 비교과의 균형 잡힌 활동을 통해 꿈을 키워가고 공동체에서 배려를 실천할 수 있는 인재라고 밝히고 있다. 2단계에서 1단계 성적 70과 면접 30을 적용하여 최종적으로 선발한다.

이 학생의 경우 교과 성적에서 애니메이션 제작에 중요한 수학, 물리에서 고2 이후 전 과목 1등급 내신성적을 받고 있는 것이 인상 깊다. 우수한 학업 성적을 바탕으로 수학, 물리가 적용된 애니메이션 제작을 통해 3D애니메이터라는 진로를 결정한 모습에서 ACE 전형의 평가 요소인 학교생활 내에서 꿈을 키워가는 인재상에 적합함을 알 수 있다. 또한 수업 시간에 배운 물리 이론을 실제 스피커 제작에 활용하거나, 수학 동아리 및 수학&교과 체험 활동을 통해 이론의 활용 능력이 매우 우수함을 알 수 있다. 즉 수업 시간에 배운 이론을 비교과적인 활동으로 연결하여 활동하는 활동의 균형이 있음을 알 수 있다.

또한 봉사활동에서 중증 장애 아동들을 위해 가슴 아파 하고 그들을 위해 무엇을 하는 것이 가장 좋은 것인지를 생각하는 등 공동체에서 배려를 실천할 수 있는 인재라고 판단하여 합격할 수 있었다.

PART 2

인문사회계열

서울대학교 일반전형 중어중문학과
성균관대학교 성균인재전형 사회과학부
경희대학교 고른기회전형(2) 행정학과
동국대학교 학교장추천전형 식품산업관리학과
숭실대학교 SSU미래인재전형 융합특성화자유전공학부
광운대학교 참빛인재전형 경영학과
인천대학교 INU자기추천전형 신문방송학과

서울대학교_일반전형

겸손한 성품으로 따뜻한 세상을 꿈꾸는 미래의 인권 변호사!

중어중문학과 / 경기지역 외고 이○○

합격에 결정적인 영향을 미친 요소

수시 합격에서 가장 결정적이었던 요소는 고등학교 3학년 동안의 다양한 활동을 통해 어떤 가치관을 형성할 수 있었는지, 즉 내적인 영역을 면접관에게 보여주는 것이라고 생각합니다. 물론 교과 성적이 우수해야 하지만, 성적은 객관적인 수치이므로 공부하는 과정에서 어떤 깨달음을 얻을 수 있었는가와 같은 구체적인 상황 맥락을 전달해주는 것에는 한계가 있습니다. 저는 법학과 관련된 직업에 흥미가 있었기 때문에 중국헌법의 개정 역사를 통해 소수민족이 그 소외의 중심에 있다는 상황을 확인할 수 있었습니다. 이런 경험을 바탕으로 『제7일』이 타 중국의 소설들과 어떤 점이 달랐는지에 대해 묻는 면접질문에 사회발전 속의 소외계층과 함께하는 삶을 살고 싶다는 생각을 녹여내어 답변할 수 있었습니다.

 학교 활동 분석

구분	내용
외국어교육중점학교	[세상을 보는 눈 외국어교육] • 외국어 심화학습을 통한 의사소통 역량강화 • 외국어 교육 콘텐츠 개발을 통한 국제이해 역량 강화 • 외국어교육 확대를 통한 교육공동체 역량 강화 [세상을 품는 기술 세계시민교육] • 세계시민교육 연구 교사학습공동체교육 운영 • 세계시민교육 계기 교육 연계 교육과정 운영 • 세계시민교육 수업의교과 융합적 협력체제 운영 [세상을 위한 발걸음 글로컬라이제이션 실천교육] • 교내 자기주도적 학생참여 활동 • 국내 유네스코 협동학교 활동 • 해외 국제교류 활동
수원 혁신공감 선도학교	[公同 함께 만들기,민주적 학교문화 공동체 만들기] • 전공어(영/러/일/프/중) 시민적 인성 배양 수업 및 문화·예술, 역사 등과 연계된 교과융합 수업 • 소통과 공감의 평화감수성 인성교육 • 교사 인성교육 아카데미 및 인성교육 전문적 학습공동체 • 열린 독서 버스킹 인성&감성 독서프로젝트 • 곡,공성 독서인문학토론수업 • 저자와 함께 하는 북콘서트 [共存, 따뜻한 미래. 알고 깨닫고 실천하는 시민적 인성교육] • 창의적체험활동 연계 학생주도형 세계시민교육 및 민주시민교육 • 주제토론교실, 보이스텔바흐 토론학교 • 글로벌리더 인권감수성학교 • 마음을 치유하는 영화인문학 아카데미 [共感, 역사의 언어, 수원화성 가치 계승교육] • 학생설계 수원화성 현장체험학습 프로젝트수업(共感, 역사의 언어) • 학생설계 수원화성 현장체험학습 프로젝트수업 연계 역사아카데미 '수원화성과 정조의 리더십' • 수원화성 그림문자제작대회 작품제작 및 전시회 • 학생설계 수원화성 현장체험학습 프로젝트수업 활동자료집 제작 • 동아리연계 수원화성 청소년 문화유산 해설 및 화성지킴이 활동

융복합 방과후학교	[지식과 인격의 조화로운 성장을 돕는 융복합 방과후 학교] • SAWL진로탐색아카데미 : 정책,언론정보,사회적경제,영상미디어아카데미 • SAWL 글로벌리더십아카데미 : 자아탐색, 인성리더십아카데미 • SAWL 문화예술아카데미 : 도예창작, 창의디자인아카데미

※출처 : 학교 알리미 및 학교 홈페이지

 ## 학생부 분석 및 나의 열정스토리

진로희망사항

구분	1학년	2학년	3학년 1학기
진로희망	검사	검사	변호사
희망사유	존경하는 인물인 조영래 변호사의 '전태일 평전'을 읽고 사회 정의를 구현하는 일을 삶의 목표로 삼음. 이후 경찰청 견학, 교내 모의법정대회에 검사의 역할로 원고를 작성하면서 법을 통해 사회의 갈등을 해소하고 사건의 진상을 밝히며 죄를 지은 사람을 처벌할 수 있다는 점에서 검사로 진로를 선택함.	한국 근대문학에 대한 흥미로 과거 한국의 민주주의와 자유의 획득과정에 관심을 가지게 되었고 관련된 탐구를 바탕으로 교내외 사회문제 탐구행사에 적극적으로 참여함. 학교행사와 동아리 PtoP, Complex에서 판례를 근거로 하여 문제를 인식하고 동아리원들과 토론하는 활동을 통해 기본적인 법의 기능에 대한 지식을 키우며 검사로서 갖춰야 하는 논리적 의사소통능력을 키우고 있음.	김두식의 '헌법의 풍경'을 읽고 검사를 희망하게 된 동기가 인권보다 직업적 안정성 추구가 아니었나를 돌아보고 직업적 특권 없이 나와 주위 사람들의 인권 보호를 위해 피해자 혹은 가해자의 가까이에 존재하는 변호사가 되기로 마음먹음. 동아리 사회탐구와 국제 이해 시간에 여성인권, 존엄사, 성소수자와 관련된 상황 이해와 해결방안의 토의를 하고 관련 서적들을 찾아 읽으면서 편견 없는 시선을 가지기 위해 노력하고 있음.
진로희망을 위한 활동	• 자율활동 : 글로벌 인권교육 교내 R&E활동 • 동아리POPUL(시사탐구) : 사회문제를 주제로 탐구활동을 통해 법 분야에 관심을 가짐. • 동아리PtoP(사회참여) : 이주노동자 문제, 국민신문고 정책제안	• 자율활동 : '말해요 찬드라' 시청 • 정치패러다임 전환의 필요성 탐구활동 • 동아리COMPLEX(정치·외교·법탐구) : 사법고시폐지 토론, 일본군 위안부 집회 • 동아리PtoP(사회참여) : 여성인권 탐구활동	• 중국학 인문학 독서논술 대회 • 지식융합 탐구대회 활동 : 국민의 기본권 보장이라는 법의 목표를 실현하기 위해서 국민대다수가 이해하는 용어들을 수정해 나가는 노력이 필요하다고 주장함.

| 진로희망을
위한 활동 | • 진로활동 : SAWL사회과학
아카데미에서 법학에 대한
강의수강, 교내모의법정
• 독서활동 : '전태일평전', '판
사, 검사·변호사가 말하는
법조인 | • 진로활동 : 저작권프로젝트,
헌법재판탐구, 멘토를 말하다
• 독서활동 : 역사법정, 굿바이
미스터 솔로몬, 영화로 보는
법과 인권 | |

수상경력

구분	1학년	2학년	3학년
학업역량	• 학력상(수학I, 한국사) • 학력상(수학II, 영어II, 한 국사) • 수학경시대회(최우수상)	• 학력상(미적분I, 기술가정) • 학력상(확률과통계, 기술 가정) • 수학창의력대회(장려상) • 계통지리올림피아드(장려상)	• 학력상(수학연습I, 심화영어 독해II, 생명과학I) • 학력상(고전, 수학연습I) • 수학올림피아드(우수상) • 영어사회과학에세이(장려상)
전공 적합성	• 중국프레젠테이션대회(우수 상공동수상, 3인,)	• 경제올림피아드(장려상) • 생활법탐구대회(우수상) • 중국문화예술경연대회(장려 상, 공동수상, 2인) • 헌법재판탐구대회(최우수상) • 중국창업투자경진대회(장려 상,공동수상, 3인) • 중국학심층연구대회(우수상)	
발전 가능성	• 나만의스토리북발표회(우 수상) • 토론대회(최우수상) • 글로컬라이제이션공모전(우 수상, 공동수상 7인)	• 기숙사호실사진전(최우수상, 공동수상 5인) • 영미언어문화컨퍼런스(우 수상) • 토론대회(최우수상) • 영어비평적글쓰기대회(최우 수상) • 학교생활포트폴리오대회(장 려상)	• 창의적사고력대회(장려상) • 지식융합보고서대회(우수상)
인성영역	• 모범학생표창(봉사부문) • 수원외고인재상(도전상 3위)	• 표창장(자립부문) • 봉사상	• 표창장(준법부문) • 3년 정근상

창의적 체험활동 및 주요 교과세부능력 특기사항

구분	1학년	2학년	3학년
자율활동	• 교내로컬캠페인프로젝트 • 세계시민교육 • 글로벌인권교육 • 교내R&E활동	• 피쉬볼활동 • 논문 작성법 특강 • 교내 국어과 토론 • 정치패러다임의 필요성 탐구	• '세계 시민, 민주 시민으로 성장하기 • 김수영 문학작품 감상
동아리 활동	• POPUL(시사탐구) • PtoP(사회참여) • fly girls(방과후스포츠클럽)	• COMPLEX(정치, 외교, 법 탐구) • PtoP(사회참여)	• 국제문제 토론
봉사활동	• 개인 2시간+학교 64시간 = 총 66시간	• 개인 22시간+학교 27시간 = 총 49시간	• 학교 1시간 = 총 1시간
진로활동	• 소통공감교실 • 휴먼북초대석 • 공감 100도씨프로그램 • SAWL사회과학아카데미 • 교내모의법정	• 진로북토크 • 저작권프로젝트 • 헌법재판탐구보고서작성 • 멘토를 말하다(검사멘토)	• 자율스터디 그룹활동 • 중국학 인문학 독서논술 대회 • 지식융합 탐구대회 활동 • 영어 독서 논술활동
주요세특	[국어I] • '혜윰'이라는 스터디 팀을 만들어 예습하고 창작배경 조사 [수학I] • 현재의 실력도 뛰어나지만 끝까지 열심히 하면 최고 수준까지 도달할 수 있다는 믿음을 바탕으로 꾸준히 노력함. [과학] • GMO탐구활동 [개인세특] • 교내 모의법정활동	[심화영어작문] • 독재 정권과 관련된 보고서 작성, 영어뉴스제작 [사회과학 방법론] • '학교폭력 관련 법률의 실효성에 대한 학생들의 인식과 보안점에 대한 탐구'에 관한 심층연구 [중국어작문] • 중국창업 투자 활동에 '영국풍 테마파크'를 모의창업 함.	[사회 문화] • 사회문제 해결을 위한 논리적 글쓰기 [심화영어회화] • 영미 단편 원전 읽고 연극으로 표현하기 [고전] • 관련 지식을 심화하기 위해 독서 및 개인탐구 활동을 함.

구분	동아리		
교과(수업)연계활동 (발표+토론+실험 +탐구)	[PtoP(사회참여)] • 동아시아 국가들 간의 관계에 대한 이해를 바탕으로 조약의 영향에 대해 예측해보고 국가 간의 갈등을 해결할 수 있는 방법을 고민해봄.	[COMPLEX(정치, 외교, 법탐구)] • 전쟁 피해자들의 아픔을 체험함.	[PtoP(사회참여)] • 한국 여성 인권의 역사를 탐구
탐구(활동)제목 (수행평가+ 탐구보고서)	• '한일군사정보보호협정' 주제탐구	• 일본군 위안부 집회 참석	• 여성 인권 탐구 활동
연계독서 (도서명/간략 내용)		• 헨리키신저의 세계질서 (헨리키신저)	
연계 자료 (영화, 다큐, TED, 보고서 등)			
결과 (학업, 진로에 끼친 영향)		• 평화와 전쟁 모두를 주장한 미국의 사례를 통해 전쟁을 면하기 위해 강요가 아닌 합의에 의한 평화가 중요하다는 것을 깨달음.	• 생활 속 성차별에 대해 민감성을 가지고 남녀 모두가 성별과 무관하게 하나의 인격체로 존중받아야 함을 깨달음.
후속 또는 타 연계 활동			• 수요 집회 참석하고 드라마 속 여성 차별상황 개선 캠페인 진행

구분	행사명(제목)	행사내용	결과 (토론/발표/보고서/ 캠프/대회참가	후속 또는 타 활동 연계
자율 활동	글로벌 인권교육	'인종,민족,종교,성별,성정체성,계층,장애'등 다양한 인권 담론을 주제로 이권 교육에 참가함.	성찰과 토론을 통해 세계 시민으로서의 가치관과 올바른 행동에 대해 배움.	동아리에서 이주 노동자에 대한 인식을 바꾸기 위해 차별 사례 발표
	교내 국어과 토론	이청준의 '벌레 이야기'를 기반으로 종교와 관련된 주제 토론	반대 측의 입장에서 논리를 펼치는 과정을 통해 상대방을 설득시키기 위한 객관적인 자료가 바탕이 된 반론의 중요성을 알게 됨.	

자율 활동	'선거 연령 인하를 중 심으로' 주제 탐구	청소년 선거 연령 제한 에 대한 이론적 고찰 및 청소년의 사회 구성 원으로서의 책임감과 자질이 성장하고 있다 는 가설 아래 탐구활동 진행	주체적이고 분석적으 로 사고하는 과정을 통 해 사회적 이슈를 비판 적으로 판단하는 방법 을 배움.	PtoP(사회 참여) 동아 리활동을 하며 지속적 으로 사회 문제에 대한 관심을 가짐.
진로 활동	헌법재판탐구	'주민등록법 제 7조 3 항등 위헌소원'을 주제 로 헌법재판 탐구보고 서를 작성	판례의 주요 쟁점인 개 정 전의 주민등록법의 현실적 한계에 대해 이 해할 수 있게 됨.	
	진로북 토크		법조인으로서 객관적 증거를 중시하는 '공정 성'을 가져야 함을 깨 달음.	올바른 판결을 위해서 는 범죄자의 교화뿐 아 니라 징계와 징벌이라 는 법의 순 목적을 유 념해야 한다는 사실을 배움.
	진로탐색활동	직업가치관검사, 직업 흥미와 진로, 성격과 진 로활동	외향적이고 정의구현을 위해 사회에 기여할 수 있으며 흥미도 있는 검 사라는 직업이 적합하 다고 여김.	교내 모의법정, sawl academy 사회과학에 참가하여 사람들 간의 갈등을 올바른 방향으 로 해결해주는 하나의 수단으로서 법의 역할 에 대해 고민해봄.
봉사 활동	또래상담가	학급 친구들의 고민 상 담을 함.	학교생활에 어려움을 토로하는 친구들의 고 민을 들어주면서 적극 적으로 공감하는 자세 를 가짐.	2학년 때 또래상담자 심화교육(8시간) 이수
	유네스코 국제회의 통 역지원	유네스코 국제회의 세 계 각국 참가자들에게 전시장 안내와 통역 지 원 활동을 함.	영어를 활용하여 세계 행사의 원활한 진행에 도움이 될 수 있다는 점에 뿌듯함을 느낌.	
	다문화 가정 멘토활동	어린이가 흥미를 느끼 는 독서활동과 수학, 영 어를 함께 연결하여 학 습하는 프로그램을 준 비하여 멘토 활동을 함.	봉사 활동을 할 때 진 심으로 공감하는 마음 을 먼저 갖추어야 함을 깨달음.	

구분	과학	중국어독해I
교과 단원		
활동내용 (발표+토론+질문 +실험+탐구)	· GMO탐구활동	· 중국 관련 기사 스크랩
활동내용(제목) (수행 평가/보고서)	· GMO 이용의 부정적인 측면에 대해 경제, 환경, 건강 등의 다양한 관점에서 고찰하고 찬반 포스터를 제작해 발표함.	· 매주 중국 관련 신문기사를 스크랩하면서 중국의 과학기술, 영예, 환경, 외교문제에 관해 전반적인 지식을 쌓음.
연계 자료 (영화, 다큐, TED, 보고서 독서 등)	· 환경과 생태(최원형)	
후속 또는 타 활동 연계 (동아리, 방과후, 스터디, 멘토링 등)	· GMO 식품에 대한 부작용이 실제로 검증되었는지에 대한 궁금증이 생겨 '환경과 생태'(최원형)를 읽음.	· 중국과 북한 간의 갈등에 대한 기사를 선택하여 2인 발표를 진행
결과 (학업, 진로에 끼친 영향)		

구분	심화영어작문	사회과학 방법론 공통
교과 단원	· CNN 뉴스수업	· 다양한 사회현상
활동내용 (발표+토론+질문 +실험+탐구)	· 다양한 국제 시사를 다루며 시야를 확장함	· 학교폭력에 대한 학생들의 인식을 연구주제로 계획서 작성
활동내용(제목) (수행 평가/보고서)	· 북한에 대한 뉴스를 접하고 독재정권과 관련된 영문자료 및 기사를 조사하여 보고서를 작성함.	· '학교폭력 관련 법률의 실효성에 대한 학생들의 인식과 보완점에 대한 탐구'라는 제목의 심층연구를 진행함.
연계 자료 (영화, 다큐, TED, 보고서 독서 등)	· 헨리키신저의 세계질서(헨리키신저) · 동아리 COMFLEX	
후속 또는 타 활동 연계 (동아리, 방과후, 스터디, 멘토링 등)	· 친구들과 국제시사 관련 주제를 선정하여 영어 뉴스를 제작함.	· 수업시간에 배운 자료분석 기법을 이용하여 연구결과를 분석적으로 제시함.
결과 (학업, 진로에 끼친 영향)		

구분		1학년	2학년	3학년
독서활동상황	교과연계	[국어I] • 난장이가 쏘아 올린 작은공 　(조세희) [독서와문법] • 인페르노1,2(댄 브라운) • 호질, 양반전(박지원) • 망고 한 조각(마리아투 카마 　라 수잔 빅클리랜드) • 예전엔 미처 몰랐어요(김소월) [수학II] • 문명과 수학 　(EBS 문명과 수학 제작팀) [영어] • Number the stars 　(Lois Lowry) • Charlieand chocolatefactory 　(Roald dahi) • The little prince 　(생텍쥐베리) • The story of an hour 　(Kate chopin) • The most dangerous game 　(Richard conell) • A sound of thunder 　(Ray Bradbury) [과학] • 한국의 CSI(표창원,유제설) • 생태이야기(최원형) • 방사능은 정말로 위험할까 　(장마르크 카부동) • 화산 속에는 무엇이 있을까 　(피에르 넬리그)	[국어] • 국어시간에 영화 읽기 　(김병섭, 김지운) • 수레바퀴 아래서 　(헤르만 헤세) • 광장(최인훈) • 광문자전(박지원) • 원미동 사람들(양귀자) • 우상의 눈물(전상국) • 만무방(김유정) • 날개(이상) • 삼포 가는 길(황석영) • 너와 나만의 시간(황순원) • 모순(양귀자) • 당신들의 천국(이청준) • 삼미슈퍼스타즈의 마지막 팬 　클럽(박민규) • 나목(박완서) • 벌레이야기(이청준) • 소설가 구보씨의 일일 　(최인훈) • 천변 풍경(박태원) [수학] • 새빨간 거짓말, 통계 　(대럴 허프) • 미적분학 갤러리 　(윌리엄 댄험) [영어] • Incidents In The Life Of 　A Slave Girl Written By 　Herself(Harriet A.jacobs) • UncleTom's Cabin 　(Harriet Beecher Stowe) • Norse Mythology 　(Neil Gaiman) • Where rainbow ends 　(Cecelia Ahern) • Me Before You(Jojo Moyes)	[국어] • 김수영을 위하여(강신주) • 가면의 꿈(이청준) • 줄(이청준) • 논리는 나의 힘(최훈) • 한계령(양귀자) [영어] • 사람들은 어떻게 광장에 모 　이는 것일까(마이클 S.최) • Desiree's Baby(Kate chopin) • Stories of Your Life and 　Others(Ted Chiang) [사회] • 우리는 차별에 찬성합니다 　(오찬호) • 이상한 정상가족(김희경)

독서활동상황	교과연계		• A Study in Sherlock : Stories Inspired bythe Holmes Canon(King, Laurie R.Klinger, Les) • Fahrenheit 451 (Rai Bradbury) • The Secret Life of Walter Mitty(James Thurber) • 잃어버린 환상 (오노레 드 발자크) • The light between Oceans (Stedman M L) [사회] • 일상에서 지리를 만나다 (이경환) [철학] • 파놉티콘(제레미 벤담) • 정의의 적들(표창원)	
	진로연계	• 나는 개입니까(창신강) • 제7일(위화) • 대륙의 딸(장융) • 전태일 평전(조영래) • 판사·검사·변호사가 말하는 법조인(박원경 외15인)	• 국가란 무엇인가(유시민) • 판결을 다시 생각한다 (김영란) • 우리 사회를 움직인 판결 (전국사회 교사모임) • 살아간다는 것(위화) • 중국을 고민하다(정재호)	• 논어(공자) • 내 안의 나를 깨우는 장자 (장자) • 이중텐의 이것이 바로 인문학이다(이중텐) • 루쉰과 동아시아 근대 (서광덕)
독서활동상황	진로연계		• 열혈수탉 분투기(창신강) • 굿바이 미스터솔로몬 (최재천) • 법, 영화를 캐스팅하다 영화로 보는 법과 인권(안경환)	• 루쉰 소설 전집(루쉰) • 헌법의 풍경(김두식)
	공통(기타)	• 괴짜사회학(수디르) • 덤벼라 빈곤(유아사 마고토) • 나는 평양의 모니카입니다 (모니카 마시아스)	• 역사법정(함규진) • 오발탄(이범선)	• 나쁜 페미니스트(록산 게이) • 저수지를 찾아라(주진우) • 청소년, 정치의 주인이 되어 볼까(이효건)
합계		25권	41권	19권

🗐 나의 성적

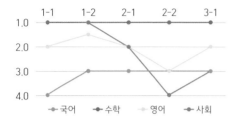

교과	1-1	1-2	2-1	2-2	3-1
국어	4.0	3.0	3.0	3.0	3.0
수학	1.0	1.0	1.0	1.0	1.0
영어	2.0	1.5	2.0	3.0	2.0
사회	1.0	1.0	2.0	4.0	3.0

학년별 등급 추이

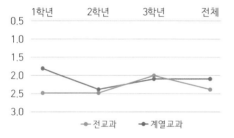

교과	1학년	2학년	3학년	전체
전 교과	2.5	2.5	2.0	2.4
계열교과	1.8	2.4	2.1	2.1

🎓 2019학년도 수시전형 지원 합불 결과

대학명	전형명	모집단위	수능최저여부	합불여부
서울대학교	일반전형	중어중문학과	×	합격
연세대학교	활동우수형	사회학과	○	합격
서강대학교	일반형	사회과학부	○	1차합격 후 자기소개서 미제출
고려대학교	학교추천II	사회학과	○	1차합격 후 면접불참

선배들이 알려주는 합격 포인트

Q1 학생부 관리에 있어서 본인만이 가지고 있는 노하우는?

A1 좋아하는 분야를 지속적으로 공부하고 있음을 보여주는 것이 나름의 노하우라고 생각합니다. 대학에서는 그동안 단순히 흥미가 있었던 분야에 대해 심층적으로 학습하기 때문에 스스로가 해당 분야에 얼마만큼의 열정을 가지고 있는지가 대학지원에 있어서 핵심적인 요소이기 때문입니다. 고등학교의 다양한 활동에 참여하기에 앞서 항상 스스로 활동에 열정적으로 참여하고 싶어 하는지를 고민했던 것이 활동 후 깨달음을 얻는 데 큰 도움이 되었습니다. 객관적으로 판단했을 때 저는 수학, 독서토론, 사회학, 중국문화, 이 네 가지 분야를 학습하는 데 있어서 흥미가 있었습니다. 따라서 네 분야와 관련된 대회는 빠짐없이 참여했습니다. 많은 대회에 참여하면서 깨달은 점 한 가지는 관련된 책을 읽으면서 지식과 관점을 익히는 경험이 많아야 대회에서 좋은 성과를 얻을 수 있다고 생각했습니다. 물론 이렇게 흥미와 능력의 정도가 일치한다면 참 좋겠지만 좋아한다고 늘 좋은 성적을 낼 수 있는 것은 아닙니다. 그러나 대학에서는 객관적인 자료를 통해 흥미의 정도를 가늠하고자 합니다. 그래서 동아리활동과 독서, 봉사를 통해 흥미의 정도를 보여주고자 했습니다. 예를 들면 저는 정규동아리 이외에도 수학, 인문학토론, 사회이슈토론 등의 동아리를 만들어서 친구들과 평소에 궁금했던 사항들을 친구들과 이야기하고 답을 찾아보았고, 사회 문화의 갈등론적 관점을 확인하기 위해 현대한국문학의 작가인 최인훈, 이청준, 김수영의 작품들과 비평문을 읽었습니다. 그 외에도 학교 내 캠프에서 중국어 통역봉사에 참여하기도 했습니다. 성적은 학교에서 가르치는 내용에 얼마나 충실했는가를 보여주지만, 스스로 선택한 활동들은 교과내용이 '사회에 어떻게 활용될 수 있는지를 경험시켜준다.'라는 마음가짐을 가지고 열심히 참여하

면 어떤 일이든 잘 될 것이라고 생각합니다.

Q2 학생부종합전형을 위한 올바른 고등학생 생활과 성적관리에서 필요한 것이 있다면?

A2 간단히 말하자면, 어느 한 가지에 치우쳐서는 안 된다는 것입니다. 지필고사든, 대회든, 동아리활동이든, 심지어 정시준비이든지 간에 어떤 한 가지에만 집중해서는 결국 아무것도 이룰 수 없다고 생각합니다. 따라서 해야 하는 모든 상황들을 놓치지 않고 관리하기 위해 계획표를 꼭 체계적으로 세울 것을 강조하고 싶습니다. 저는 1년, 월별, 주별, 일별의 계획을 세웠는데, 예를 들면, 1년 단위로는 모의고사 몇 퍼센트 이내 아니면 내신상승, 독서 몇 권 등과 같은 큰 목표를 세우고, 월별 단위로는 해당 목표를 이루기 위해서는 어떻게 해야 하는지를 세웠고, (예를 들면, 12월부터 2월까지는 과목별 개념정리, 3월에는 수능개념1·내신대비·대회참가 이렇게 세부적이지만 추상적으로 세웠어요!) 주별과 일별로는 그 목표를 분배해서 월별의 추상적 목표를 이루고자 했습니다. 무엇을 해야 하는지가 명확해진다면, 다음으로 어떻게 할 것인가는 스스로 터득할 수 있다고 생각합니다. 자신의 약점은 자신만이 알 수 있고 해결할 수 있기 때문입니다. 마지막으로 고등학교 3년 내내 가졌던 생각인데, 학생부종합전형을 선택함에 있어서 스스로가 수시파라고 단정 지어버리는 태도는 지양해야 한다고 생각합니다. 수시파라고 해서 '지필고사를 잘 봐야 한다!'라고 아무리 결심해도 잘 본다고 확신할 순 없습니다. 오히려 정시준비와 수시준비를 병행하면 더욱 폭넓은 지식을 쌓아 학교시험을 무난히 볼 수 있기도 합니다. 물론 국어와 같은 경우에는 수능과 지필고사의 문제형식이 크게 다를 수 있으나, 그 외의 과목들은 평소에 수능공부를 하다가 지필고사 2~3주 전에 세부적으로 지필고사 범위를

공부하는 태도가 성적관리에 더욱 도움이 되었습니다. 또한 이러한 마음가짐은 특정한 날에만 힘을 쏟아서는 오래 공부하기 어렵기 때문에, 꾸준한 집중력으로 건강한 학교생활을 하는 데 도움이 되었습니다.

자기소개서 분석

(자기소개서 1번) 고등학교 재학기간 중 학업에 기울인 노력과 학습 경험에 대해, 배우고 느낀 점을 중심으로 기술해주시기 바랍니다(1,000자 이내).

1학년 동아리 Ptop(사회참여)에서는 제도의 부작용을 확인하기 위해 이주 노동자 관련법을 조사하게 되었습니다.

전체의 합의로 만들어지지 않은 법이 오히려 이주 노동자를 위협하는 현실을 확인함으로써 사회 권력을 실감한 활동이었습니다. 그러던 중 현대 소설 수업시간에 '당신들의 천국'을 통해 지배 계급의 베풂이 오히려 억압이 된 이야기가 앞서 말한 현실과 다르지 않음을 확인했고, 이 작품을 계기로 비슷한 가치관을 가진 문학가가 있는지 찾아보게 되었습니다. 저의 지향점인 사회 정의는 이청준 소설과 같은 자유로운 사회 비판을 통해 이루어질 수 있기 때문입니다. 곧 현대시 '풀'을 배우면서 저항시인 김수영을 만날 수 있었습니다. 시인의 사상을 알아보기 위해『김수영을 위하여』를 읽으며 그가 개인이 주체성을 가지고 외부의 모순을 자유롭게 이야기하는 '모두가 시인인 사회'를 추구했음을 알게 되었습니다. 또한 자신과 사회문제를 끊임없이 성찰한 그의 모습을 보며 제가 인지하지 못한 사회적 억압이 있는지 경계하게 되었습니다.

CNN 트럼프 파리협정 탈퇴 뉴스 수업은 국제 질서 유지를 위한 요소에 대해 다시 생각해보게 만들었습니다. 이전까지 선을 기반으로 하는 각국의 자발적 협력이 국제 평화 유지의 기반이라고 생각했으나 이 사건을 접하면서 자국의 이익 추구가 본능이라면 서로의 이익에 대한 균형 유지가 실현 가능한 해결책이지 않나 생각할 수 있었습니다. 생각이 맞는지 확인하기 위해 동아리 Complex(정치,외교,법탐구)에서 『헨리 키신저의 세계질서』를 읽고 미국의 질서 유지 방법을 탐구하며 자국의 원칙만이 선이라는 미국의 생각이 쿠바 점령, 식민지 건설 등의 모순적 폭력의 촉발제였음을 알게 되었습니다. 동아리 부원들과 토의를 통해 선의 정의가 필연적으로 다양성을 가질 수 밖에 없다면 평화 유지를 위해서는 진리를 찾기보다 국제적 합의를 통한 정당성 있는 선을 구축하려는 노력이 필요하다는 결론을 도출하게 되었습니다. 또한 각국이 군사적 혹은 외교적으로 대응하는 국제 질서에 대해 근거를 가지고 바라보게 되었습니다.

STAR 분석		지원대학 평가요소
구분	내용	
Situation (상황, 배경)	CNN 트럼프 파리협정탈퇴 뉴스 수업을 통해 국제 질서 유지를 위한 요소에 대해 다시 생각해보게 됨.	전공적합성 + 발전가능성 + 팀워크와 협력
Task (목표, 역할)	자국의 이익 추구가 본능이라면 서로의 이익에 대한 균형 유지가 실현 가능한 해결책이라는 생각을 할 수 있었음.	
Action (구체적인 행동)	Action1 : '헨리 키신저의 세계질서'를 읽음. Action2 : 동아리 부원들과 토의를 통해 평화 유지를 위해서는 진리를 찾기보다 국제적 합의를 통한 정당성 있는 선을 구축하려는 노력이 필요하다는 결론을 도출함.	
Result (결과)	각국이 군사적 혹은 외교적으로 대응하는 국제 질서에 대해 근거를 가지고 바라보게 됨.	
학생부 항목 분석		
핵심 내용	평화 유지를 위해서는 진리를 찾기보다 국제적 합의를 통한 정당성 있는 선을 구축하려는 노력이 필요하다는 결론을 도출함.	
7번 창체 활동	POPUL(시사탐구)동아리 : 한일군사보호협정 주제탐구 Complex(정치,외교,법탐구) : 동아리 부원들과 토의	
8번 교과 세특	[심화영어작문] CNN뉴스를 수업시간에 접하고 독재 정권과 관련된 기사를 조사하여 보고서를 작성함.	
9번 독서활동	'헨리 키신저의 세계질서'	

(자기소개서 2번) 고등학교 재학기간 중 본인이 의미를 두고 노력했던 교내 활동(3개 이내)을 통해 배우고 느낀 점을 중심으로 기술해주시기 바랍니다. 단, 교외 활동 중 학교장의 허락을 받고 참여한 활동은 포함됩니다(1500자).

이청준의 『벌레 이야기』를 기반으로 한 국어과 토론대회는 종교와 종교인에 대해 가지고 있던 막연한 신뢰를 돌아보게 했습니다. 책이 주인공 '알암이 엄마'를 통해 종교에 대한 과도한 믿음을 비판하고 있기 때문입니다. 저 역시 토론대회 이전에는 종교인은 내면이 평온할 것이라는 편견을 가지고 있었기에 종교집단의 모순적 행동을 돌아보게 하는 토론대회의 두 주제는 종교에 대한 새로운 시각을 가지는 데 도움이 되었습니다. '종교가 인간의 문제를 해결할 수 있는가?'와 '종교에 의한 마음의 평화는 일시적인가?'라는 주제에 대해 각각 반대 측과 찬성 측의 입장에서 종교의 내적 불안 요소가 유효한지 확인했습니다. 정치와의 결탁, 종교 갈등, 광신도 범죄 등 교리와는 모순되는 종교집단의 행위를 보며 지속적 종교 개혁에도 불구하고 종교 자체로 완전한 마음의 평화를 얻을 수는 없다고 판단하게 되었습니다. 신에 대한 믿음만이 영원한 마음의 평화를 가져온다면, 앞서 말한 모순적 행동이나 믿음을 회복하려는 신자들의 움직임은 필요 없기 때문입니다. 따라서 종교인이 종교를 통해 내적 평화를 얻고 이에 따라 도덕적 정당성을 갖춘 행위를 하기 위해선 신에 대한 무조건적인 믿음보다 현실과 균형을 맞추는 자세가 필요하다고 생각하게 되었습니다. '알암이 엄마'처럼 현실이 해결할 수 있는 상황에도 종교에 지나치게 의존하는 자세는 둘 사이의 괴리를 보여줌으로써 종교인의 내적 갈등을 더욱 심화시킬 뿐이며, 종교는 현실 속에서 그 가치를 지니기 때문입니다.

위화의 『제7일』을 읽고 처음 든 생각은 '중국 사회에 실제로 이렇게 사회적 불평등으로 고통받는 사람이 많은가?'라는 질문이었습니다. 죽음이라는 키워드를 다루고 있으나 면밀히 들여다보면 중국 내에 존재하는 가난과 그로 인한 괴로움을 꼬집고 있음을 확인할 수 있었습니다. 따라서 중국의 인권 상황을 사회 제도와 연결시켜 확인하고자 '중국 헌법에 담긴 기본권'을 주제로 한 중국학 심층 탐구대회에 참가했습니다. 중국의 법을 보면 제도에 반영된 사상이나 편견을 확인할 수 있기 때문입니다. 16년도에 참여한 프레젠테이션 발표 대회에서 사형제도를 통해 중국 고위층의 부정부패를 확인했던 경험의 연장선에서 17년에는 이를 심화하여 형법의 기반인 헌법에 어떤 조항들이 기본권의 보호 혹은 침해를 유도하고 있는지 살펴보기로 했습니다. 가장 눈에 띈 조항은 4조의 독립금지규정이었습니다. 중국은 대만, 홍콩 등의 자치구가 있는 다민족 국가이기에 각 민족은 '중화인민공화국과 분리될 수 없는 일부'라는 중국 헌법 제4조는 단일제를 강조하여 소수 민족에게 억압으로 느껴질 수 있다고 생각하였습니다. 국가질서 유지라는 목적은 이해하나 대만 체험학습으로 대만 학생들과 독립에 대해 이야기하며 인권보다 국가체제가 우선시된다면 헌법의 정당성을 훼손할 수 있다는 생각을 가지게 되었습니다. 동아시아라는 하나의 문화공동체인 중국의 인권 상황에 관심을 가지고 사회 구조의 모순점을 진단하는 활동을 통해 국제법으로 자문하는 해외 변호사가 되어 중국 내 다양한 사람들의 인권을 보호하기 위한 변호를 결심하게 되었습니다.

STAR 분석		지원대학 평가요소
구분	**내용**	
Situation (상황, 배경)	위화의 '제7일'을 읽고 '중국 사회에 실제로 이렇게 사회적 불평등으로 고통받는 사람이 많은가?'라는 질문을 하게 됨.	전공적합성 + 학업역량 우수 + 발전가능성 + 탐구역량
Task (목표, 역할)	중국의 인권 상황을 사회 제도와 연결시켜 확인하고자 '중국 헌법에 담긴 기본권'을 주제로 한 중국학 심층 탐구대회에 참가함.	
Action (구체적인 행동)	Action1 : 1학년 프레젠테이션 발표대회에서 사형제도를 통해 중국 고위층의 부정부패를 확인 Action2 : 형법의 기반인 헌법에 어떤 조항들이 기본권의 보호 혹은 침해를 유도하고 있는지 살펴봄.	

| Result (결과) | 인권보다 국가체제가 우선시된다면 헌법의 정당성을 훼손할 수 있다는 생각을 가지게 되었고, 국제법으로 자문하는 해외 변호사가 되어 중국 내 다양한 사람들의 인권을 보호하기 위한 변호를 결심하게 되었음. | |

학생부 항목 분석

핵심 내용	중국의 인권 상황을 사회 제도와 연결시켜 확인하고자 '중국 헌법에 담긴 기본권'을 주제로 한 중국학 심층 탐구대회에 참가함.
4번 수상실적	1학년 : 중국 프리젠테이션대회(우수상) 3학년 : 중국학심층연구대회(우수상)
8번 교과 세특	[중국어독해I] 중국 프레젠테이션 발표회에서 중국의 사형제도를 주제로 발표함. [중국어작문] '중국헌법의 기본권 실현여부에 대한 비판적 소고' 보고서 제출
9번 독서활동	제7일 (위화)
10번 종합의견	법조인이 되기 위하여 동아리활동에서 얻을 수 있는 이점을 살려 활동할 계획

 최종합격 대학 전형 분석 (서울대 일반전형 2019 vs. 2020)

서울대학교 2019학년도 수시모집요강

전형명	모집단위	모집인원	전형방법 및 특징	수능최저	제출서류
일반전형	중어중문학과	12	1 서류종합평가100(3배수 내외) 2 1단계100+면접 및 구술 100	없음	• 학교생활기록부 • 자기소개서 • 교사추천서
지원자격	고등학교 졸업자(2019년 2월 졸업예정자 포함) 또는 법령에 의하여 고등학교 졸업 이상의 학력이 있다고 인정된 자 (고등학교 졸업학력 검정고시 합격자, 외국 소재 고등학교 졸업(예정)자 포함)로서, 학업능력이 우수하고 모집단위 관련 분야에 재능과 열정을 보인 자				

2020학년도 서울대학교 입학전형안내

전형명	모집단위	모집인원	전형방법 및 특징	수능최저	제출서류
일반전형	중어중문학과	12	1 서류종합평가100(3배수 내외) 2 1단계100+면접 및 구술 100	없음	• 학교생활기록부 • 자기소개서 • 교사추천서

지원자격	고등학교 졸업자(2019년 2월 졸업예정자 포함) 또는 법령에 의하여 고등학교 졸업 이상의 학력이 있다고 인정된 자 (고등학교 졸업학력 검정고시 합격자, 외국 소재 고등학교 졸업(예정)자 포함)로서, 학업능력이 우수하고 모집단위 관련 분야에 재능과 열정을 보인 자

※ 위 내용은 입학전형계획안 내용이므로 자세한 사항은 2020학년도 수시모집요강을 반드시 참조하시기 바랍니다.

🔆 최고의 입시전문가가 공개하는 합격의 비결

이 학생이 합격한 서울대학교의 일반전형은 학생부, 자기소개서, 추천서 등 제출서류를 바탕으로 학업능력, 자기주도적 학업태도, 전공 분야에 대한 관심, 지적 호기심 등 창의적 인재로 발전할 가능성을 종합적으로 평가하는 학생부종합전형 중의 하나이다. 1단계는 서류평가(100)으로 2배수를 선발하고 2단계에서 1단계 성적(100) + 면접 및 구술고사(100)으로 최종 선발한다.

이 학생은 우수한 학생들이 모여 있는 외고에서 내신 2점 초반의 성적을 꾸준히 유지해 왔으며 특히 수학 교과 선생님이 전국 최고의 실력을 갖추었다고 인정할 만큼 뛰어난 학업역량을 갖추고 있다. 또한 독서와 동아리활동을 통해 이주노동자 문제, 국제 평화문제 등 사회문제에도 관심을 갖고 탐구해 나가는 모습에서 지적호기심을 엿볼 수 있다. 중국의 인권 문제에 대해 지속적으로 탐구하여 1학년 중국의 사형제도에 대한 주제로 프레젠테이션 발표대회 참여를 시작으로, 2학년 때는 중국 헌법에 기본권의 보호나 침해조항에 대한 연구, 3학년 때는 '중국헌법에 담긴 기본권'을 주제로 '중국학심층연구대회'에 참가하는 등의 활동을 통해 탐구역량과 발전가능성을 잘 어필하고 있다.

그러나 무엇보다도 합격에 결정적인 요인은 깊이 있는 독서와 지속적인 학교활동을 통해 고민해본 가치관을 자기소개서와 면접에 잘 드러낸 점이다. 특히 독서 관련 면접에서 소외계층과 함께하는 삶을 살고 싶다는 생각을 녹여내어 답변한 것이 주효했다고 생각한다.

이 학생은 세부능력 특기 사항에서 많은 선생님들이 언급했듯이, 뛰어난 실력에도 겸손함을 잃지 않는 학생이다. 소외된 취약 계층에게 도움이 되는 해외 변호사를 꿈꾸는 이 친구에게 따뜻한 격려의 박수를 보낸다.

성균관대학교_성균인재전형

빈곤 대물림을 끊는 사회적 시스템 구축을 꿈꾸는 사회학자

사회과학부 / 서울지역 자사고 박○○

 합격에 결정적인 영향을 미친 요소

성균인재전형은 면접 없이 서류평가 100%로 학생들을 뽑는 전형입니다. 저의 학교생활기록부(이하 학생부)와 자기소개서가 좋은 점수를 받았기 때문에 최종합격을 하지 않았나 싶습니다. 합격에 결정적인 영향을 미친 요소는 성적향상 그래프라고 생각합니다. 1학년 때 3점 중반대, 2학년 1.7대, 3학년 때 1.04를 찍었습니다. 이러한 성적 급상승이 입학사정관으로부터 높은 평가를 받은 것 같습니다.

 학교 활동 분석

학교 정보 및 활동 프로그램

구분	내용
지성·감성·인성을 기르는 창의교육 프로그램	• 독서·NIE 통합 프로그램 • 멘토링 독서 • ○○ 아카데미 '나누리' • 개인주제 교과연구 발표대회 • 교내 경시 대회 • 창의력을 키우는 영재학급 • 자연계 논술 교육 • 문화가 있는 날 • 진로 탐색의 날 • 사제동행 꿈꾸는 캠프 • 전공 탐색 설명회 • ○○ 챔피언스 리그 • 꿈·끼 주간 운영 • 1학년 '송림반' 운영
모두의 가능성을 여는 책임교육 프로그램	• 방과후 학교 • 자기주도학습 • 공부 역전·진로 탐구 교실 • 사회통합전형대상자 맞춤형 프로그램 • ○○ 스포츠리그 • 토요 스포츠클럽
학생·교사·학부모·시민의 참여교육 프로그램	• 수업개선을 위한 [교사] 자율장학 • 수업개선을 위한 [학부모] 참여 자율 장학 • 수업개선을 위한 [학생] 중심 수업 장학 • 교사학습동아리 [교원학습공동체] 운영 • 학생자치 활성화 • 따뜻한 자원봉사활동

※ 출처 : 학교 알리미 및 학교 홈페이지

학생부 분석 및 나의 열정스토리

진로희망사항

구분	1학년	2학년	3학년 1학기
진로희망	사회학 연구원	사회학자	사회학자
희망사유	사회에서 일어나는 다양한 현상과 사회문제들에 관심이 있어서 사회학 연구원이 되고 싶었고, 스스로 생각하고 그에 대한 글을 쓰는 것을 즐겨하기 때문에 적성에도 잘 맞을 것 같아서 희망함.	우리 주위에서 일어나는 또는 과거에 일어났던 현상들의 발생 원인에 대해 관심이 많아 이를 사회학적으로 고찰하는 사회학자가 되기로 함.	지역아동센터를 운영하는 부모 밑에서 빈곤가정과 다문화 가정의 아이들을 지켜보고 또 같이 성장하면서 사후 처방적 복지뿐만 아니라 사전 예방적, 근본적 해결책을 내놓는 사회학자가 되기로 결심함.
진로희망을 위한 활동	• 따봉 자율활동 〈셉테드, 게릴라 가드닝 활동〉 • 동작민주올레루트 개척 캠페인 활동	• 일본군 '위안부' 지킴이 활동 • 학교 신문부 • 동작민주올레루트 개척 캠페인 활동	• 인문어문사회과학계열 탐구반 • 진로탐색 시간과 사회학 탐구

수상경력

구분	1학년	2학년	3학년
학업역량	• 성적우수상(한문1)	• 수학경시대회 (우수상) • 영어 Reading&Grammar 경시대회 (우수상) • 경제경시대회 (장려상) • 교과우수상 (미적분1) • 성적우수상(영어2, 한국지리, 한국사)	• 수학경시대회 (동상) • 교과우수상(화법과작문, 확률과통계, 심화영어, 사회 문화, 세계지리, 윤리와사상, 동아시아사, 한국사)
전공 적합성			
발전 가능성	• 독서경시대회(장려상)	• 문화가 있는 한마당 (우수상) • 스포츠클럽 (축구, 우수상) • 인문계열 미적분1 포트폴리오 경진대회(우수상)	• 시 백일장 (은상)
인성영역		• 송림제 봉사상	

146

구분	1학년	2학년	3학년
자율활동	• 따봉 자율활동 민주시민교육 참여(셉테드, 게릴라가드닝 활동)	• 일본군 '위안부' 지킴이 활동 • 교내 독서프로그램 '저자와의 대화' 참여	• 학급에서 어려움을 겪고 있는 학생을 위해 매일 식사 봉사
동아리 활동	• 학교신문부 • 스포츠리그 축구	• 학교신문부 • 스포츠리그 축구	• 인문어문 사회과학계열 탐구반
봉사활동	• 동작민주올레루트 개척 캠페인 활동 • 개인 25시간+학교 14시간 = 총 39시간	• 동작민주올레루트 개척 캠페인 활동 • 지역아동센터 교육봉사 • 개인 37시간+학교 12시간 = 총 49시간	• 지역아동센터 교육봉사 • 개인 15시간+학교 10시간 = 총 25시간
진로활동	• 자기계발 및 리더십 함양 캠프 • 선배초청 진로진학 멘토링 • 진로진학탐색 멘토링스쿨	• 꿈끼 주간 대학방문 • 대학과 입시관련 다큐 시청 • 자기소개서의 실제 • 대학교 전공알리미 동아리 연계 전공탐색프로그램 • 선배초청 진로진학 멘토링	• 직업탐색의 시간과 사회학 탐구 시간 • 수시 대학입학정보박람회 참가
주요세특	[국어1] • 일본군 '위안부' 문제 해결을 위해 남산 '기억의 터', 일본 대사관 수요집회 참석 [사회] • 사형제도의 존속에 대한 토론 후 '사형제도 폐지에 대한 논란과 논의의 필요성' 연구활동	[영어2] • 홀로코스트의 참상을 알리는 '줄무늬 파자마를 입은 소년'을 모티브로 연극 창작 발표 [영어독해와작문] • '고문의 정당성'에 대해 찬성 측 [세계사] • 역사 관련 보고서 [한국사] • '일본군 위안부' • (자율동아리)	[심화영어] • 사회명목론과 사회 실재론 발표 [동아시아사] • 베트남 전쟁 중 한국군의 민간인 학살 조사 발표 [한국사] • 일본군 '위안부'에서 출발하여 한국군 위안부, 미군 위안부까지 확장하여 전쟁과 여성인권에 대하여 고민하는 계기

1. 전문가의 주요 창의적 체험활동 매트릭스 분석

구분	동아리	
교과(수업)연계활동 (발표+토론+실험 +탐구)	[학교 신문부] • 학교신문을 위한 자료조사, 기사작성	[인문어문사회과학계열탐색반] • 동아리 차장

탐구(활동)제목 (수행평가+ 탐구보고서)	• ○○소식 제16호 및 제17호 간행 • '문화가 있는 날', '저자와의 대화' 학교 활동 주목해서 사회현상과 연관지어 기획 기사 작성	• 인문, 어문, 사회, 경영, 경제의 각 계열이 가진 일반적 특성과 수업 내용, 자질, 장래성 등을 '학과 탐색 커리어넷' 등을 통해 정보수집 후 결과 제출
연계독서 (도서명/간략 내용)	• 4차 산업혁명 관련 책(로봇 시대 인간의 길, 호모 데우스)	• 세계의 교양을 읽는다2 (인문학 편) • 세계의 교양을 읽는다3(사회·자연과학 편)
연계 자료 (영화, 다큐, TED, 보고서 등)	• 세상을 바꾸는 시간 15분 4차 산업혁명 관련 강의 • 4차 산업혁명 관련 기사 스크랩 • 4차 산업혁명 관련 영화	• 커리어넷 학과 안내 글, 동영상 • 대학별 사이트의 학과 안내 글, 동영상
결과 (학업, 진로에 끼친 영향)	• 능동적인 학습 태도를 길러주었고 기사를 쓰기 위해 여러 가지 자료를 찾아보면서 자료의 신빙성을 구분하는 법을 배움.	• 다양한 진로를 찾아보면서 진로가 확고해졌고 향후 사회에서 부딪히게 될 여러 직업들의 특성을 잘 알게 됨.
후속 또는 타 연계 활동	• 친구들 인터뷰 • 저자와의 대화 직접 참여 • 글 작성 • 신문기사 작성을 어려워하는 친구 및 후배들 멘토링 • 4차산업혁명을 주제로 하는 논술대회 참가	• 선배 초청 멘토링 참여

구분	행사명(제목)	행사내용	결과 (토론/발표/보고서/ 캠프/대회참가)	후속 또는 타 활동 연계
자율 활동	따봉 자율활동 민주시민교육	• 조선의 무예와 활쏘기 수련 • 셉테드, 게릴라 가드닝 활동	• 활동을 마무리 한 후에 친구들과 활동에 대해 피드백을 나누는 시간을 가짐.	씨앗 폭탄 던지기 활동에 참여(게릴라 가드닝과 비슷한 것)
	일본군 '위안부' 지킴이	독일 큐레이터들에게 '위안부'지킴이 소개	독일 큐레이터들과 위안부 뿐 아니라 인종차별, 전쟁에 의한 노동력 착취 주제로 토론	베트남 전쟁에서 한국군에 의한 피해자들에 관심이 확대되어 책을 읽고 이음 책방 대표 인터뷰

사율 활동	교내 독서프로그램 '저자와의 대화'	'로봇시대, 인간의 일'의 저자 구본권 강연	빠르게 변화하는 세상 에서 무지를 인정하는 것의 의미에 대하여 깊 이 생각하는 계기	• 강의 내용을 바탕으 로 동아리에서 신문 기사 작성 • 관련 도서 추가로 읽 음. • 교내 4차산업혁명 주 제 논술 대회 참가
진로 활동	선배 초청 진로진학멘 토링	선배 경험을 바탕으로 진로선택과 목표 설정, 학습방법, 시간관리 방 법 안내	흥미롭게 다가온 학과 에 대한 설명과 강의에 대한 느낀 점을 작성하 는 보고서를 작성함.	• 본교 동문 선배 초청 • 여러 대학 방문 • 대학과 입시 다큐 시청 • 자기소개서의 실제
봉사 활동	동작 민주올레루트 개척	• 학도의용병 현충비 참배 • 박래전 열사 기념비 찾아 추모하기 • 기념공원 환경 정화 활동	• 학도 의용병 관련 다 큐멘터리 시청 후 느 낀 점을 작성하는 보 고서 제출함. • 박래전 열사에 대한 나의 생각을 친구들 앞에서 발표함.	학도의용병 주제의 영 화 시청 '포화 속으로' 박래전 열사의 생애를 다루는 동영상 시청
	지역아동센터 교육 봉사	• 실험을 통한 현상의 원인을 아이들과 분 석하고 고민하고 새 로운 것을 깨달음. • 국어, 수학 학습봉사 활동	• 아이들의 잘한 점과 아쉬웠던 점을 그날 그날 작성함. • 실험이 끝나면 실험 과정, 실험 결과, 아 쉬웠던 점 등을 내용 으로 하는 보고서 작 성함.	공부를 어려워하는 친 구들에게 문제를 가르 쳐줄 때 눈높이에서 설 명하는 방법을 터득함.

2. 전문가의 주요 세부능력 특기사항 매트릭스 분석

구분	국어1	심화영어	동아시아사
교과 단원	• 동아리활동	• EBS 수능특강	• 베트남
활동내용 (발표+토론+질문 +실험+탐구)	• 시 창작	• 발표	• 발표
활동내용(제목) (수행 평가/보고서)	• 〈나비〉, 〈할머니의 소원〉	• '사회명목론'과 '사회실재 론'을 물의 구성으로 비유 하여 '부분과 집단의 차 이'를 설명	• 베트남 전쟁 중에 자행된 한국군의 민간인 학살에 대하여 조사 발표

연계 자료 (영화, 다큐, TED, 보고서 독서 등)	• 일본군 '위안부' 수요집회 참석, 일본군 '위안부' 관련 동영상 시청	• 사회 문화 교과서 '사회실재론, 사회명목론'	• 베트남 전쟁 피해자들을 다루는 다큐 시청
후속 또는 타 활동 연계 (동아리, 방과후, 스터디, 멘토링 등)	• 일본군 '위안부' 지킴이 활동	• 방과 후에 친구들과 사회 명목론, 사회 실재론 중 자신의 이치에 가까운 이론을 이야기하는 시간을 가짐.	• 민간인 학살의 추가 사례 조사(제주 4.3 사건, 홀로코스트 등)
결과 (학업, 진로에 끼친 영향)	• 시를 직접 작성하면서 시의 구성에 대해 명확히 이해하고 있다는 느낌이 들었고 시와 친해진 계기가 되었다.	• 비유하여 말하는 방법을 터득.	• 세계 시민 의식을 함양함.

구분	한국사(3학년)	한국사(방과후) (2학년)
교과 단원	• 일제강점기 박정희 군사집권 시기	• 일제강점기
활동내용 (발표+토론+질문 +실험+탐구)	• 확장	• 인터뷰, 발표
활동내용(제목) (수행 평가/보고서)	• 2학년 일본군 '위안부'지킴이 활동 후 근현대사를 배우는 과정에서 일본군 '위안부'뿐 아니라 한국군 위안부, 미군 위안부까지 확장하여 전쟁과 여성인권에 대하여 고민하는 계기	• 여름방학 방과후 일본군 '위안부'를 기억하다 수강
연계 자료 (영화, 다큐, TED, 보고서 독서 등)	• 미군 '위안부' 관련 다큐 시청	• 중앙대학교 사회학과 이나영 교수님 인터뷰, 일본군 '위안부' 연구회 박정애 박사님 인터뷰
후속 또는 타 활동 연계 (동아리, 방과후, 스터디, 멘토링 등)	• 일본군 '위안부'와 미군 '위안부' 비교분석하여 보고서로 작성함.	• 일본군 '위안부' 지킴이 자율 동아리 만듦. • 독일 나치 강제동원센터 큐레이터들과 진행한 세계평화교육 사례나눔시간에 영어 발표
결과 (학업, 진로에 끼친 영향)	• 교과 내용을 확장하여 생각할 수 있게 되었고 확장된 내용을 의미 있게 하는 방법을 터득함.	• 인터뷰 글 작성하기, 인터뷰 말하기를 몸소 터득함. 영어 말하기를 하면서 영어에 대한 자신감이 생김.

구분		1학년	2학년	3학년
독서활동상황	교과연계		[수학] • 수학, 세계사를 만나다 (이광연)	[수학] • 통계의 미학(최제호)
	진로연계		• 사회학의 쓸모 (지그문트 바우만) • Q&A '위안부'와 식민지 지배 책임 (이타다키 류타, 김부자)	• 사당동 더하기 25(조은) • 계층이동의 사다리 (루비 페인) • 현대성과 홀로코스트 (지그문트 바우만)
	공통(기타)	• 청소년 부의 미래 (앨빈토플러) • 동물농장(조지오웰) • 세계의 교양을 읽는다2 (인문학편) • 푸코, 감옥에 가다(조상식) • 죄와벌(도스트예프스키) • 1984(조지오웰)	• 호모 데우스(유발 하라리)	• 변신(프란츠 카프카) • 호밀밭의 파수꾼 (제롬 데이비드 샐린저) • 제2의 성(시몬 드 보부아르) • 산체스네 아이들 (오스카 루이스) • 난장이가 쏘아올린 작은 공 (조세희) • 프로테스탄트 윤리와 자본주의(막스 베버) • 왜 세계의 절반은 굶주리는가(장 지글러)
합계		6권	4권	11권

나의 성적

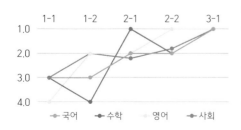

교과	1-1	1-2	2-1	2-2	3-1
국어	3.0	3.0	2.0	2.0	1.0
수학	3.0	4.0	1.0	2.0	1.0
영어	4.0	2.0	2.0	1.0	1.0
사회	3.0	2.0	2.2	1.8	1.0

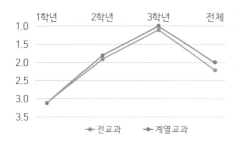

교과	1학년	2학년	3학년	전체
전 교과	3.1	1.9	1.1	2.2
계열교과	3.1	1.8	1.0	2.0

2019학년도 수시전형 지원 합불 결과

대학명	전형명	모집단위	수능최저여부	합불여부
성균관대학교	성균인재	사회과학계열	×	합격
중앙대학교	다빈치형인재	사회학과	×	합격
서울대학교	일반	사회학과	×	불합격
고려대학교	학교추천2	사회학과	○	불합격
서강대학교	일반	사회과학계열	○	불합격
경희대학교	네오르네상스	사회학과	×	불합격

 선배들이 알려주는 합격 포인트

Q1 학생부 관리에 있어서 본인만이 가지고 있는 노하우는?

A1 노하우라고 하기는 뭐하지만 제 나름의 학생부 관리 방법이 있었습니다. 일단 학생부가 어떤 구성인지 알아야 하고 각 부분에서 나만의 학생부를 만들기 위해 어떤 노력이 필요할지 고민하는 시간이 필요합니다. 이를 위해서는 뚜렷한 진로가 정해져야 합니다. 그러면 전공적합성이 높은 학생부를 만들 수도 있을 것입니다. 양도 양이지만 자신만의 개성이 드러날 수 있는 활동을 학생부에 담아내는 것이 중요합니다.

풍부한 자기소개서를 만들기 위해서는 선생님들과의 적극적인 소통도 매우 중요합니다. 이를 위해서 수업시간에 적극적으로 참여하는 것뿐만 아니라 질문도 꾸준히 하는 것이 좋겠습니다. 세부능력특기사항은 선생님들이 작성하시는 것이기 때문에 선생님들과의 신뢰 관계를 유지해 나가야 합니다. 그러면 학생부에 추가할 내용을 부탁드리기도 쉬울 것입니다. 잊지 말아야 할 것은 공손한 태도와 겸손한 마음가짐입니다.

Q2 학생부종합전형을 위한 올바른 고등학생 생활과 성적관리에서 필요한 것이 있다면?

A2 먼저, 올바른 고등학생 생활을 말하자면, 무엇보다 가장 중요한 것은 시간관리라고 생각합니다. 잠자는 시간과 깨어있는 시간을 먼저 구분하고, 깨어있는 시간은 공부하는 시간과 쉬는 시간으로 또 나눠지고, 공부하는 시간은 또 과목별, 중요도별 등으로 나눠질 것입니다. 모두에게 주어진 시간은 똑같지만, 누군가는 그 시간을 허비하는 반면, 누군가는 그 시간을 자신의 발전을 위해 투자합니다. 자신의 발전을 위해 시간을 투자하고 싶다면, 계획표를 구조적으로 작성하는 과정과 반성하는 과정이 필요합니다. 반성 없이는 발전도 없습니다. 처음에는 힘들 것입니다. 책상에 오랫동안 앉아 있는 것만으로도 버거울 것입니다. 하지만 꾹 참고 계속해서 반복해나가다 보면 어느새 공부습관이 잡혀 있는 자신을 발견하게 됩니다. 인생은 줄다리기라고 말하지 않습니까. 계속해서 당기면 줄은 내 쪽으로 넘어오지만, 힘들다고 줄을 놓아버리면, 다시 원점으로 돌아오기 위해 새로운 노력을 기울여야 합니다. 힘들겠지만 좀만 참고 버티면 쓸데없는 시간을 낭비하지 않을 수 있습니다. 두 번째, 성적관리입니다. 성적은 하는 만큼 나온다는 말을 먼저 해두고 싶습니다. 내신은 머리가 좋고 나쁘고의 문제가 아닙니다.

얼마나 수업시간에 열심히 참여했고, 얼마나 시간을 들여 복습하고 또 복습했는지가 관건입니다. 저는 먼저 수업 끝난 후 5분 동안 내용을 읽으며 복습했고, 당일 자습시간에 백지에다가 수업시간에 배운 내용을 스스로 적어보는 복습법을 택했습니다. 내용이 비는 곳은 교과서를 읽으며 채워가고 이런 부분은 표시를 해두었다가 다시 보고, 계속해서 모르는 게 없을 때까지 복습했습니다. 저는 1학년 때 성적이 잘 나오지 않아 이렇게 핑계를 댔습니다. '다른 중학교 출신 애들이 공부를 너무 잘해서 그래…' 물론, 과학 과목이 약해서 성적이 잘 나오지 않은 부분이 없지 않아 있지만 그것도 역시 하나의 변명거리에 불과했습니다. 1학년 때의 공부를 반성하며 2학년이 되었습니다. 공부탄력이 붙기 시작했습니다. 그 이유는 단순했습니다. 위에서 언급한 대로 공부했더니 성적이 잘 나왔기 때문이죠. 친구들과 선생님들 모두 저를 보는 시선이 달라졌습니다. 제 자신 또한 저를 다르게 보기 시작했습니다. "나도 할 수 있구나!" 저의 성적에 대한 동기부여는 아이러니하게도 성적이었습니다. 좋은 성적은 저의 가장 큰 보상이었기 때문이죠. 3학년 때부터는 저의 태도가 완전히 달라졌습니다. 아주 독하게, 그리고 치열하게 내신공부에 임했고 이는 성적에 대한 집착으로까지 이어져 전 과목 1등급을 받아야겠다는 생각으로 이어졌습니다. 결국 중국어를 빼고 모두 1등급을 받아서 3학년 때는 1.04의 성적으로 전교 1등을 하게 되었습니다. 제가 하고 싶은 말은 이것입니다. 성적을 잘 받다 보면 여러분이 스스로 성적관리를 하게 될 것입니다. 아무쪼록 여러분의 고등학교 생활을 응원합니다!

(자기소개서 1번) 고등학교 재학기간 중 학업에 기울인 노력과 학습 경험에 대해, 배우고 느낀 점을 중심으로 기술해주시기 바랍니다(1,000자 이내).

"악착같이 견뎌 다시 꽃밭에 돌아왔는데, 어찌 반기는 이 하나 없으며, 왜 당신은 찢어진 날개를 숨기며 살아야 하나요…"

1학년 방과 후 수업으로 문학을 수강할 때, 수요 집회를 참석한 적이 있습니다. 쭈글쭈글한 얼굴의 할머니께서 목소리를 높이며 자신의 이야기를 하시는 모습을 보며 쓴 자작시 「나비」의 한 구절입니다. 일본군 '위안부'를 알고 싶어 이타가키 류타, 김부자의 『Q&A 위안부 문제와 식민지 지배 책임』을 읽었습니다. 1916년 공창제도가 합법화되면서 조선 여성들을 납치하고 취업사기로 끌어들이는 구조가 강화됐다는 것을 알게 되었습니다.

헌데, 일본군 위안부 연구자로 계신 중앙대학교 사회학과 교수님을 인터뷰하면서 미군 위안부 또한 국가의 방치 속에 벌어진 구조적 폭력이라는 것을 알게 되었습니다. 생계유지가 어려운 여성들의 성매매를 방조하고 그들에게 외화를 벌어다주는 애국자라고 말하는 국가의 모습을 보면서 '국가란 무엇인가'라는 고민을 하게 되었습니다. 미군에게 편의를 제공하기 위해 자국민의 성매매를 그저 바라보고만 있는 것은 진정한 국가의 모습이 아니라고 생각했습니다. 문학에서 일본군 '위안부', 그리고 미군 위안부까지 사고를 확장시키는 경험을 하면서 공부를 대하는 태도가 달라지기 시작했습니다. 단순히 주어진 내용을 학습하기보다는 능동적으로 지식을 탐구하고 이에 대해 고민하면서 진짜 공부가 시작되었습니다.

『수학, 세계사를 만나다』라는 책을 읽고 실생활에서 발견되는 수학을 공부하며 공부의 가속도를 더해갔습니다. 예를 들어, 기와는 사이클로이드 곡선이 최단강하곡선이라는 사실을 이용해 빗물이 빨리 내려가도록 곡선의 형태를 띠고 있었습니다. 흥미로웠습니다. 자연스럽게 흥미는 왜 사이클로이드 곡선이 최단 강하곡선인지에 대한 호기심으로 이어졌고 이과친구의 도움을 얻어 공부한 끝에 이를 증명하는 식을 이해할 수 있었습니다. 이로써 문제풀이는 '단순 노동'에서 '하나의 놀이'로 인식의 변화를 이루었습니다. 2년 반 동안 저는 그렇게 진화하였습니다.

STAR 분석		지원대학 평가요소
구분	내용	
Situation (상황, 배경)	1학년 방과 후 수업으로 문학을 수강할 때, 수요 집회를 참석한 적이 있습니다. 쭈글쭈글한 얼굴의 할머니께서 목소리를 높이며 자신의 이야기를 하시는 모습을 보며 쓴 자작시 '나비'의 한 구절입니다.	학업역량 + 개인역량 + 잠재역량
Task (목표, 역할)	일본군 '위안부'를 알고 싶어 이타가키 류타, 김부자의 'Q&A '위안부' 문제와 식민지 지배 책임'을 읽었습니다	
Action (구체적인 행동)	Action1 : 일본군 위안부 연구자로 계신 중앙대학교 사회학과 교수님을 인터뷰하면서 미군 위안부 또한 국가의 방치 속에 벌어진 구조적 폭력이라는 것을 알게 되었습니다. Action2 : 생계유지가 어려운 여성들의 성매매를 방조하고 그들에게 외화를 벌어다주는 애국자라고 말하는 국가의 모습을 보면서 '국가란 무엇인가'라는 고민을 하게 되었습니다.	
Result (결과)	사고를 확장시키는 경험을 하면서 공부를 대하는 태도가 달라지기 시작했습니다. 단순히 주어진 내용을 학습하기보다는 능동적으로 지식을 탐구하고 이에 대해 고민하면서 진짜 공부가 시작되었습니다.	
학생부 항목 분석		
핵심 내용	방과후 한국사 일본군 '위안부'를 기억하다 수강, 일본군 '위안부' 지킴이 자율동아리 만듦	
4번 수상실적	3학년 : 시 백일장(은상), 교과우수상(한국사) 2학년 : 교과우수상(한국사, 사회 문화, 동아시아사)	
7번 창체 활동	자율활동(2학년) : 일본군 '위안부'지킴이 활동	

8번 교과 세특	국어(1학년) : 일본군 '위안부' '기억의 터', 일본 대사관 앞 수요집회 참석 한국사(2학년) : 일본군 '위안부'를 기억하다 수강 후 중앙대학교 교수와 일본군 '위안부' 연구회 박사와 인터뷰, 녹일 나치 강제농원센터 큐레이터들에게 일본 '위안부' 소개 동아시아사(3학년) : 일본군 '위안부'에서 출발 한국군 위안부, 미군 위안부까지 여성인 권 확장
9번 독서활동	2학년 : 사회학의 쓸모(지그문트 바우만), Q&A '위안부'와 식민지 지배 책임(이타카키 류타, 김부자) 3학년 : 현대성과 홀로코스트 (지그문트 바우만)

(자기소개서 2번) 고등학교 재학기간 중 본인이 의미를 두고 노력했던 교내활동(3개 이내)를 통해 배우고 느낀 점을 중심으로 기술해주시기 바랍니다. 단, 교외활동 중 학교장의 허락을 받고 참여한 활동은 포함됩니다(1,500자 이내).

게릴라 가드닝 활동을 아시나요? 게릴라 가드닝은 빈 공터나 버려진 땅, 쓰레기를 마구잡이로 버리는 곳에 몰래 꽃을 심어 의식적으로 깨끗한 환경을 유도할 수 있도록 돕는 활동입니다. 저는 활동을 홍보하는 역할을 맡았습니다. SNS에서 홍보페이지를 운영하였고 빈 공터를 시민들로부터 제보를 받는 역할이었습니다. 친구들이 보내준 사진들을 제 때 올리고 사람들의 제보도 늘 확인해야 했기 때문에 무척 바쁘게 지내야 했습니다. 게릴라 가드닝은 '몰래' 꽃을 심는 것이 원칙이지만 원칙을 깨고 모두가 함께하는 활동으로 만들고자 친구들과 아이디어 회의도 자주 하였습니다. 게릴라로 투입되어 직접 꽃을 심을 때의 설렘과 버려진 공터가 작은 꽃 몇 송이로 화사해진 풍경을 볼 때는 뿌듯함 그 자체였습니다. 많은 분들의 보이지 않는 노력들을 보며 그 안에 함께 함이 스스로 대견했고 어릴 때의 꿈을 용감하게 외치고 다닐 수 있었습니다. "세상을 변화시키는 멋진 남자가 될 겁니다." 라고.

이러한 외침은 독일 큐레이터들과의 만남에서 구체화되었습니다. 트랜스내셔널 인문학 연구소와 함께하는 프로젝트에 우리 동아리가 참여하게 되었습니다. 제2차 세계대전 중 일어난 강제노동을 주제로 하는 프로젝트였습니다. 서강대학교 학생들과 큐레이터들은 2차 세계대전 당시의 사진들을 책상에 꺼내 놓았습니다. 사전 지식 없이 사진 속의 상황을 추측하는 과정은 흥미로웠고 친구들과 서로의 의견을 피력하며 의견을 조율해 나가는 과정 속에서 민주적인 의사결정 과정도 배울 수 있었습니다. 가장 흥미로웠던 사진은 삭발당한 독일 여성의 사진이었습니다. 이 여성은 폴란드 남성과 사랑을 하는 것이 적발되어 삭발을 당하고 자신을 모욕하는 팻말 뒤에 서야했습니다. 이 사진을 통해 전쟁은 인간의 가장 원초적인 모습을 보여줄 수 있는 잔인한 일임을 확인하였습니다.

마지막 날, 저는 일본군 '위안부' 문제에 대해 청소년 대표로 발표하게 되었습니다. "(중략) 이 '모순'을 인정하고 '일치'로 나아가려고 노력해야 합니다. 우리 한국도 이런 자세가 필요합니다. 일본군 '위안부' 문제의 합의는 반드시 이뤄져야하지만 우리가 베트남 전쟁에서 저지른 학살에 대해서 인정을 하고 사과를 해야 합니다. 저의 작은 목소리가 여러분에게로 가 큰 울림이 되기를." 저의 발표를 들으신 한 분이 오랜 시간 동안 이 활동에 대해서 진지하게 고민한 흔적이 보인다고 말씀해 주셨습니다.

프로젝트 참여 이후 우리 동아리는 가슴이 뜨거워진 이 경험을 학교 축제날 타 학교 학생들에게 일본군 '위안부' 역사를 설명해주고 미니 소녀상 밑에 할머니들에게 하고 싶은 말을 남기는 활동으로 이어갔습니다. 또한 전쟁 대신 평화를 외치며 공동체 의식의 필요성을 상기시키는 역할도 하였습니다. 많은 학생들이 일본군 '위안부'에 대해서 들어만 보고 제대로 알고 있지 못했는데 이 계기를 통해 알게 되어서 고맙다고 하였습니다. 활동은 마무리되었지만 저는 앞으로도 이 세상의 수많은 사회적 약자들을 위한 지킴이일 것입니다.

STAR 분석			지원대학 평가요소
구분		내용	
Situation (상황, 배경)		이러한 외침은 독일 큐레이터들과의 만남에서 구체화되었습니다. 트랜스내셔널 인문학 연구소와 함께하는 프로젝트에 우리 동아리가 참여하게 되었습니다. 제2차 세계대전 중 일어난 강제노동을 주제로 하는 프로젝트였습니다.	학업역량 + 개인역량 + 잠재역량
Task (목표, 역할)		마지막 날, 저는 일본군 '위안부' 문제에 대해 청소년 대표로 발표하게 되었습니다.	
Action (구체적인 행동)		Action1 : 서강대학교 학생들과 큐레이터들은 2차 세계대전 당시의 사진들을 책상에 꺼내놓았습니다. 사전 지식 없이 사진 속의 상황을 추측하는 과정은 흥미로웠고 친구들과 서로의 의견을 피력하며 의견을 조율해 나가는 과정 속에서 민주적인 의사결정 과정도 배울 수 있었습니다.	
Result (결과)		프로젝트 참여 이후 우리 동아리는 가슴이 뜨거워진 이 경험을 학교 축제날 타 학교 학생들에게 일본군 '위안부' 역사를 설명해 주고 미니 소녀상 밑에 할머니들에게 하고 싶은 말을 남기는 활동으로 이어갔습니다.	

학생부 항목 분석	
핵심 내용	2학년 한국사 일본군 '위안부'를 기억하다(23시간) 수강
8번 교과 세특	1학년 : 일본 대사관 수요집회를 다녀온 후 국어시간에 '위안부'할머니를 보고 떠오른 '나비' 시 창작 2학년 : 여름방학 방과후 일본군 '위안부'를 기억하다 수강(23시간)하며 중앙대학교 사회학과 이나영 교수님 인터뷰, 일본군'위안부'연구회 박정애 박사님 인터뷰, 독일 나치 강제동원센터 큐레이터들과 진행한 세계평화교육사례 나눔시간에 '위안부'에 대해 영어로 발표 3학년 : 일본군 '위안부'에서 출발해 한국군 위안부와 미군 위안부까지 확장하며 전쟁속의 여성 인권을 동아시아사 시간에 재조명함.

 최종합격 대학 전형 분석 (성균관대학교 2019 vs. 2020)

성균관대학교 2019학년도 수시모집요강

전형명	모집단위	모집인원	전형방법 및 특징	수능최저	제출서류
성균인재전형	사회과학계열	146	서류100	없음	• 학교생활기록부 • 자기소개서 • 추천서
지원자격	• 고교졸업(예정)자 또는 관련 법령에 의하여 이와 동등 이상의 학력이 있다고 인정된 자				

2020학년도 성균관대학교 입학전형안내					
전형명	모집단위	모집 인원	전형방법 및 특징	수능 최저	제출서류
학생부종합 전형 (계열모집)	사회과학계열	141	서류100	없음	· 학교생활기록부 · 자기소개서
지원자격	고교졸업(예정)자 또는 관련 법령에 의하여 이와 동등 이상의 학력이 있다고 인정된 자				

※ 위 내용은 입학전형계획안 내용이므로 자세한 사항은 2020학년도 수시모집요강을 반드시 참조하시기 바랍니다.
※ 변동사항
 (1) 전형명이 성균인재 전형에서 학생부종합전형(계열모집)으로 변경
 (2) 추천서 폐지
 (3) 모집인원 감소

 ## 최고의 입시전문가가 공개하는 합격의 비결

성균관대학교의 성균인재 전형은 학업역량이 우수하며, 지원 분야에 대한 재능과 열의를 가진 학생을 선발한다. 이 학생의 학교생활기록부를 분석했을 때의 기억이 생생한데, 1학년 내신 3점대 중반에서 3학년 기말고사를 전교1등으로 마무리한 탁월함에 박수를 보내고 싶었다. 더불어 학교생활기록부에서 눈에 띄었던 것은 2년 동안 일본군 '위안부'에 대해 깊이 공부한 부분이었다. 창의적체험 활동, 교과세부능력특기사항, 독서에서 서로 연계를 보인다.

이 학생은 학교 선생님과 함께 했던 일본대사관 수요집회에서의 한 장면이 호기심이 되어 일본군 '위안부'에 대한 배움이 시작되었다. 2학년 여름방학 방과 후 한국사로 '일본군 위안부를 기억하다'를 수강하면서 일본군 '위안부' 지킴이라는 자율동아리를 만들어 활동하고 대학 교수님과 일본군 '위안부' 연구회를 인터뷰하며 관련 서적을 통해 몰랐던 역사를 알아갔다. 또한 독일 나치 강제동원센터 큐레이터들에게 우리의 역사를 영어로 발표하기까지 이른다. 더 나아가 일본군 '위안부'뿐만 아니라 미군 위안부 또한 국가의 방치 속에서 벌어진 구조적

폭력임을 알게 되고 베트남 전쟁 당시 한국군이 자행한 민간인 학살에 대한 성찰까지 계속 궁금증이 확장되었다.

성균관대학교의 성균인재 전형에서 언급한 '학업역량이 우수하며 자기주도적 학업태도와 전공 분야에 대한 관심과 열의, 글로벌 리더로서의 발전가능성'을 모두 보여주고 있다.

학생은 빈곤의 대물림을 막기 위한 복지의 근본적 해결책으로 시스템화가 시급하기에 사회학자를 꿈꾼다고 했다. '사회계층론, 현대 사회의 문제' 과목을 좀 더 체계적으로 배워 사회복지학을 복수전공하여 향후 빈곤 문제에 대해 통찰력 있는 전망을 내놓는 사회학자가 되고 싶다는 당찬 포부를 갖고 있다. 이 학생의 부드러운 카리스마로 선한 영향력을 발휘하길 바란다.

 합격에 결정적인 영향을 미친 요소

최종합격에 결정적인 영향을 미친 요소는 면접에서 보여드렸던 당당함이라고 생각합니다. 당당함은 그저 긴장을 하지 않는다고 보일 수 있는 게 아니고, 많은 연습과 노력 속에서 만들어지는 것이라고 생각합니다. 경희대학교는 제시문 면접을 채택하고 있는데, 제시문은 뭐가 나올지 전혀 예측할 수 없어서 제시문을 예측하려 하기보다는 예상치 못한 질문에 대처하는 기지를 발휘할 수 있도록 준비했습니다. 먼저 자신의 입장을 밝히고, 그에 맞는 근거와 예시를 든 다음, 반대 측 의견을 가져와 그에 대한 반박을 하는 방식으로 여러 제시문을 연습했습니다. 인성 면접을 준비할 때는 생활기록부를 꼼꼼히 읽으며 만든 많은 질문에 키워드 중심으로 정리한 후 그걸 말로 풀어낼 수 있게 연습하였습니다. 많은 연습을 통해 어느 정도 부드럽게 말할 수 있게 되면서 자신감이 붙었고 당당한 자세로 면접에 임할 수 있었습니다.

 학교 활동 분석

학교 정보 및 활동 프로그램

구분	내용
[사랑의 날]	• 매월 마지막 목요일을 '사랑의 날'로 지정 운영 • 사랑의 날 현수막 걸기 • "사랑합니다". 인사를 하면서 사랑의 선물을 나누어 줌. • 사랑과 봉사에 관한 성구와 명언을 게시판에 게시 • 사랑의 날 특별예배를 드림.
[진학진로교육 강화]	• 표준화심리검사 • 꿈·끼 탐색주간 (7.11~7.15/12.19~12.23) • 전환기 진로교육 (12월) • 학부모 진로교육 (3월~10월) • 일신진로특강 (3월~12월) • 현장직업체험운영 (7.20~8.13) • 고교–대학 간 연계활동 • 현장직업체험 우수사례 발굴 및 시상 (11월) • 찾아가는 대학·학과 탐방(3월~8월) • 진로찾기 직업체험(3월~11월)
[생태·환경교육 체험프로그램]	• 사계절 꽃밭과 나무 가꾸기를 통한 녹색공간 조성 –생태·환경교육 포토&UCC 콘테스트 • 생태·환경 그리기 대회(부제 : 꽃을 그리는 아이들) • 소망을 담은 리본을 소망꽃으로 장식하여 소망트리 만들기
[예술체육활동활성화 운영]	• 관악부 • 작은 음악회 • 핸드볼부

※출처 : 학교 알리미 및 학교 홈페이지

학생부 분석 및 나의 열정스토리

진로희망사항

구분	1학년	2학년	3학년 1학기
진로희망	인사관리자	인사관리자	인사관리자
희망사유	SBS특집 다큐멘터리인 '기업, 마음을 경영하다'를 보고 조직 개발을 기획 및 지휘하고 기업 문화 형성에 주축이 되는 인사 관리의 중요성을 인지하여 인사관리자가 되기를 희망함. 이후 관련 서적을 찾아보고 주위에 조언을 구함으로써 진로를 구체화하는 활동을 전개해나감.	'창의성을 지휘하라'란 책을 읽고 창의성이 있더라도 그것이 그저 흩어져 있다면 잠재력을 발휘하지 못한다는 것을 알고 주어진 인재를 체계화함의 중요성을 느끼게 됨. 이러한 깨달음을 토대로 학교 생활에서 급우들의 역량을 제대로 발휘할 수 있는 방안을 모색 및 적용하면서 인사관리자라는 진로를 구체화해 나감.	토론대회 및 여러 행사를 준비하는 과정에서 친구들과 의사소통하며 역할을 조정하여 각자의 역량을 발휘할 수 있도록 한 일에 보람을 느껴 인사관리자가 되기를 희망하였으며 관련 서적 및 주위 사람들의 조언을 통해 인적 자원의 효율적 이용을 도모하는 인사관리자가 가져야 할 의사소통 및 분석능력을 파악하고 함양하려 노력함.
진로희망을 위한 활동	• 학업진로 적성검사를 통해 자신에게 맞는 직업을 파악함. • 나만의 꿈의 지도그리기 진로특강에서 꿈의 지도를 만들어 봄으로써 진로에 확신을 가짐.	• 대학생 멘토링에서 행정학과 선배와의 대화를 통해 행정학과에서 배우는 과정을 알아보고 행정학과 전공 책을 살펴봄.	• 핍진(시사토론동아리) • 진로활동 : 꿈·끼 탐색주간에 진로 및 삶의 방향과 목표를 수립해 나감.

수상경력

구분	1학년	2학년	3학년
학업역량	• 2학기 학력상(실용영어Ⅱ, 한국사, 과학, 음악과 생활, 미술창작)	• 1학기 학력상(영어Ⅰ, 지구과학Ⅰ, 음악과 생활, 일본어Ⅰ) • 2학기 학력상(영어독해와 작문, 세계지리, 한국지리, 지구과학Ⅰ, 일본어Ⅰ)1	• 1학기 학력상(화법과 작문,사회 문화, 한국사, 생활과 윤리, 물리Ⅰ)
전공 적합성	• 진로탐색 보고서 대회(금상)	• 인문사회 사고력 한마당(사회 문화 부문, 장려상) • 진로체험 활동 보고서(장려상)	• 인문사회 사고력한마당(사회 문화부문)

발전 가능성		• 일본문화 한마당(금상) • 운문 창작 백일장(은상)	• 운문창작 한마당(은상) • 일본문화 한마당(일본어 프레젠테이션 부문)
인성영역	• 1년 개근상	• 표창장(모범학생 부문) • 1년 개근상	

창의적 체험활동 및 주요 교과세부능력 특기사항

구분	1학년	2학년	3학년
자율활동	• 일신축전 반별 워십 행사 • 테마체험활동 • 춘계체육행사 • 정보통신윤리교육	• 창의성 인성토론대회 • 워십 경연행사 • 수련활동 • 일신체육한마당	• 학급 기자재 관리 • 휴콘서트 • 지역명사특강
동아리 활동	• 핍진(시사토론) • 똑딱이(방과후학교스포츠클럽)	• 핍진(시사토론)	• 핍진 (시사토론) • (O.E.C.D)진로동아리
봉사활동	• 개인 18시간+학교 13시간 = 총 31시간	• 개인 20시간+학교 13시간 = 총 33시간	• 개인 25시간+학교 23시간 = 총 48시간
진로활동	• 진로특강 • 학업진로적성검사 • 커리어넷 검사 • 대학생 멘토 전공학교체험 • 나만의 꿈의 지도그리기 진로특강	• 멘토·멘티 활동 • 전문직업인 초청특강 • 꿈키움 진로특강 • 꿈 충전 진로캠프 • 대학생 멘토링	• 멘토·멘티 활동 • 대학입학설명회 특강 • 꿈·끼 탐색주간 활동 • 자기소개서 특강
주요세특	[국어Ⅰ] • 높은 사고력과 탐구력 [국어Ⅱ] • 자신의 의견을 논리적으로 표현·소통 능력 [수학Ⅱ] • 증명을 통해 원리 파악 후 적용	[고전] • 이목 집중 달성 프로젝트 [사회 문화] • 한국사회 불평등 문제 원인 분석	[화법과 작문] • 청중의 배경지식을 미리 파악하여 준비하고 비유를 통해 알기 쉽게 설명함. [사회 문화] • 청년들의 실업문제를 심도 있게 다룸.

구분	동아리	
교과(수업)연계활동 (발표+토론+실험 +탐구)	[핍진(토론동아리)] • 토론 동아리에서 논제에 창의적인 방법으로 접근하고 논리적으로 입론 및 반박하는 법을 배움.	[자율 동아리 OECD] • 한국의 청년 실업을 해결하기 위안 방안으로 독일의 '바펙'을 한국 실정에 맞게 바꾼 후 도입하는 것을 제안함.
탐구(활동)제목 (수행평가+ 탐구보고서)	• 어린이집 cctv 설치 의무화	• 한국의 청년 실업을 해결하기 위한 방안
연계독서 (도서명/간략 내용)		
연계 자료 (영화, 다큐, TED, 보고서 등)	• 어린이집 원장, 교사, 학부모의 입장을 정리한 보고서	• 독일의 '바펙'의 소개와 그 파급력에 대한 보고서
결과 (학업, 진로에 끼친 영향)	• 자신과 다른 의견을 가진 상대방을 존중하는 필요성을 느낌.	• 이후 청년 실업문제를 완화시키려는 차원에서, N포 세대의 잠재력을 발견하고 인간 소외 현상을 최대한 배제하는 공공 분야의 인사관리자가 되는 것을 목표로 삼음.
후속 또는 타 연계 활동	• 반 친구들과 이 논제로 토론대회에 참가함.	

구분	동아리	
교과(수업)연계활동 (발표+토론+실험 +탐구)	[핍진(토론동아리)] • 백신 거부에 대한 여러 가지 의견과 그 타당성을 검토하여 자신의 의견을 피력함.	[핍진(토론동아리)] • (칼럼 작성) 적극적 우대조치가 등장하게 된 배경과 타국에서 적용되는 방식과 그 결과를 파악하여 우리가 나아가야 할 방향을 제시함.
탐구(활동)제목 (수행평가+ 탐구보고서)	• 백신 거부는 정당한 권리인가	• 적극적 우대조치는 필요악인가?
연계독서 (도서명/간략 내용)		
연계 자료 (영화, 다큐, TED, 보고서 등)	• 백신으로 인한 영유아 사망률의 극적인 하락에 대한 보고서	• 미국, 영국, 스웨덴 등에서 시행되고 있는 적극적 우대조치의 종류와 그 파급력에 대한 논문
결과 (학업, 진로에 끼친 영향)		• 국가 정책에 더 깊은 관심이 생김.

후속 또는 타 연계 활동		• 적극적 우대조치의 본질을 알게 되었고 변질된 의도로 시행되고 있는 적극적 우대조치를 바로잡기 위한 방안을 생각해봄.

구분	행사명(제목)	행사내용	결과 (토론/발표/보고서/ 캠프/대회참가)	후속 또는 타 활동 연계
자율 활동	장애인 인식 개선 교육	우리나라에서 장애인이 받는 좋지 않은 시선과, 장애인을 위한 시설이 부족해 그들이 사회로 나오기 어렵다는 내용의 교육을 듣고 그에 대한 의견을 말함.	장애인이 사회에 좀 더 수월하게 나올 수 있도록 국가적인 지원도 더 활발해져야겠지만 우리 스스로 의식을 바꾸도록 노력해야 한다는 의견을 말함.	2학년 영어 시간에 'Disability? This ability!'라는 주제로 발표를 진행함.
	멘토·멘티 활동	멘티 친구에게 자신만의 예문과 암기 방법을 알려주어 내용 이해에 도움을 주고, 멘티에게 맞는 공부법을 찾아 자기주도학습을 할 수 있게 함.	멘티와 자신의 성적 모두 상승함.	누군가와 나누는 것에 대한 보람과 행복을 알게 되어 3학년이 되어서도 멘토멘티 활동을 계속 함.
	창의 인성 토론대회	원활한 토론이 진행되게 책임감을 지고 노력했으며 문제가 발생하였을 때 부원들과 협력하고 해결방안을 모색하는 과정에서 통찰력을 발휘함.	성공적으로 마쳤고 참가자들과 심사위원분들께도 작년보다 진행이 부드러웠다는 칭찬을 들음.	공정한 토론이 무엇인지, 이를 이루어지게 하려면 어떻게 준비해야 하는지 알게 됨. 이를 통해 수업시간에 감정적으로 토론이 진행될 때 조정할 수 있게 됨.
진로 활동	꿈 키움 진로 특강	불우한 환경이었지만 다른 시각으로 세상에 접근하여 성공한 사람들의 일화를 통해 내적 성장을 도모함.	진로 결정의 중요성을 자각해 한 직업에만 국한하지 말고 다른 분야와 접목시키는 새로운 시각을 갖추려고 함.	이것을 계기로 자신의 진로를 진심으로 고민하고 확장시키기 위한 현실적인 방안을 모색함.
	대학생 멘토링	행정학과에 재학 중인 멘토의 일화와 행정학과에서 배우는 과목과 교육 내용을 알게 됨.	행정직이 가져야 할 윤리의식에 대해 생각해보고 멘토와의 대화를 통해 미래에 대해 확신을 가짐.	행정학과에 매력을 느껴 더욱 심도 있게 찾아보고 행정학과에 진학하겠다고 마음을 굳힘.

진로 활동	자기소개서 특강	대입을 위한 자기소개서를 작성하는 방법에 대한 특강을 들음.	자신의 삶을 객관적으로 돌아보며 과도한 포장이 아니라 진솔하게 자신을 소개 및 표현하는 방법을 터득함.	이전에 세운 진로 계획을 바탕으로 자신의 잠재력이 드러나게 자기소개서에 담아보려 노력함.
봉사 활동	청주 에듀피아	어린이 안전지도		
	에버그린 사회복지센터	어르신 생활편의지원 (생활실 청소 및 식사 도우미, 말벗 등)		
	교실 분리수거 활동	체계적인 분류 기준에 따라 분리수거를 하고 주기적으로 쓰레기통을 청소하여 악취가 나지 않도록 함.	청결한 교실 분위기를 만듦.	이후 분리수거 용품의 목록과 배출요령을 적어 쓰레기통 옆에 붙여 급우들이 학교에서만이 아니라 가정에서도의 분리수거를 할 수 있도록 권장하고 분리수거의 중요성 또한 일깨워 줌.

2. 전문가의 주요 세부능력 특기사항 매트릭스 분석

구분	사회 문화	인문통합수학
교과 단원		• 확률밀도함수
활동내용 (발표+토론+질문 +실험+탐구)	• 발표	• 자기주도적 발표
활동내용(제목) (수행 평가/보고서)	• 기능론과 갈등론적 관점에서 사회 불평등 현상에 대한 원인과 해결책을 개인적, 사회적 측면에서 비교하고 양자의 상호보완적 관계를 바탕으로 균형적 시각의 필요성을 설명함.	• 우리나라의 소득 분포를 확률밀도함수로 제시하여 표준편차와, 최빈값, 확률밀도함수의 특징을 설명함.
연계 자료 (영화, 다큐, TED, 보고서 독서 등)		
후속 또는 타 활동 연계 (동아리, 방과후, 스터디, 멘토링 등)	• 사회 불평등을 완화하기 위한 정책인 적극적 우대조치에 대해 관심을 가지게 되었고 이는 동아리 칼럼 작성으로 이어짐.	• 비대칭도와 평균 소득 간의 관계를 설명하면서 학급 친구들과 묻고 답하는 활동으로 친구들이 더욱 잘 이해할 수 있도록 함.
결과 (학업, 진로에 끼친 영향)		

구분	사회 문화	생활과 윤리
교과 단원	• 실업	• 개인윤리와 사회윤리
활동내용 (발표+토론+질문 +실험+탐구)	• 자기주도적 발표	• 자기주도적 발표
활동내용(제목) (수행 평가/보고서)	• 고용 없는 성장이 가능해짐을 논리적으로 잘 설명하고 양적으로 줄어드는 일자리, 불안정한 고용 형태로 인해 점점 더 심각해지는 청년들의 실업문제를 심도 있게 다룸.	• 니부어의 사회 윤리적 관점인 "도덕적 인간과 비도덕적 사회"를 주제로 학우들 앞에서 발표하며 집단 이기주의의 원인과 그 사례를 설명함.
연계 자료 (영화, 다큐, TED, 보고서 독서 등)	• n포 세대의 확산에 대한 논문	
후속 또는 타 활동 연계 (동아리, 방과후, 스터디, 멘토링 등)	• 한국은 대부분 고학력자이며 맞벌이임에도 불구하고 빈곤에서 벗어날 수 없다는 '워킹 푸어'들을 설명하면서 어려운 청년들의 현실을 느끼게 해줌.	• 개인선과 공동선의 조화를 이루기 위한 합리적인 방안과 개인이 실천해야 할 노력을 제시할 줄 아는 윤리적 사고가 가능해짐.
결과 (학업, 진로에 끼친 영향)	• 청년 실업에 대한 관심을 바탕으로 동아리 OECD에서 이에 대한 해결방안을 강구함.	

독서활동 상황

구분		1학년	2학년	3학년
독서활동상황	교과연계	[국어] • 혈의누(이인직) • 우리들의 날개(전상국) • 글쓰기 훈련소(임정섭) • 금오신화(김시습) • 금시조(이문열) [수학] • 재미있어서 밤새 읽는 수학 이야기(사쿠라이스스무) • 수학판타지(루돌프키펜한)	[국어] • 구운몽, 사씨남정기(김만중) • 국선생전(이규보) • 오발탄(이범선) • 인간문제(강경애) • 데미안(헤르만헤세) • 유예(오상원) • 김강사와 T교수(김남천) [수학] • 이야기로 아주 쉽게 배우는 확률과 통계(정완상) • 박경미의 수학콘서트 플러스(박경미) • 박경미의 수학비타민 플러스(박경미)	[국어] • 100명 중 99명이 틀리는 한글 맞춤법(김남미) • 사하촌(김정한) [수학] • 미적분으로 바라본 하루(오스카E.페르난데스) [사회] • 문화의 발견(김찬호) • 청소년을 위한 한국사(백유선, 신부식, 임태경) • 청소년을 위한 서양철학사(서용순)

독서활동상황	교과연계	[영어] • TheSecret Garden(Frances Hodgson Burnet) [사회] • 일상의 경제학(하노 벡) • 평화는 총구에서 나오지 않는다(아르노 그륀) [과학] • 재밌어서 밤새 읽는 물리이야기(사마키다케오) • 재밌어서 밤새 읽는 지구과학이야기(사마키 다케오) • 여기에서 무한우주까지 (존 그리빈, 메리그리빈) • 자연은 왜 이런 선택을 했을까(요제프 H. 라이히 홀프)	[영어] • The Adventures of Tom Sawyer(MarkTwain) • 영어회화 감각을 키우는 대단한 영어 속담(이유진) • The Old Man and ter Sea (Ernest Hemingway) [사회] • 말랑하고 쫀득한 세계지리이야기(케네스C.데이비스) • 지리, 세상을 날다 (전국지리교사모임) • 동에 번쩍 서에 번쩍 우리나라 지리이야기(조지욱) • 십대에게 들려주고 싶은 우리 땅 이야기(마경묵 외 4인) • 톡! 한국지리(김대훈 외 3인) • 방방곳곳 한국지리여행 (김은하)	
	진로연계	• 청소년을 위한 양성평등 이야기(이해진) • 왜 세계의 절반은 굶주리는가(장지글러) • 식량주권(Peter M.Rosset) • 난장이가 쏘아올린 작은공 (조세희) • 청소년을 위한 진로교과서 (코칭맘스쿨)	• 인권, 교문을 넘다 (공현 외 5인) • 다문화 시대의 이해 (유네스코 아시아·태평양 국제이해교육원) • 세계를 뒤흔든 시민 불복종 (엔드류 커크) • 공정여행, 당신의 휴가는 정의로운가(패멀라 노위카)	• 우리도 행복할 수 있을까 (오연호) • 공리주의(존 스튜어트 밀)
	공통 (기타)	• 엄마의 말뚝(박완서) • 광장(최인훈) • 혼자 있기 좋은 날 (아오야마 나나에) • 연을 쫓는 아이(할레드 호세이니) • 클래식을 좋아하는 사람이라면 꼭 알아야 할 52가지 (최은규) • 크눌프, 그 삶의 세 이야기 (헤르만 헤세)	• 동물농장(조지 오웰) • 호밀밭의 파수꾼 (제롬 데이비드 셀린저) • 처음 시작하는 심리학(조영은) • 왜 세계는 가난한 나라를 돕는가(캐럴 랭카스터) • 청소년을 위한 사회학 에세이(구정화) • 파리대왕(윌리엄 골딩) • 엄마는 내가 죽었으면 좋겠다고 말했다(마틴 피스토리우스, 메건로이드 데이비스)	• 관계의 힘(레이먼드 조) • 10대와 통하는 자본주의 이야기(김미조)
합계		25권	33권	9권

📝 나의 성적

주요 교과 추이

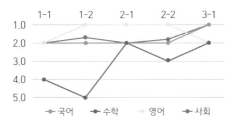

교과	1-1	1-2	2-1	2-2	3-1
국어	2.0	2.0	2.0	2.0	1.0
수학	4.0	5.0	2.0	3.0	2.0
영어	2.0	1.0	1.0	1.0	2.0
사회	2.0	1.7	2.0	1.8	1.0

학년별 등급 추이

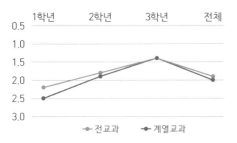

교과	1학년	2학년	3학년	전체
전 교과	2.2	1.8	1.4	1.9
계열교과	2.5	1.9	1.4	2.0

🎓 2019학년도 수시전형 지원 합불 결과

대학명	전형명	모집단위	수능최저여부	합불여부
경희대학교	고른기회II	행정학과	×	합격
건국대학교	KU자기추천	행정학과	×	불합격
동국대학교	학교장추천전형	행정학과	×	불합격
숙명여자대학교	숙명인재전형	행정학과	×	합격
국민대학교	교과우수자전형	행정학과	×	합격
충남대학교	일반전형(수시)	행정학부	○	합격

 선배들이 알려주는 합격 포인트

Q1 학생부 관리에 있어서 본인만이 가지고 있는 노하우는?

A1 주어진 상황에서 최선을 다하려고 노력했습니다. 학교에서 주최하는 대회나 활동 중 행정학과와 관련이 깊은 것은 많지 않았습니다. 그래서 스스로 기회를 만들어야 했는데, 주로 토론 동아리에서 정부나 정책과 관련된 논제를 제시해 생기부를 채우려고 노력했습니다. 실제로 공공선과 관련된 논제로 많이 토론하다 보니 세상을 보는 시야도 넓어지고 제 진로를 구체화시키는 데 큰 도움이 되었습니다. 또 종합전형이라고 해서 비교과에 치중하지 않고 교과와 균형을 이루려 노력했습니다. 수업시간에 집중하는 것은 물론이고 교과서를 처음부터 외우려 하기보다는 3~4번 정도 읽으며 자연스럽게 외워지도록 했습니다. 제대로 외우지 못한 부분은 시험 전날 한 페이지에 키워드로 정리하여 시험 직전에 봤습니다. 그런데 이렇게 말해도 개개인에게 맞는 공부법은 따로 있다고 생각합니다. 눈으로 많이 읽는 것보다 노트 필기를 하는 게 여러분에게 더 맞을 수도 있죠. 여러 가지를 시도하면서 자신에게 맞는 방법을 찾아보는 것을 추천합니다.

Q2 경희대학교 고른기회II 전형 행정학과를 지원하려는 후배들에게 들려주고 싶은 이야기가 있다면?

A2 고른기회 전형은 학생부종합전형 중의 하나로, 일반 학생부종합전형보다 평균 내신 커트라인이 다소 낮게 형성되어 있어 아주 매력적인 전형입니다. 다만, 과에서 1~2명만 뽑고 추가 합격도 거의 돌지 않으며 매해 합격 라인의 변동이 심해 위험성이 높습니다. 그러므로 조건을 충족한다고 해도 6개의 수시카드 중 1~2개 정도로만 지원하는 것을 추천합니다. 혹시 지금 가

고 싶은 학교나 학과가 정해져 있다면 그 학교 홈페이지에 들어가 보는 것을 추천합니다. 각 학과생이 갖추어야 할 자질을 미리 파악한다면 생기부를 관리하는 방향이 보일 것이라고 생각합니다. 하지만 생기부를 채우기 위한 수단으로, 활동을 선택적으로 하지는 않았으면 합니다. 희망하는 학과가 인문계열이라고 해서 자연 계열이나 예체능 계열의 활동을 등한시하지 말라는 의미입니다. 전혀 관련 없어 보이는 활동에서 느끼는 것이 있을 것이고 이것들이 모여 자신을 성장시키는 밑거름이 되어 줄 것입니다. 이렇게 자신이 마음으로 느끼며 열심히 한 활동에서부터 영양가 있는 생기부와 진솔한 자기소개서가 만들어지는 것입니다. 또 수시를 쓴다고 해서 수능 공부를 놓치지 마세요. 학생부종합전형으로만 6개의 카드를 쓴 후 거기에서 다 떨어져 눈물을 머금고 정시로 원서 쓰거나 재수를 준비하는 친구들을 많이 봤습니다. 학생부종합전형은 정말 '안전하게 붙는다'는 보장이 없습니다. 명심하세요, 수능을 절대 놓지 마세요.

자기소개서 분석

(자기소개서 1번) 고등학교 재학기간 중 학업에 기울인 노력과 학습 경험에 대해, 배우고 느낀 점을 중심으로 기술해 주시기 바랍니다(1000자).

"천국에 사는 사람들은 지옥을 생각할 필요가 없다." 『난장이가 쏘아올린 작은 공』 속 한 구절은 제 삶을 돌아보는 계기가 되었습니다. 지금까지 사회적 소수자를 배려하라는 추상적인 내용만 배웠지 그들이 받는 부당함과 아픔에 대해 생각해본 적이 없음을 깨달았습니다. 이후 사회적 소수자와, 계층 고착화를 타파하기 위한 방안에 관심을 가지게 되었습니다. 사회 문화 시간에 사회 불평등 현상의 해결책을 학습하던 중 '적극적 우대조치'로 관심을 이어나갔습니다. 교과서를 읽을 때는 '이 정책이 계속되면, 비(非)소수자 집단 전체를 역으로 차별하게 되어 평등이 안 이루어지지 않을까?'라고 생각했습니다. 하지만 이것은 잘못된 생각이었고, 적극적 우대조치는 목적인 차별 시정을 달성하면 사라지는 한시적 정책이라는 것을 알았습니다. 적극적 우대조치의 정확한 의미와 목적을 안 후, 실제로 어떻게 적용되고 있는지 궁금해졌습니다. 이러한 궁금증은 동아리활동에서 '적극적 우대조치는 필요악인가?'라는 주제의 칼럼 작성으로 이어졌습니다. 칼럼 작성은 수업시간에 배웠던 기능론, 갈등론적 관점을 활용했습니다. 기능론적 관점을 취해 집단 간 긴장 완화를 통한 사회 구조의 안정성 확보가 가능함을 도출했습니다. 갈등론적 관점을 취해, 사회적 자원을 얻는 데 불리한 위치에 있어 능력 쌓기에 어려움을 근거로 업적주의 원칙에 어긋난다는 주장을 반박했습니다. 적극적 우대조치의 실례를 통해 절대적 평등을 넘어 상대적 평등을 이루기 위해서는 사회적 소수자가 차별받는 원인을 분석하고 그것을 없애는 것을 병행한 적극적 우대조치가 필요하다고 생각했습니다.

이 경험을 통해 세상을 편협하고 수동적으로 바라보는 것을 경계하며 넓게 바라보되, 비판적인 시각을 갖는 계기가 되었습니다. 또한 단편적인 지식을 넘어 깊이 있게 알아가는 탐구의 즐거움을 알게 되었습니다. 이후 교과서 내용을 배우는 것에서 그치는 것이 아니라 정책이 나오게 된 원인을 알아보고 실제 상황과 연결 지어서 이해하려고 노력하는 태도를 길렀습니다.

STAR 분석		지원대학 평가요소
구분	내용	
Situation (상황, 배경)	'난장이가 쏘아올린 작은 공' 속의 한 구절이 삶을 돌아보는 계기가 되었음. 사회적 소수자를 배려하라는 추상적인 내용만 배웠지 그들이 받는 부당함과 아픔에 대해 생각해본 적이 없음을 깨달음.	

Task (목표, 역할)	사회적 소수자와, 계층 고착화를 타파하기 위한 방안에 관심을 가지게 됨. 사회 문화 시간에 사회 불평등 현상의 해결책을 학습하던 중 '적극적 우대조치'로 관심을 이어나감.	전공적합성 + 학업역량 우수 + 발전가능성 + 인성
Action (구체적인 행동)	Action1 : 동아리활동에서 '적극적 우대조치는 필요악인가?'라는 주제의 칼럼 작성함. Action2 : 수업시간에 배웠던 기능론, 갈등론적 관점을 활용하여 칼럼을 작성함. Action3 : 기능론적 관점을 취해 집단 간 긴장 완화를 통한 사회 구조의 안정성 확보가 가능함을 도출함.	
Result (결과)	세상을 편협하고 수동적으로 바라보는 것을 경계하며 넓게 바라보되, 비판적인 시각을 갖는 계기가 되었고, 단편적인 지식을 넘어 깊이 있게 알아가는 탐구의 즐거움을 알게 됨. 정책이 나오게 된 원인을 알아보고 실제 상황과 연결 지어서 이해하려고 노력하는 태도를 기름.	

학생부 항목 분석		
핵심 내용	'적극적 우대조치는 필요악인가?'라는 주제의 칼럼 작성을 하면서 정책이 나오게 된 원인을 알아보고 실제 상황과 연결 지어서 이해하려고 노력하는 태도를 기름.	
4번 수상실적	2학년 : 인문사회 사고력 한마당(사회 문화 부문, 장려상) 3학년 : 인문사회 사고력 한마당(사회 문화 부문, 은상) 3학년 : 교과우수상(사회 문화)	
7번 창체 활동	동아리활동(2학년/시사토론 핍진) '적극적 우대조치는 필요악인가?'라는 주제의 칼럼 작성함.	
8번 교과 세특	2학년(사회 문화) – 기능론과 갈등론의 입장에서 사회 불평등 현상에 대한 원인과 해결책을 개인적·사회적 측면에서 잘 비교 분석함.	
9번 독서활동	1학년 : 난장이가 쏘아 올린 작은공(조세희) 2학년(사회 문화) : '컴퓨터게임의 윤리(미구엘 시카트) 2학년(사회 문화) : '다문화 사회의 이해(유네스코아시아, 태평양 국제이해교육원)	
10번 종합의견	2학년 – 사회부문에 관심이 많으며 남들이 잘 생각하지 않는 새로운 관점에서 논제를 바라보는 참신함과 논리적이고 설득력 있는 견해를 갖고 있음.	

(자기소개서 4번) 해당 모집단위에 지원하게 된 동기와 지원하기 위해 노력한 과정을 구체적으로 기술해 주시기 바랍니다(1500자).

평소 사회적 소수자와 사회 문제에 관심이 많아 공공의 행복을 증진시키는 방안을 강구해 왔습니다. 그러던 중 SBS 특집 다큐멘터리 '기업, 마음을 경영하다'를 보고 기업 문화 형성의 주축이 되는 인사관리에 흥미가 생겼습니다.

특히 미국 델라웨어 기업의 수평적 기업문화로 창의력을 발휘하고 일에 행복을 느끼는 직원들의 모습에 감명받았습니다. 기업을 행복하게 할 수 있는 것이 기업문화라면, 국가를 행복하게 할 수 있는 것은 정책이라고 생각했습니다. 흥미를 느끼는 두 분야를 융합해, 공공 분야의 인사관리자의 꿈을 품었습니다. 이에 필요한 자질을 기를 수 있는 대학을 찾아본 끝에 공공 분야의 전문가를 양성하고 공익 구현을 목표로 하는 경희대학교 행정학과를 알게 되어 지원하였습니다.

이후 인사관리 관련 도서와 논문을 찾아보던 중 댄 애리얼리 교수의 '무엇이 사람을 일하게 만드는가?'를 알아보기 위한 실험을 발견했습니다. 이 실험을 통해 돈과 같은 물질적인 요소보다는 성과에 대한 인정과 칭찬과 같은 비물질적 요소가 성취도를 더 높일 수 있음을 알았습니다. 2년간의 '멘토-멘티 활동'은 이를 적용하는 기회였습니다. 제 첫 멘티는 자기주도학습이 부족하여 학업에 어려움을 겪는 친구였습니다. 그래서 댄 애리얼리 교수의 실험을 통해 얻은 지식을 적용해 멘티의 '동기부여'를 위해 노력했습니다. 여러 가지 방법을 적용해본 결과, 가장 효과적인 방법은 준거집단을 수립하는 것이었습니다. 멘티의 관심 분야와 가고 싶은 학교를 정하고 그 학교의 소개, 축제 영상을 찾아보게 했습니다. 이후 멘티는 그 학교에 들어가고 싶은 열정이 생겨, 자신의 공부 방법을 찾은 후 자기주도학습을 시작했습니다. 친구들과 선생님의 협조를 구해 반 전체가 멘티에게 칭찬을 아끼지 않았습니다. 이후, 멘티의 성적은 크게 상승했고 "내게 공부의 의미를 알게 해줘서 고마워."라는 말을 들었을 때 뿌듯함을 느껴 인사관리자의 꿈이 더욱 확고해졌습니다.

사회를 넓은 시각으로 보기 위해 매일 아침 교실로 배달되는 신문 속 헤드라인을 읽고 시사토론동아리 '픕진'에 가입해 매주 토론을 진행하였습니다. 하지만 공공 분야에서 필수적인 국가 정책에 대한 심도 있는 이해를 할 수 없어 정책에 관한 의견을 나누는 동아리 'OECD'에 가입했습니다. 특히 독일의 청년정책 '바펙'에 대해 의견을 나눈 것이 가장 인상 깊었습니다. 전 세계적으로 만연해 있는 청년 실업에 효과적으로 대응한 바펙은 청년을 비용보다는 '투자'의 대상으로 보았습니다. 이를 통해 저출산과 4차 산업혁명으로 인해 인재 양성의 필요성이 대두되고 있는 요즘, 잠재적 인재인 청년을 어떻게 대우해야 하는지 방향을 잡을 수 있었습니다.

저는 인재를 단기적 효율성만을 고려하여 배치하는 것이 아니라 인재의 '마음'을 헤아리고 직분을 즐길 수 있게 하여 장기적 효율성을 추구합니다. N포 세대의 잠재력을 발견하고 인간 소외 현상을 최대한 배제하는 공공 분야의 인사관리자가 되고 싶습니다. 이에 필요한 자질을 경희대학교 행정학과에서 키워나가고 싶습니다.

STAR 분석		지원대학 평가요소
구분	내용	
Situation (상황, 배경)	SBS 특집 다큐멘터리 '기업, 마음을 경영하다'를 보고 기업 문화 형성의 주축이 되는 인사 관리에 흥미가 생김. 미국 델라웨어 기업의 수평적 기업문화로 창의력을 발휘하고 일에 행복을 느끼는 직원들의 모습에 감명을 받음.	전공적합성 + 학업역량 우수 + 발전가능성 + 인성
Task (목표, 역할)	기업을 행복하게 할 수 있는 것이 기업문화라면, 국가를 행복하게 할 수 있는 것은 정책이라고 생각함. 흥미를 느끼는 두 분야를 융합해, 공공 분야의 인사관리자의 꿈을 품게 됨.	
Action (구체적인 행동)	Action1 : 2년간 멘토-멘티 활동을 함. Action2 : 신문 속 헤드라인을 읽고 시사토론동아리 '핍진'에 가입해 매주 토론을 진행함. Action3 : 공공 분야에서 필수적인 국가 정책에 대한 심도 있는 이해를 할 수 없어 정책에 관한 의견을 나누는 동아리 'OECD'에 가입함.	
Result (결과)	인재를 단기적 효율성만을 고려하여 배치하는 것이 아니라 인재의 '마음'을 헤아리고 직분을 즐길 수 있게 하여 장기적 효율성을 추구하고 N포 세대의 잠재력을 발견하여 인간 소외 현상을 최대한 배제하는 공공 분야의 인사관리자가 되고 싶어짐.	

학생부 항목 분석	
핵심 내용	인사 관리에 흥미가 생겨 멘토–멘티 활동과 동아리활동 등을 통해 인사관리자의 꿈을 키워 나감.
4번 수상실적	3학년/교과우수상(사회 문화)
7번 창체 활동	동아리활동(2학년/시사토론 핍진) 신문 속 헤드라인을 읽고 매주 토론을 진행 동아리활동(3학년 'OECD'(진로)독일의 청년정책 '바펙' 정책 소개하고 청년문제에 깊은 관심을 표명함. 진로활동(2학년,3학년) 멘토–멘티활동
8번 교과 세특	3학년(사회 문화) : 청년들의 실업문제를 심도 있게 다루고 실업문제를 해결하기 우한 대책을 소개함.
9번 독서활동	2학년(사회 문화) : 빈곤을 보는 눈(신명호) 3학년(사회 문화) : '우리도 행복할 수 있을까(오연호)
10번 종합의견	2학년 : 갈등관리에 탁월함. 단체에서 소외되는 급우의 장점을 찾아내어 활동에 어울릴 수 있도록 함. 멘토링 활동을 하면서 멘티와 상호 작용하며 멘토의 자존감 향상에 도움을 주는 대인관계 능력이 보임.

✏️ 최종합격 대학 전형 분석 (경희대 고른기회전형‖ 2019 vs. 2020)

경희대학교 2019학년도 수시모집요강

전형명	모집단위	모집인원	전형방법 및 특징	수능최저	제출서류
고른기회전형‖	행정학과	2	① 서류종합평가100(3배수 내외) ② ①단계70+면접30	없음	· 학교생활기록부 · 자기소개서 · 교사추천서(선택) · 증빙서류
지원자격	1) 의사상자 등 예우 및 지원에 관한 법률 제2조 제2호~제3호에 해당하는 자 및 자녀 2) 군인 또는 소방공무원으로 15년 이상 근무한 자의 자녀 3) 다자녀(4자녀 이상) 가정의 자녀 4) 다문화가족의 자녀 : 결혼 이전에 외국국적이었던 친모(친부)와 결혼 이전에 국적이 대한민국인 친부(친모) 사이에 출생한 자 5) 아동복지시설출신자 : 고등학교 입학부터 원서접수일(졸업자는 졸업일)까지 아동복지법 제52조 제①항 1호~5호의 아동복지시설 또는 청소년복지지원법 제31조의 청소년복지시설에 수용된 자 6) 조손가정 : (외)할아버지, (외)할머니, 손자, 손녀로 구성된 가족으로서 부모 모두가 사망하거나 생사가 분명하지 않은 손자녀 7) 장애인부모 자녀 : 부모 중 1인 이상이 장애인복지법 제32조에 의하여 장애인 등록을 필한 장애등급 1~3등급인 자의 자녀				

전형명	모집단위	모집인원	전형방법 및 특징	수능최저	제출서류
고른기회전형 Ⅱ	행정학과	2	서류70 교과30(일괄합산)	없음	• 학교생활기록부 • 자기소개서 • 교사추천서(선택) • 증빙서류
지원자격	1) 의사상자 등 예우 및 지원에 관한 법률 제2조 제2호~제3호에 해당하는 자 및 자녀 2) 군인 또는 소방공무원으로 15년 이상 근무한 자의 자녀 3) 다자녀(4자녀 이상) 가정의 자녀 4) 다문화가족의 자녀 : 결혼 이전에 외국국적이었던 친모(친부)와 결혼 이전에 국적이 대한민국인 친부(친모) 사이에 출생한 자 5) 아동복지시설출신자 : 고등학교 입학부터 원서접수일(졸업자는 졸업일)까지 아동복지법 제52조 제①항 1호~5호의 아동복지시설 또는 청소년복지지원법 제31조의 청소년복지시설에 수용된 자 6) 조손가정 : (외)할아버지, (외)할머니, 손자, 손녀로 구성된 가족으로서 부모 모두가 사망하거나 생사가 분명하지 않은 손자녀 7) 장애인부모 자녀 : 부모 중 1인 이상이 장애인복지법 제32조에 의하여 장애인 등록을 필한 장애등급 1~3등급인 자의 자녀				

※ 위 내용은 입학전형계획안 내용이므로 자세한 사항은 2020학년도 수시모집요강을 반드시 참조하시기 바랍니다.

 최고의 입시전문가가 공개하는 합격의 비결

이 학생이 합격한 경희대학교의 고른기회전형Ⅱ는 학생부종합전형 중의 하나로 어려운 환경에도 굴하지 않고 역경을 극복하거나 사회공헌의 의미를 이해하고 평소 모범적으로 실천해 온 학생을 선발하는 전형이다. 1단계에서 서류 100으로 3배수를 선발하고 2단계에서 1단계 70과 면접 30으로 최종 선발한다.

이 학생은 15년 이상 근무한 소방공무원의 자녀로 지원자격을 충족시켰으며 타 전형에 비해 적은 인원을 뽑는다는 불리함도 있었지만 지원하는 학생들이 제한되어 있기 때문에 내신 등급 컷이 다소 낮게 형성될 것이라고 생각해 지원하게 되었고 합격의 기쁨을 누리게 되었다.

경희대학교 학생부종합전형의 서류 평가요소는 학업역량, 전공적합성, 인성, 발전가능성이며 면접의 평가요소는 인성과 전공적합성이다.

학생의 합격 비결을 평가요소별로 살펴보면,

첫째, 영어를 제외한 모든 과목의 성적이 학년이 올라갈수록 꾸준히 상승하여 학업 성취도가 높아지고 있으며 또한 교과서적인 지식에 머무르지 않고 관련독서를 통해 심화 지식을 습득해 나가는 모습에서 학업역량을 잘 드러내고 있다.

둘째, 3년 내내 시사토론 동아리에서 정부나 정책에 관련된 논제를 제시하고 제시된 논제로 토론하면서 세상을 보는 시야도 넓히고 진로를 구체화해 나가는 모습에서 전공적합도가 높은 학생임을 알 수 있다.

셋째, 친구들이 고민이 있을 때 이야기를 들어주며 친구의 마음을 보듬어주고 격려의 말을 해주는 등 타인에 대한 공감능력이 뛰어난 학생임이 행동특성종합의견에 잘 나타나 있다.

넷째, 본인이 부족한 부분을 정확히 인지하고 부족한 부분을 채우기 위해 자기주도학습을 지속함으로써 학년이 올라갈수록 성적의 상승세를 보여주어 발전가능성이 충분한 학생임을 잘 나타내고 있다.

또 하나 합격에 결정적인 영향을 미친 요인은 철저한 면접준비와 그 연습을 통해 면접에서의 당당한 모습을 보여준 것이라고 생각한다.

성실함과 따뜻함을 겸비한 우리 학생이 공정하고 바른 인사관리자의 꿈을 꼭 이룰 수 있을거라 믿으며 아낌없는 응원을 보낸다.

동국대학교_학교장추천전형

열정적인 학교 활동 속에서 식품영양학에 대한 관심이 푸드코디네이터로 발전하다

식품산업학과 / 경기지역 일반고 박○○

합격에 결정적인 영향을 미친 요소

다양한 학교 활동 중에서 자기소개서에 포함될 내용을 선별하는 것이 중요하다고 생각하였습니다. 그래서 자기소개서를 쓸 때, 제가 지원할 학과의 홈페이지에 자주 접속해 과에서 배우는 과목들을 열심히 체크했습니다. 과목들을 세세하게 보면 공통적으로 중요시하는 요소들을 알 수 있는데 그 내용들을 파악하려고 노력했습니다. 그 부분에 중점을 맞춰 저의 활동을 선택하려고 생활기록부도 여러 번 읽어보았습니다. 그렇게 활동을 선택하고 저의 활동과 학과에서 중요시하는 부분을 연결시켜 스스로 활동을 하게 된 계기, 느낀 점, 배운 점을 진실하게 썼던 것이 저의 자기소개서를 더 돋보이게 해주었던 것 같습니다.

 학교 활동 분석

학교 정보 및 활동 프로그램

구분	내용
다양한 교육과정을 통한 학생 선택 확대	• 기초 교양 교과를 개설하여 학생들이 교과선택을 확대 • 지역고교와 연계한 교육과정 클러스터 운영 • 다양한 학습 활동에 능동적, 자발적인 참여 지도 • 학생 희망에 의한 소규모 특별심화학습 프로그램 운영 – 지덕체 함양을 위한 검도 수련
학생 맞춤형 진로진학 지도	• 중국, 일본 자매학교 방문을 통한 국제교류 추진 • 국제문화 이해교육을 통한 글로벌 리더의 자질 함양 • 중국어 원어민 교사가 지도하는 중국어 프로그램 운영
소통과 나눔의 카페 운영	• 학교 내 전문적 학습 공동체 운영 활성화 • 교내 수업/평가 컨설팅단 운영 내실화 • 학습자 중심의 창의적 수업방법 및 평가 방법의 개선 • 학생 참여형 수업 개선을 위한 수업 공개 활성화

※ 출처 : 학교 알리미 및 학교 홈페이지

 학생부 분석 및 나의 열정스토리

진로희망사항

구분	1학년	2학년	3학년 1학기
진로희망	식품영양학자	식품영양사	푸드코디네이터
희망사유	평소 요리하는 것을 매우 좋아하여 자연스럽게 요리 동아리에 가입하게 되었고, 영양이 충실한 요리를 할 수 있도록 식품 영양학을 전공해야겠다는 꿈을 갖게 됨.	평소 요리하는 것을 즐기고, 음식의 영양분이 몸에서 어떤 작용을 하는지 찾아보는 데 큰 흥미와 관심을 가지고 있음. 진로 탐색 자율동아리활동을 통해 영양사와 관련한 책을 읽고 친구들과 토론하면서 상황에 알맞고 건강한 식단을 제공하는 '식품 영양사'의 꿈을 확고히 함.	평소 요리에 관한 영상들을 즐겨보고 요리하는 것을 좋아하는데 영상 중 항상 예쁘고 먹음직스럽게 놓여있는 음식들을 보면서 플레이팅에 관심을 가지게 됨. 감각적인 푸드스타일링과 다양한 식품 기획을 해보고 싶다는 생각이 들었고 전반적인 식품산업을 다루는 푸드코디네이터를 희망하게 됨.

진로희망을 위한 활동	• [쿠킹마마] 동아리활동 • [기술가정], [논술] 교과활동	• [쿠킹마마] 동아리활동 • [달보그레] 자율동아리활동 • [4차 산업 혁명과 나의 진로] • [영어II], [영어독해와 작문],[한문I] 교과 활동	• [세상물정] 동아리활동 • [4차산업혁명 동영상 소감문] • [심화영어독해 I], [세계사] 교과활동

구분	1학년	2학년	3학년
학업역량	• 논술(장려상) • 교과우수상(기술가정)	• 교과우수상(미적분I, 스포츠문화, 생명과학I)	• 논술대회(장려상) • 교과우수상(심화영어독해I, 미적분I)
전공 적합성			
발전 가능성	• 주제별 체험학습 보고서 쓰기(우수상) • 한글날기념백일장(우수상)	• 효체험의 날 엽서쓰기 대회(장려상)	
인성영역	• 표창창(선행부분) • 1년 개근상	• 표창창(봉사부분) • 1년 개근상	

창의적 체험활동 및 주요 교과세부능력 특기사항

구분	1학년	2학년	3학년
자율활동	• 교내논술대회 • 학기별 주제 체험학습 및 학급별 주제 활동 • 한글날 백일장 • 자기소개서 쓰기 활동	• 약물오남용문제 • 교내 대학입시설명회 • 직업인 초청 특강 • 실종유괴예방 및 방지교육	• 과목별 교과의 날 행사
동아리 활동	• 쿠킹마마	• 쿠킹마마 • 달보그레(자율동아리)	• 세상물정(사회현상 탐구)
봉사활동	• 시립한내어린이집(7시간) • #1388청소년모바일센터(5시간) • 개인 12시간 + 학교 28시간 = 총 40시간	• 학급 쓰레기 분리수거 도우미(20시간) • 개인 4시간 + 학교 28시간 = 총 32시간	• 교내 정화 활동

진로활동	• 학생부종합전형 멘토링 • 나에게 적합한 직업 찾기 • 미래의 유망한 직업 알아보기 • 나의 진로 및 직업 설계해 보기	• 교장선생님과 함께하는 "나 의 꿈 비전 찾기" • 4차 산업 혁명을 통해 본 직 업 변화 • 4차 산업 혁명과 나의 진로	• 나의 참모습쓰기 시간 • 장래 진로 설정을 위해 단계 적 과정에서 나의 인생 목표 를 세워보는 시간. • 나의 인생 지침서 만들기 • 4차 산업혁명에 대한 동영상 시청 이후 소감문 쓰기
주요세특	[기술가정] • 다양한 디저트의 특징 및 기 본 영양소에 대해 잘 이해하 고 창의적인 레시피를 만들 어 봄. [논술] • "유전자변형식품, 환경호르 몬"을 주제로 자신의 견해를 발표	[영어II] • "English Diary"쓰기 활동, "마인드 맵"쓰기, 영자신문 읽기 [영어독해와 작문] • 균형잡힌 식단에 대한 교육 의 중요성을 영어 지문을 통 해 이해, 조원을 잘 이끌어서 발표, 영작신문 만들기 [미적분II] • 매일 수학문제를 많이 풀고 발표와 질문을 많이 함. 친 구들에게 다양한 방법으로 문제 풀이를 접근하여 설명 함.	[확률과 통계] • 최선의 전략이라는 실생활 문제를 학생들에게 잘 설명 하고 소개함. [심화영어독해I] • Learning mate를 주1~2회 씩 꾸준히 학습, 반의 'Word Master'로서 친구들의 단어 실력 향상에 도움을 줌. [세계사] • '역사 속 음식 문화 그리고 영향'이라는 주제로 역사 속 음식 문화에 대한 자신의 생 각을 작성함. [윤리와 사상] • 유통기간 지난 제품을 속여 판매한 음식점에 대한 소개 를 하면서 도덕법칙을 연결 하여 발표함.

1. 전문가의 주요 창의적 체험활동 매트릭스 분석

구분	동아리		
교과(수업)연계활동 (발표+토론+실험 +탐구)	[세상물정] • 극단적 비건주의 자들의 테러 기사를 본 이후 토론	[쿠킹마마] • 다양한 요리 실습	[달보드레] • 영양소에 관한 책을 읽고 친구들과 토의
탐구(활동)제목 (수행평가+ 탐구보고서)	• 세상의 다양한 식습관에 대한 탐구를 한 이후 채 식주의자들의 극단적인 행동의 원인 파악에 대한 조사	• 다양한 요리 실습을 통하 여 여러 음식에 대한 이해	• 책 속의 인상 깊었던 부 분에 대해 조사한 후 친 구들과 대화
연계독서 (도서명/간략 내용)	• "채식과 육식"	• "요리의 과학"	• "비타민"

연계 자료 (영화, 다큐, TED, 보고서 등)	• 채식에 대한 다양한 이론적 근거를 영상물을 통해서 알아봄.	• 인터넷 속 다양한 요리하는 동영상 시청을 통해 요리의 과정을 숙지함.	• 영양소에 대해 설명한 영상들 • 어려운 부분을 영상으로 봄으로써 이해도를 높일 수 있었음.
결과 (학업, 진로에 끼친 영향)	• 육식과 채식의 각각에 대한 문제점에 대한 구체적인 이해. • 지구환경에 영향을 끼치는 원리 이해.	• 다양한 음식에 대한 이해도 증가와 경험 • 요리 실력 상승	• 관심 분야를 친구들과 공유할 수 있었고 스스로 영양소에 대한 지식을 키울 수 있었음.
후속 또는 타 연계 활동	• 식문화의 다양한 문제점을 극복해 나가기 위한 건강한 식품산업 육성하는 일에 관심을 가지게 됨.	• 동아리에서 배운 요리들을 집에서도 만들어보고 새로운 요리방법에 대해 고민하고 적는 활동을 함.	• 영양학적으로 균형 잡힌 식사에 대한 중요성을 알게 되었고 친구들의 진로와 연결지어 개인에게 맞는 식단을 적어봄.

구분	행사명(제목)	행사내용	결과 (토론/발표/보고서/ 캠프/대회참가)	후속 또는 타 활동 연계
자율 활동	약물오남용 예방교육	약물을 오남용했을 시의 문제점을 교육받음.	• 약물 오남용과 식품 영양을 연결지어 소감문 작성 • 사람들이 약물에 의존하기보다 음식으로써 다양한 영양분을 섭취해야 한다는 생각을 적어냄.	이런 약물 오남용과 관련하여 식품영양사가 할 수 있는 일이 무엇인지에 대해 달보드레 자율동아리에서도 친구들과 대화를 나누어 봄.
	과학 교과의 날 행사	심각해지고 있는 환경 문제 중 미세먼지에 대한 영상 시청	미세먼지에 대한 심각성, 해결책을 생각해보고 친구들 앞에 나가 발표함.	
진로 활동	4차 산업혁명	4차 산업혁명과 관련한 영상 시청 후 자신의 생각 발표하기	4차 산업혁명에는 기계가 대신 할 수 없는 인간의 감정이나 창의성을 중요하다고 여겼고 희망하는 푸드 코디네이터를 예로 들며 발표함.	인터넷에서 4차 산업혁명에 대해서 더 찾아보며 자신의 진로에 대해 더 알아보는 시간을 가지게 됨.

봉사 활동	2년간 학급 분리수거 당번	• 매일 학급의 분리수 거를 책임짐. • 스스로 주변에 종이 도 써 붙이고 친구들 이 쓰레기를 제대로 버릴 수 있게 노력함.	깨끗하게 반을 유지할 수 있었고, 스스로도 봉사정신을 배울 수 있 었음.	
봉사 활동	어린이집 봉사	활동 보조(어린이집 청 소, 어린이들이랑 놀아 주기)	• 어린이집이 어떻게 운영되고 있는지를 알 수 있었음. • 주방을 보며 어린이 들이 먹는 식단에 대 해서 관심을 가지고 어떤 식단을 짜야 균 형 잡힌 급식을 제공 할 수 있을까라는 생 각을 가지게 됨.	스스로 다양한 식단을 직접 짜보는 활동을 함.

2. 전문가의 주요 세부능력 특기사항 매트릭스 분석

구분	심화영어독해I	영어II	영어독해와 작문
교과 단원	• '수능특강 영어'	• 독해	• 독해
활동내용 (발표+토론+질문 +실험+탐구)	• 설문 조사	• 탐구, 발표	• 탐구, 발표
활동내용(제목) (수행 평가/보고서)	• Emotional Eating 보고 서 작성	• '김치테라피를 통한 피부 관리 및 체중관리'에 대해 영자 신문을 보고 조사 함.	• 중남미 토착민들의 영양 섭취 방법 및 문제점에 대해 구체적인 조사
연계 자료 (영화, 다큐, TED, 보고서 독서 등)	• 인터넷을 통해 음식과 관 련한 심리 작용에 대한 조사	• 인터넷을 통한 유산균의 효능 및 섭취 방법에 대 해 조사	• 인터넷을 통한 여러 자료 조사
후속 또는 타 활동 연계 (동아리, 방과후, 스터디, 멘토링 등)			• 전 세계의 영양 섭취에서 문제점에 대한 조사
결과 (학업, 진로에 끼친 영향)	• 삶의 질을 향상시키는 과 정에서 식품산업의 중요 성에 대해 인식하고 진로 를 구체화하는 데 도움이 됨.	• 전통 음식의 지혜에 대해 이해하고 더 발전된 식품 을 만들고 싶어 함.	• 균형 잡힌 식단에 대한 교육의 중요성 및 필요성 에 대해 생각하여 영양 교사라는 진로에 대해 고 민함.

구분	미적분	윤리와 사상
교과 단원	• 발표	• 의무론 모둠 수업
활동내용 (발표+토론+질문 +실험+탐구)	• 탐구, 발표	• 탐구, 발표
활동내용(제목) (수행 평가/보고서)	• 수학 내신성적 향상 및 미적분의 깊이 있는 이해를 위해 매우 노력함.	• 칸트의 의무론 및 도덕 법칙에 대한 조사
연계 자료 (영화, 다큐, TED, 보고서 독서 등)	• 매일 40문제 이상을 꾸준히 풀고 수업 시간에 매우 적극적으로 참여함.	• 인터넷에서 공리주의와 의무론에 대한 조사와 무엇이 도덕적으로 더 기본적인 개념인지에 대한 조사
후속 또는 타 활동 연계 (동아리, 방과후, 스터디, 멘토링 등)	• 자신이 발견한 풀이법을 친구들에게 멘토링하여 친구들의 이해도를 높임.	• 현대사회에서 발생하는 환경 문제 등 여러 가지 문제들을 의무론과 공리주의적인 관점으로 조사
결과 (학업, 진로에 끼친 영향)	• 수학 학력이 많이 높아지게 되었고 수학에 자신감과 흥미를 가지게 됨.	• 인간이면 반드시 따라야 할 도덕에 대해 이해하고 음식에 대해서 더욱 철저한 정직이 요구됨을 이해함.

독서활동 상황

구분		1학년	2학년	3학년
독서활동상황	교과 연계	[국어I] • 죽은 시인의 사회 　(N.H.클라인 바움)	[고전] • 부끄러움을 가르칩니다. 　(박완서)	[독서와 문법] • 소년이 온다(한강) [독서와 문법] • 미 비포 유(조조 모예스)
	진로 연계	• 요리의 과학(피터바햄) • 청소년을 위한 음식의 사회학(폴라 에이어)	• 풍성한 먹거리 비정한 식탁 　(에릭 밀스톤, 팀 랭) • 비타민(KBS2 TV 비타민 제작팀)	• 외식의 품격(이용재) • 채식 대 육식 　(메러디스 세일스 휴스) • 하루의 맛(나가오 도모코) • 음식의 심리학 　(멜라니 뮐, 디아나 폰 코프)
	공통 (기타)	• 끝이 있어야 시작도 있다 　(박찬호)	• 심리학에 속지마라 　(스티브 아얀)	
합계		4권	4권	6권

나의 성적

주요 교과 추이

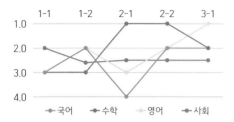

교과	1–1	1–2	2–1	2–2	3–1
국어	3.0	2.0	4.0	2.0	2.0
수학	3.0	3.0	1.0	1.0	2.0
영어	3.0	2.0	3.0	2.0	1.0
사회	2.0	2.6	2.5	2.5	2.5

학년별 등급 추이

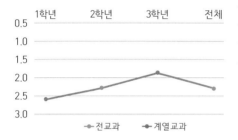

교과	1학년	2학년	3학년	전체
전 교과	2.6	2.3	1.9	2.3
계열교과	2.6	2.3	1.9	2.3

2019학년도 수시전형 지원 합불 결과

대학명	전형명	모집단위	수능최저여부	합불여부
동국대학교	학교장추천인재전형	식품산업관리학과	×	합격
경기대학교	교과성적우수자	외식, 조리학과	○	합격
상명대학교	학생부교과우수자 전형	경영학부	○	합격
인천대학교	교과성적우수자	경영학부	○	합격
경희대학교	네오르네상스전형	Hospitality 경영학부	×	불합격
숙명여자대학교	숙명인재전형	르꼬르동블루외식 경영학과	×	불합격

 선배들이 알려주는 합격 포인트

Q1 학생부 관리에 있어서 본인만이 가지고 있는 노하우는?

A1 일찍이 정해 놓은 진로 분야를 고려하여 학교 활동들을 했던 것이 많은 도움이 되었습니다. 학교 수업이나 여러 활동들을 할 때 제가 정해놓은 분야와 연결시켜 적극적으로 활동하였고 그러한 부분들이 생활기록부에 기록되었습니다. 그래서 자기소개서를 쓸 때나 면접을 준비할 때 학과와 연결시켜 쓰고 말할 소재를 늘려 나가는 것이 학생부를 관리하는 것에 있어서 중요하다고 생각합니다. 또 적극적으로 수업에 임하다 보면 선생님들께서도 그런 부분들을 세세하게 생활기록부에 적어주십니다.

Q2 학생부종합전형을 위한 올바른 고등학생 생활과 성적관리에서 필요한 것이 있다면?

A2 학생부종합전형으로 대학을 가려면 일단 적극적인 고등학교 생활이 필요하다고 생각합니다. 성적이든 활동이든 스스로 계획을 짜고, 노력하는 과정들이 중요하다고 생각하는데 누가 시켜서 하는 것이 아닌 적극적으로 참여하는 모습이 중요합니다. 성적은 수업시간에 집중하고 모르는 것은 바로바로 물어 해결하는 것과 배운 내용을 복습하여 철저히 하는 것이 가장 중요하다고 느꼈습니다. 또한 포기하는 시험과 과목 없이 항상 최선을 다해 공부하고 시험을 치는 것이 나중에 본인이 원하는 대학이나 과를 준비할 때 걸림돌이 되지 않을 것입니다. 또 공부할 때 자신만의 정리노트를 만드는 것도 추천합니다. 복습할 때에도 좋은 자료가 되는 것과 더불어 나중에 자기주도 학습능력을 부각할 때에도 좋은 키워드가 될 수 있기 때문입니다.

(자기소개서 1번) 고등학교 재학기간 중 학업에 기울인 노력과 학습 경험에 대해, 배우고 느낀 점을 중심으로 기술해 주시기 바랍니다(1,000자 이내).

올해 최고 숫자가 찍힌 성적표를 받은 날의 행복감을 아직도 잊을 수 없습니다. 고등학교 첫 시험 후 결과가 너무 만족스럽지 않아 새롭게 각오를 다지고 공부 방법에 대해 많이 고민했습니다. 혼자 힘으로 원하는 결과를 얻고 싶어 배운 내용을 체계적으로 정리하고 여러 번 복습의 과정을 거쳤습니다. 몇몇 과목에서 선행하고 온 친구들의 진도를 따라잡기 어려웠고 기대만큼 점수도 나오지 않아 힘들었습니다. 하지만 포기하지 않고 꾸준히 노력했던 점이 큰 도움이 되어 점차 공부에 대한 자신감을 키울 수 있었습니다.

영어는 노력에 비해 점수가 나오지 않아 특히 고민이 되었지만, 제가 꿈을 이루었을 때 언어가 걸림돌로 작용해서는 안 된다고 생각했습니다. 처음에는 달달 외우며 공부했는데 새로운 문장구조들을 보았을 때 외운 것을 응용하여 푸는 것이 어려웠습니다. 그러다 보니 무작정 외우는 것은 시간 낭비라는 생각이 들었습니다. 그래서 방법을 바꿔 국어와 마찬가지로 영어도 글을 많이 읽고 내용을 이해하는 것이 도움이 될 것 같아 직독직해를 하였고, 그때마다 중요한 문장과 문법은 노트에 정리하였습니다. 또 저의 부족한 부분을 체크하기 위해 영작연습을 위한 문제지인 '뿡뿡이'를 만들어 풀며 공부하였습니다. 영어 실력이 향상되자 친구들로부터 영어 관련 질문을 많이 받게 되었고, 그것을 해결해주는 과정에서 한 번 더 중요한 점을 짚어 볼 수 있었습니다. 영어를 좋아하게 되면서 매주 제가 공부하고 싶은 식품과 관련된 영어 기사들을 찾아 원문으로 볼 수 있는 기쁨도 누릴 수 있었습니다.

이해 위주로 꾸준히 공부하는 것이 중요하다고 느낀 후, 다른 과목들도 이

방법으로 공부하였고 자연스럽게 성적이 향상되었습니다. 그리고 스스로 다양한 공부 방법에 대해 고민해보고 자신에게 맞는 방법을 찾아내어 실천하는 것이 중요하다는 것을 알게 되었습니다. 공부하면서 속이 상해 운 적도 많았지만 포기하지 않았던 제가 자랑스러웠고, 이 경험이 앞으로 제게 큰 힘이 될 것이라고 생각합니다.

STAR 분석		지원대학 평가요소
구분	**내용**	
Situation (상황, 배경)	노력에 비해 영어 점수가 나오지 않아 특히 고민이 됨.	지원동기 및 진로계획 + 자기주도적 학습능력 + 전공적합 + 인성 및 사회성
Task (목표, 역할)	꿈을 위해 중요한 과목이어서 극복하려고 함.	
Action (구체적인 행동)	무작정 암기하는 것보다 영어도 언어이므로 글을 많이 읽고 이해하는 직독직해와 영작연습을 위한 뽕뽕이를 만들어 공부를 함.	
Result (결과)	성적이 향상되면서 식품과 관련된 영어 기사를 찾아보고 토론과 연구를 할 수 있게 됨.	

학생부 항목 분석	
핵심 내용	영어 실력 향상을 위한 노력과 실력 향상 이후 진로 관련 영어 기사를 찾아 읽어보면서 토론과 연구를 수행할 수 있었음.
4번 수상실적	교과 우수상(심화영어독해I)
8번 교과 세특	[영어 회화] 영어능력 향상에 관심을 가지고 노력함. [영어II] '김치테라피를 통한 피부관리 및 체중감량'에 대한 영자 신문을 읽고 PPT를 만들어 발표함. [영어독해와 작문] '중남미 토착민들의 영양불균형 원인과 그 해결책'에 관한 지문을 읽고 진로에 대해 고민함. [심화영어독해] '감정적인 식사'를 주제로 한 발표

(자기소개서 2번) 고등학교 재학기간 중 본인이 의미를 두고 노력했던 교내 활동을 배우고 느낀 점을 중심으로 3개 이내로 기술해 주시기 바랍니다. 단, 교외 활동 중 학교장의 허락을 받고 참여한 활동은 포함됩니다(1,500자).

좋아하는 음식이 눈앞에 있다면 어떤 기분이 들까요? 일단 웃음이 나고, 얼른 먹으려고 할 것입니다. 음식은 사람들의 기분에 큰 영향을 끼칩니다. 요리 동아리에서 활동하며, 기분이 우울하던 친구들이 좋아하는 음식을 만들 때 급격히 기분이 좋아지는 것을 보았습니다. 이와 관련하여 영어시간에 배운 'Emotional eating'이라는 주제의 지문과 연관 지어 연구해 보고 발표한 활동이 기억에 남습니다. 감정적인 식사에 대해 찾아보고, 실제로 반 친구들 35명에게 한 달 동안 얼마나 자주, 어떤 때에, 무엇을 먹는지를 조사하였습니다. 보통 친구들은 일주일에 한두 번씩 스트레스를 풀기 위해 매운 음식을 먹는다고 답했고 몇몇 친구들은 좋은 일을 축하하기 위해 예쁜 디저트를 먹는다고 답하였습니다. 이렇듯 우리는 감정에 따른 식사를 하는 것에 익숙하지만, 인터넷을 검색해보니 많은 건강 전문가들은 폭식의 가능성을 이유로 부정적으로 인식하고 있다는 것을 알게 되었습니다. 감정적인 식사를 하더라도 적절한 양을 먹는다면 오히려 사람들에게 정서적인 만족감을 주며 긍정적인 역할을 할 수 있다고 생각하여, 이를 발표 과정에서 강조하였습니다. 실내장식이 예쁜 가게나 플레이팅이 예쁘게 된 음식을 파는 가게가 성공하는 이유에 대해서도 감정적 식사와 관련지어 발표하였습니다. 삶의 질을 향상시키는 과정에서 식품산업이 얼마나 중요한지에 대해 다시 한 번 느끼게 되었고, 나중에 음식을 통해 사람들을 행복하게 하는 사람이 되고자 하는 저의 꿈이 더욱 커지는 계기가 되었습니다.

또 사회문제와 관련한 기사를 읽고 이야기해보는 동아리인 '세상물정'에서 극단적 비건주의자들이 정육점을 테러했다는 내용의 기사를 보고 토의한 활동도 기억에 남습니다. 사람마다 음식에 대한 생각들은 다른데 자신의 주장만을 강요함으로써 많은 갈등이 일어난다는 것을 알게 되었습니다. 친구들과 이야기하면서 세상에는 채식, 육식, 잡식과 같은 다양한 식습관이 존재한다는 것을 깨닫고 상대를 이해하고 배려하는 태도가 필요할 것이라고 생각했습니다. 이에 그치지 않고 채식주의자들이 저런 극단적인 행동을 보인 이유에 대해 더 알아보고 싶었기에 '채식 대 육식'을 읽어보았습니다. 채식의 여러 유형과 육식으로 인해 발생하는 산림파괴, 기아문제와 더불어 비윤리적인 가축 환경의 문제점에 대해 알게 되었습니다. 또 육식의 문제점만이 아닌 채식으로 인해 발생하는 화학비료와 살충제의 사용으로 인한 토양오염의 심각성에 대해서도 생각해보는 계기가 되었습니다. 우리가 아무렇지 않게 먹고 있는 것이 우리가 살고 있는 지구 환경에 어떤 영향을 미치는지에 대해 자세히 알 수 있는 활동이었습니다. 처음에는 다양한 취향과 식습관을 존중하는 식품서비스의 필요성에 대해 생각해보았는데, 독서 활동을 통해 우리의 식문화가 환경에 미치는 부정적인 영향에 대해 고민해보았습니다. 더 나아가 이런 문제들을 극복해나가는 것이 우리의 과제임을 인식하고 이를 위해 건강한 식품산업을 육성하는 일에 관해서도 관심을 가지는 계기가 되었습니다.

STAR 분석		지원대학 평가요소
구분	**내용**	
Situation (상황, 배경)	극단적인 비건주의자들의 정육점 테러 기사를 보고 토의 함.	지원동기 및 진로계획 + 자기주도적 학습능력 + 전공적합 + 인성 및 사회성
Task (목표, 역할)	토의 과정에서 다양한 식습관에 대한 이해가 생기고 상대방을 이해하고 배려하는 태도의 중요성을 깨닫게 됨.	
Action (구체적인 행동)	이후 극단적인 행동을 보인 행동에 대해 자세히 알고 싶어서 '채식 대 육식'이라는 책을 읽고 채식과 육식의 문제점에 대하여 알게 됨.	

| Result
(결과) | 책을 읽기 전에는 다양한 취향과 식습관을 존중하는 식품 서비스의 필요성에 대하여 생각해보았는데, 독서 이후 식문화가 환경에 미치는 부정적인 영향에 대해 고민해보고 더 나아가 이런 문제들을 극복해나가는 것이 우리의 과제임을 인식하고 이를 위해 건강한 식품산업을 육성하는 일에 관해서도 관심을 가지는 계기가 됨. | |

학생부 항목 분석	
핵심 내용	극단적인 비건주의자들의 토의 이후 독서 활동을 통한 건강한 식품 산업 육성에 대하여 관심을 가지게 됨.
7번 창체 활동	동아리활동(세상 물정) 진로 활동(나의 인생 목표 세워보기)
8번 교과 세특	심화영어독해 : 푸드 스타일링 및 식품 산업에 대한 발표
9번 독서활동	'육식과 채식' 독서 활동

 최종합격 대학 전형 분석 (동국대 학교장추천전형 2019 vs. 2020)

동국대학교 2019학년도 수시모집요강

전형명	모집단위	모집 인원	전형방법 및 특징	수능 최저	제출서류
학교장 추천전형	식품산업관리학과	7	① 서류종합평가100	없음	• 학교생활기록부 • 자기소개서 • (교사)추천대상자 명단 입력
지원자격	2017년 2월 이후 국내 고등학교 또는 2017년 2월 이후 대한민국 교육부 인가 재외한국학교 졸업(예정)자로서 소속(졸업) 고등학교장의 추천을 받은 자 ※ 고교추천인원 : 총 4명 이내 • 본교 모집요강 모집단위 기준 인문계열(영화영상학과 포함) 2명 이내, 자연계열 2명 이내				

2020학년도 경희대학교 입학전형안내

전형명	모집단위	모집 인원	전형방법 및 특징	수능 최저	제출서류
학교장 추천전형	식품산업관리학과	6	① 서류종합평가100	없음	• 학교생활기록부 • 자기소개서 • (교사)추천대상자 명단 입력

지원자격	• 국내 고교 또는 대한민국 교육부 인가 재외한국학교 졸업(예정)자로서 • 소속(졸업) 고등학교장의 추천을 받은 자 ※ 고교 추천인원 : 총 4명 이내(모집단위 계열 기준 계열별 2명 이내 제한)

※ 위 내용은 입학전형계획안 내용이므로 자세한 사항은 2020학년도 수시모집요강을 반드시 참조하시기 바랍니다.
※ 변동사항
 (1) 지원 자격 시기 삭제
 (2) 모집인원 감소

 ## 최고의 입시전문가가 공개하는 합격의 비결

이 학생이 합격했던 동국대학교 학교장 추천전형은 학교별 4명의 학생을 교사가 추천한다. 면접 없이 서류종합평가로 100% 선발한다. 평가는 지원동기 및 진로계획, 자기주도적 학습능력, 전공적합, 인성 및 사회성을 자기소개서, 학교생활기록부를 토대로 진행된다.

이 학생은 고1 때부터 식품영양학에 관심을 가지고 동아리와 교과 시간에 식품영양 및 식품 산업에 대한 활동을 풍부하게 하였으며 그것이 학교생활기록부의 다양한 영역에 나타나 있다. 그리고 식품 산업학과로 지원한 동기가 세상물정이라는 동아리에서의 활동, 감정적인 식사라는 주제로 한 교과 활동에서 잘 나타나 있다. 또한 평상시 요리에 관심을 많이 가지면서 음식을 먹을 때의 분위기, 음식의 배경, 창의적인 레시피의 개발을 통해 식품에 대한 열정이 자기소개서를 통해서 알 수 있었다. 이를 통해 지원동기 및 전공 적합도가 지원하는 학과에 적합함을 알 수 있다.

인성 및 사회성의 경우 자기소개서에서 소개한 상대방의 배려뿐만 아니라 동아리, 교과 모둠활동에서 상대방에 대한 배려심에 대한 이야기가 많이 언급되어 있다. 또한 행동특성 및 종합의견에 반 활동, 체육활동 등 여러 활동을 토대로 솔선수범과 배려심이 풍부하다는 담임선생님의 소견이 잘 기술되어 있다.

교과 능력의 경우 학년이 높아질수록 주요과목의 내신성적이 꾸준히 향상되고 있고, 특히 미적분 및 심화영어독해에서는 교과우수상을 수상하는 등 학업에 대한 진지함과 노력이 진로 성숙도와 더불어 향상되고 있음을 알 수 있다. 이에 높은 평가를 받을 수 있었다고 생각한다.

　　이를 통해 동국대학교에서 요구하는 인재상에 부합하고 식품산업에 대한 우리나라의 큰 인재가 될 수 있다고 판단하여 합격한 것 같다.

숭실대학교_SSU미래인재전형

빅데이터 분석을 활용한 정확성과 마음을 읽는 공감기자로 꿈을 구체화하다

융합특성화자유전공학부 / 경기지역 일반고 소○○

합격에 결정적인 영향을 미친 요소

해당 학교 및 학과에 대한 자세한 정보와 면접을 대비한 연습이 중요하다고 생각합니다. 제가 지원한 학부 같은 경우 신설이라 정보를 얻는 데 어려움을 겪었습니다. 그래서 공식 홈페이지, SNS, 주변 지인들을 통해 정보를 얻고 제가 정말 하고 싶은 일을 구체적으로 계획한 후, 완벽한 면접을 위해 하루에 한 시간은 기본으로 발음연습, 표정관리, 어휘처리 등을 연습하여 입학사정관들에게 후한 점수를 받을 수 있었습니다.

 학교 활동 분석

학교 정보 및 활동 프로그램

구분	내용
'땀'을 소중히 하는 윤리적 생활 공동체	• 존중과 배려의 인성 교육 강화 • 바른 ○○인 인증상 운영 • 옹달샘 카페 운영 • 푸르미 활동 운영 • 참여와 소통의 Fun-zone 운영 • 생활지도 및 학교폭력 예방 활동 • 교내 스포츠클럽대회 운영 • [가족 봉사단] 봉사활동 프로그램 • 천사콩 카페 운영 • 사제동행 한마음 체육대회 • 반별 합창대회
'열정'으로 함께하는 개방과 협력의 학습공동체	• 학교 안 전문적 학습 공동체 운영 • 마을과 함께하는 인문학 특강 • 학생 탐구 프로젝트 공모전 • 교내 토론대회 운영
'이상' 실현을 위해 노력하는 맞춤형 진로 진학교육	• 직업 인턴십 대회 운영 • 진로탐색을 위한 독서교육 • 진로 및 직업인턴십 • 영재학급 운영 • 대학 초청 입시 박람회 • ○○ 모의면접 • 학생건강체력검사 운영계획 • 밀레니엄 페스티벌 운영 • 국제 자매학교 교류 운영 • 중국어 원어민수업 운영 • 동아리 페스티벌 • 교내 학생과학 발명품 경진대회 • 교내 과학 경시대회 • 교내 수학 경시대회 • 교내 과학탐구 토론대회 • 교내 수학과 자유주제 발표 대회 • 교내 수학 광고 창작 대회 • 각종 외국어 대회 • ○○ 경제경시대회 • 대한민국 바로알기 대회

※ 출처 : 학교 알리미 및 학교 홈페이지

학생부 분석 및 나의 열정스토리

구분	1학년	2학년	3학년 1학기
진로희망	방송기자	방송기자	정치부기자
희망사유	평소에 시사문제에 관심이 많으며 시사문제에 대해 자신의 생각을 정리하여 글로 쓰는 것을 좋아함. JTBC의 김관 기자가 세월호사건 보도 시 한 달 동안 유가족등과 함께 생활하며 그들의 슬픔을 공유하고 취재하는 모습을 보면서 본인도 진정성을 가지고 사회의 부조리를 밝히는 데 노력하는 방송기자가 되기로 결심함.	대한민국 청소년 기자단의 정치부 기자로 활동하면서 국정농단 촛불집회, 세월호 추모 등에 관한 취재와 기사작성을 하며 언론인의 꿈을 가지게 되었고 영화 '택시 운전사'에 나오는 해외 기자의 모습을 보고 본인도 진실을 추구하며 시민들의 마음에 공감해주는 기자가 되고 싶다고 생각함.	공정보도를 통해 사회전체의 공익과 정의를 실현하는 언론의 역할과 그런 언론의 일선에서 국민의 알 권리를 충족시킨다는 소명의식을 상기하며 정치부 기자의 진로를 희망함. 이후 사회현상을 바라보는 혜안을 기르기 위하여 다양한 분야에 관심을 기울이고 지식을 습득하는 과정을 통해 기자의 판단과 행동이 개개인의 인생에 미치는 영향력의 무거움을 인식하며 직업윤리 의식과 진로실현에 대한 의지를 더욱 확고히 함.
진로희망을 위한 활동	• CBS반 방송반 • 자율동아리 (Nuevo반, Little Solomon반 • 과목별 영화, 발표, 보고서로 수행평가	• ○○ V반 • 자율동아리 (CMMUN반, 그린나래반, 스웬반) • 과목별 영화, 발표, 보고서로 수행평가	• 시사만평토론반 • 자율동아리 (테드반)

구분	1학년	2학년	3학년
학업역량		• 교과우수상(생활과 윤리, 영어2)	
전공 적합성			
발전 가능성	• 학생 토론대회(장려상) • 독서장 제2차 동장	• 수학자유주제발표대회(우수상) • 자기소개서쓰기대회(우수상) • ○○ UCC대회(최우수상) • 독서장 제2차 동장	
인성영역	• 표창장(효행부문) • 바른 00인 인증상	• 봉사상 • 선행상	• 바른 ○○인 인증상 • 표창장(선행부문)

창의적 체험활동 및 주요 교과세부능력 특기사항

구분	1학년	2학년	3학년
자율활동	• 청솔제 • 학급별 체험 학습 • 대학 두 곳 방문 • 학급별 합창발표대회	• 학급자치회 부회장 • 사제동행한마음체육대회 • 2학기현장체험학습 • 교내합창발표회	• 학급자치회장 • 학급특색활동 '나의 콤플렉스 극복기' 주제 발표
동아리 활동	• CBS반 • Little Solomon반(자율) • Nuevo반(자율)	• ○○ V반 • CMMUN반(자율) • 그린나래반(자율) • 스웬반(자율)	• 시사만평토론반 • 테드반(자율)
봉사활동	• '광화문리본공작소' 세월호 유가족 지원 행사 기획 및 포스터 제작 • 학교114시간	• 학교 푸르미 1년 환경정화 • 장애인체험수화배우기활동 • 학생튜터링, 튜터활동 • 개인 16시간+학교 36시간 = 총 52시간	
진로활동	• 진로심리검사결과해석 • 직무수행과 역량의 이해 • 나의 역할모델 찾아보기	• Dream Festival • 서울대학교와 고려대학교 탐방 • 2017학년도 ○○모의면접	• 추리력과 분석하는 능력, 끈질기게 탐색하는 적극성, 문제해결방식을 달리하는 사고 유연성
주요세특	[수학, 영어, 과학] • 영화로 수행평가 접근 [국어, 한국지리, 한국사] • 연극, 대본, 동영상으로 수행평가 접근	[문학, 독서와 문법, 영어, 세계사] • 책으로 수행평가 접근. 보고서 작성	[심화영어, 윤리와 사상, 중국어2, 미술문화] • 사회의 굵직한 문제에 관심을 갖고 관련 피피티 자료 작성 후 발표

1. 전문가의 주요 창의적 체험활동 매트릭스 분석

구분	동아리	
교과(수업)연계활동 (발표+토론+실험 +탐구)	[정규 방송반 CBS] • 아나운서 역할을 맡아 광고, 드라마, 공익 영상을 제작하는 과정에서 아이디어 회의에 적극 참여	[자율 Little Solomon] • 영화감상 소감나누기, 도서읽기, 주제토론, 형사모의법정활동 전개하면서 법에 대한 관심과 법의 기능, 의미 이해함.
탐구(활동)제목 (수행평가+ 탐구보고서)	• 점심시간 라디오방송진행. 체육대회, 소통축제, 밀레니엄 축제 행사 진행 • 동아리발표대회 포스터와 홍보지 기획, 행사촬영	• 언론기자와 관련 있는 헌법조항과 법률을 찾아 발표
연계독서 (도서명/간략 내용)		

연계 자료 (영화, 다큐, TED, 보고서 등)		• 영화 : 변호인 감상
결과 (학업, 진로에 끼친 영향)	• 직접 연출, 촬영, 행사 지도를 담당함으로써 방송에 대한 이해도가 높아짐. 덕분에 실제 방송에서 중요한 협업 활동, 시간의 중요성, 책임감을 느낌.	• 실제 수원지방법원에서 현직 판사님께 조언을 받고 법률과 관련된 대본 내용을 수정하면서 법을 이해하게 됨. 또한 조원들과 함께 모의 법정을 진행하면서 역할의 이해도, 사건을 바라보는 객관적인 관점을 키움.
후속 또는 타 연계 활동	• 수원 청소년 방송부 연합 동아리(발대식, 방송제 진행)	

구분	동아리	
교과(수업)연계활동 (발표+토론+실험 +탐구)	[자율 그린나래] • 동아리 반장으로 사회적 문제 조사, 토론, 캠페인 활동을 통해 학생들에게 사회적 문제 관심 촉구	[자율 샐리반] • 사회심리 분야 조사·발표
탐구(활동)제목 (수행평가+ 탐구보고서)	(1) 소년법, 장애인 특수학교 설립, 페미니즘 조사, 토론 (2) 드루킹 사건, 임산부 배려석, 최저임금 인상 문제 캠페인 진행, 토론, 소논문 작성	• 침묵의 나선효과 관련 칼럼 작성 • 심리(사회심리, 산업, 범죄 등)에 관한 3분 발표/ 마인드맵 작성 • 자신의 30년 후 미래 및 진로에 대한 일기 작성 • 학교 폭력 심리 활동지, 행복 심리 다큐 보고서 작성
연계독서 (도서명/간략 내용)	• 20년간의 수요일(일본 위안부 문제)	• 무례한 사람에게 웃으며 대처하는 법 : 대인관계에 있어서 사람을 어떻게 다뤄야 하는지 심리적으로 설명하고 위로해 주는 내용
연계 자료 (영화, 다큐, TED, 보고서 등)	• 임산부 배려석에 대해 이화여대 대학생들이 작성한 보고서를 읽어 봄. • 장애인 특수학교 네이버 기사를 읽고 토의. • 드루킹 사건에 관련해 친구들이 이해하기 쉽도록 유튜브나 뉴스 피드를 같이 봄. • 페미니즘과 관련한 배우 엠마왓슨의 UN 연설을 들음.	• 유튜브에서 '학교폭력 심리'에 관련해서 영상 시청 • 행복 심리 다큐 시청

결과 (학업, 진로에 끼친 영향)	• 해외 시사만 아는 것이 아닌, 큰 사건만 다루는 것이 아니라 우리 일상생활에서 일어나는 사소한 일까지도 조원들과 함께 생각하고 어떻게 하면 문제를 해결할 수 있는지 의견을 공유하고 직접 캠페인을 펼쳐 다른 학생들에게도 관심을 촉구한다는 점에서 의의 있었음.	• 심리의 종류에 대해 상세하게 알아보는 시간을 가질 수 있어서 좋았음. • 학교 폭력의 심각성만 깨닫는 것이 아닌 방조자, 교사자 등 사소한 문제도 다루고 그들의 심리 파악 및 해결 방안과 실천을 내세웠다는 점에서 의의 있었음. • 또한 '침묵의 나선' 이론과 같이 언론 분야에서 일어나는 문제점을 파악하고 같이 생각해봄.	
후속 또는 타 연계 활동	• 2학년뿐만 아니라 3학년 때까지도 동아리활동을 이어감으로써 캠페인, 소논문을 진행함.	• 학교 폭력 예방 문구 제작 및 캠페인. • 선생님 및 친구들을 위한 편지 쓰기 프로젝트 진행.	

구분	행사명(제목)	행사내용	결과 (토론/발표/보고서/ 캠프/대회참가)	후속 또는 타 활동 연계
자율 활동	청솔제	급우들과 학급회의를 거쳐 학급별 특색활동 계획하여 홍보물 제작, 겨울왕국 주제로 교실 꾸미고 직접 만든 먹거리 제공하여 방문객 맞이	청솔제 관련 보고서 작성(학급별 특색활동에 대한 자신의 소감문)	학급별 특색 활동 후, 교회에서 전교 학생들을 대상으로 하는 축제 준비 위원으로 참가 (방송부 아나운서로서 백스테이지에서 마이크 관리 및 음향 점검)
	학급별 합창발표회	• '525600분의 귀한 시간들'과 '커플'이라는 곡을 급우들과 함께 선정하고 파트를 나누어 연습 발표 • 무대연출 총괄하는 리더십 발휘	합창 대회 2등	
	환경미화활동	학급자치회 회장으로서 부회장과 역할 분담을 하여 성취감과 소속감을 느낄 수 있도록 리더십 발휘		학급 푸르미, 학교 푸르미 활동 진행

자율 활동	장애인식교육	장애인에 대한 사회적 편견, 거부감으로 소외받는 현실에 대해 고찰	다양성의 문제로 관련 정책을 재검토해야 함을 피력함.	동아리 그린나래에서 이 문제에 대해 기사나 뉴스 영상을 통해 자세히 다루고, 수화 교육과 같이 장애인에 대한 편견을 없애고자 노력함.
진로 활동	진로주간 체험활동 감상문쓰기 및 발표	직업 특강을 듣고 직업군에 대해 구체적인 정보를 얻고 느낀 점 글로 표현	직업 특강 감상문 작성	진로심리검사 결과를 통해 적합한 직업 탐색, 직무수행과 역량의 이해를 통해 자신이 희망하는 직업에 요구되는 능력과 자질 파악
	진로실현 Map 작성	정치부 기자의 소양과 역량을 갖추기 위한 첫 번째 과정으로 미디어, 정치외교학 및 미디어 전공에 대한 학과 정보 조사	올바르고 역량 있는 기자가 되기 위해 사회 현상에 대한 깊고 전문적인 지식을 갖추고 싶다는 진학 사유와 정치부 기자가 가져야 할 소양과 역량으로 세상을 바라보는 시각과 생각의 폭을 넓히는 일, 크고 작은 사회문제를 모르는 척하지 않기, 세상을 왜곡 없이 바라보기를 강조하여 발표	보고서 작성
봉사 활동	광화문 리본공작소	세월호 유가족 지원 활동을 돕는 기부금 마련을 위해 음료수 판매행사 기획하여 홍보 포스터를 직접 제작하고 게시	세월호 리본을 나누는 캠페인 활동 펼쳐 또래들의 민주 의식 고취 봉사활동 보고서 작성	
	학교 푸르미 활동	1년 동안 환경정화 활동하고 쓰레기 분리배출	선행상 수상	
	방송부원으로 교내행사 지원	크고 작은 행사마다 방송 장비 점검하고 방송행사 지원	청솔제, 밀레니엄 페스티벌, 수원시 방송부 연계 활동, 방송제(해울제) 기획 및 참가	각과목 수행평가의 도구로 방송부 활동에서 배운 역량을 발휘함 (영상, 역할극, 대본 작성 등).

2. 전문가의 주요 세부능력 특기사항 매트릭스 분석

구분	영어1	독서와 문법	세계사
교과 단원			
활동내용 (발표+토론+질문 +실험+탐구)	• 영어감상문	• 탐구보고서	• 보고서
활동내용(제목) (수행 평가/보고서)	• 소설 'The Help'를 교과서와 영화로 감상한 후 인종차별에 맞서 싸우는 주인공들의 노력에 대한 글 작성	• '기자들의 은어 사용'	• '노동법'의 준수를 외치며 분신한 전태일 분신사건이 우리에게 어떤 의미와 영향을 주었을까 등 10개 질문 만들어 답 찾아보고 정리
연계 자료 (영화, 다큐, TED, 보고서 독서 등)	• 보고서 작성. 'The Help' 영화 감상.	• '방송 뉴스 기사 쓰기'(임홍식)	• 이경주 '세상을 바꾼 인권'
후속 또는 타 활동 연계 (동아리, 방과후, 스터디, 멘토링 등)			
결과 (학업, 진로에 끼친 영향)	• 인권 문제에 관심을 두게 된 첫 계기	• 기자라면 우리나라 언어를 통해 사람들에게 소식을 전하는 사람임에도 불구하고 아무렇지 않게 사용하는 은어에 대해 문제 삼고, 한국어로 고친다면 무엇이 좋을지 고민하고 이를 고치는 시간을 가짐.	• 다양한 인권 문제를 다룸으로써 영화에 나오는 인권 문제를 책의 내용에 접목하고 해결 방안을 모색하는 등 인권 문제에 관심을 가지는 계기가 됨.

구분	생활과 윤리	중국어2
교과 단원		
활동내용 (발표+토론+질문 +실험+탐구)	• 발표	• 주제 발표(PPT 이용)
활동내용(제목) (수행 평가/보고서)	• '부패방지와 청렴' 주제로 사회의 부패와 청렴의 다양한 사례를 찾고 청렴이라는 윤리의 필요성을 논리적으로 주장함.	• '중국의 영토분쟁' 주제로 중국과 일본, 인도, 필리핀, 베트남의 영토 분쟁을 소주제로 4가지로 정리하여 발표.
연계 자료 (영화, 다큐, TED, 보고서 독서 등)	• 공익광고 '부패와 청렴' • 국정농단 관련 영상 시청	• 영토 분쟁 관련 기사 수집 • 역사적 근거 찾기 위해 네이버 지식백과 이용

후속 또는 타 활동 연계 (동아리, 방과후, 스터디, 멘토링 등)		
결과 (학업, 진로에 끼친 영향)	• 청백리 정신, 봉공 정신과 같이 옛 조상들이 다루던 윤리적 내용을 조사하고 우리가 어떻게 하면 청렴한 세상을 만들 수 있는지, 또 후에 내가 기자가 된다면 부패와 같은 문제를 어떻게 보도할지 생각함.	• 우리나라 주변 국가들의 영토적 분쟁을 조사하고 이를 발표함으로써 외교적 문제에 관해 관심을 가지고 시사의 폭을 넓힘.

독서활동 상황

구분		1학년	2학년	3학년
독서활동상황	교과 연계		[세계사] • 20년간의 수요일(윤미향) • 운명이다(노무현 재단) • 정치인의 식탁(차이쯔 창)	[화법과작문] • 82년생 김지영(조남주) [법과정치] • 세상을 바꾸는 언어(양정철) • 사회계약론 (장자 크루소) • 개인주의자 선언(문유석)
	진로 연계	• 기자가 말하는 기자(김연수) • 다시 기자로 산다는 것 (고재열) • 세상은 어떻게 뉴스가 될까 (홍성일) • 방송뉴스 기사쓰기(임흥식) • 미래의 저널리스트 (새뮤얼 프리드먼)	• 뉴스를 말하다(김성준)	• 정치는 역사를 이길 수 없다 (김욱)
	공통 (기타)		• 대통령의 글쓰기(강원국) • 여성과 저널리즘 (Suzanne Franks) • 청소년을 위한 인권 에세이 (구정화)	• 하버드 학생들은 더 이상 인문학을 공부하지 않는다 (파리드 자카리아)
합계		5권	7권	6권

나의 성적

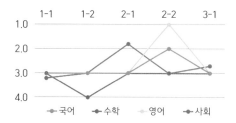

교과	1-1	1-2	2-1	2-2	3-1
국어	3.0	3.0	3.0	2.0	3.0
수학	3.0	4.0	3.0	3.0	3.0
영어	3.0	3.0	3.0	1.0	3.0
사회	3.2	3.0	1.8	3.0	2.7

학년별 등급 추이

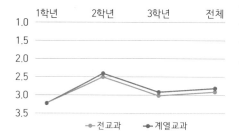

교과	1학년	2학년	3학년	전체
전 교과	3.2	2.5	3.0	2.9
계열교과	3.2	2.4	2.9	2.8

2019학년도 수시전형 지원 합불 결과

대학명	전형명	모집단위	수능최저여부	합불여부
숭실대학교	SSU미래인재	융합특성자유전공학부	×	합격
서울여자대학교	학생부종합 (플러스인재)	언론영상학과	×	합격
명지대학교	학생부종합	정치외교학과	×	불합격(예비3번)
경기대학교	KGU학생부종합	국제관계학과	×	불합격 (1단계 합격 후 면접 불참
성신여자대학교	논술	정치외교학과	×	불합격
건국대학교	논술	정치외교학과	×	불합격

선배들이 알려주는 합격 포인트

Q1 학생부 관리에 있어서 본인만이 가지고 있는 노하우는?

A1 성적이 그다지 높은 편이 아니었기 때문에 제가 무엇이 되고 싶은지, 어느 분야에 관심이 많은지 보여주기 위해 비교과 활동을 많이 채웠습니다. 성실성과 수업에 대한 높은 참여도를 보여주기 위해 과세특을 많이 작성했으며 과세특 활동을 통해 심도 있는 활동을 할 수 있었습니다. 뿐만 아니라 자율활동 면에서도 많이 활동하였습니다. 저는 정치·언론·사회에 관심이 많은 편이어서 방송부 활동뿐만 아니라, 토론 및 캠페인, 모의활동 등을 진행했는데 누구나 할 법한 동아리임에도 불구하고 활동 과정 속에서 차별화를 두려고 노력했습니다. 예를 들어 팀원들과 토의하고 나서 활동을 끝내는 것이 아닌 새로운 플랫폼을 기획하거나 캠페인 활동을 통해 학생들에게 홍보하는 등 저만의 경험을 쌓으려고 했습니다. 봉사활동 같은 경우에는 남들보다 많이 한 편은 아니었으나 학교에서 자매결연 활동 당시, 통역 및 영상 제작 등을 맡으면서 저만의 스토리를 구성하였습니다.

Q2 숭실대학교 SSU미래인재전형 융합특성자유전공학부를 지원하려는 후배들에게 들려주고 싶은 이야기가 있다면?

A2 숭실대학교 학생부종합전형 융합특성화자유전공학부를 지원하려는 후배들이 있다면 저는 이렇게 말해주고 싶습니다. "아는 만큼 보인다." 저도 면접을 준비하면서 이 학부가 운영하는 커리큘럼이 무엇인지 이해하는 데 힘들었습니다. 정보의 양이 부족했기 때문에 제가 이 학과를 가게 된다면, 무엇을 융합해서 들을지, 2학년 때는 어디로 전과해서 나의 꿈을 펼쳐 나갈지 고민이 많았기 때문입니다. 신설 학부이기 때문에 합격하고도 자기가 무슨

수업을 들어야 하고 어떻게 공부를 해야 하는지 모르는 친구들이 더 많을 거라 생각합니다. 저희 학부로 오고 싶다면 충분히 검색하고 자료를 모은 다음, 내가 이 학부를 통해 얻는 이익이 무엇이 있을까 고민하는 시간이 필요할 것 같습니다. 무조건 융합이라고 해서 다 좋은 것은 아니므로 자기 전공과 무엇을 연결하여 꿈을 실현하고 싶은지 생각하라고 후배들에게 전해주고 싶습니다.

Q3 전공적합성을 위해 어떤 노력을 했나요?

A3 저는 융합특성화자유전공학부 커리큘럼 중, 빅데이터와 정치외교를 결합했습니다. 전공 적합성을 면접관분들께 보여주기 위해 우선 저의 진로인 정치부 기자와 4차 산업혁명을 연결하였습니다. 그 중 로봇 저널리즘이라는 이야기를 하면서 인간과 로봇 기자의 차별성이 무엇인지 설명하며 제가 고등학교 재학 당시, 작성했던 소논문 또는 자율 활동을 접목시킴으로써 전공에 대한 관심도를 보여주었습니다. 뿐만 아니라 빅데이터가 과연 무엇인지 처음부터 생각하면서 빅데이터의 특징, 현황, 사례 등을 책 또는 인터넷을 통해 정보를 수집하고 공부했습니다. 이렇게 하나하나 처음부터 공부하였기 때문에 전공을 이해하는 데 훨씬 더 수월했다고 생각합니다.

🔍 자기소개서 분석

(자기소개서 1번) 고등학교 재학기간 중 학업에 기울인 노력과 학습 경험에 대해, 배우고 느낀 점을 중심으로 기술해 주시기 바랍니다(1,000자 이내).

저는 미디어 소녀로 유명합니다. 매체를 이용하여 재미있고 입체감 있게 공부한다고 붙여진 별명입니다. 1학년 영어 시간에 1960년 흑인 차별 내용의 지문을 공부하면서부터 매체 공부법을 시작했습니다. 단편적 지식들로 이루어진 교과서만으로는 전반적인 스토리를 이해하기 힘들기 때문에 '영화'라는 매체를 활용하였습니다. 책에선 느낄 수 없었던 시대적 분위기, 연기한 배우의 감정선, ost가 조화를 이루면서 전체적인 흐름을 파악하는 데 도움이 되었습니다. 영화를 보고 난 후, '1960년대 이외에도 인권보장을 위해 노력했던 운동 중 1955년 미국 '몽고메리 버스 보이콧'을 알아보았습니다. 흑백 분리 주의에 따른 인종 차별을 철폐하기 위해 몽고메리 주 흑인들이 집단적인 버스 승차거부와 비폭력 시위를 했다는 점이 인상 깊었습니다. 사회 불평등에 맞서는 로자 파크스부터 흑인 인권을 지키기 위해 위험을 감수하는 몽고메리 시민들의 모습을 통해 시민 불복종의 중요성을 깨달을 수 있었습니다.

인권에 대해 관심이 생길 무렵, 2학년 세계사 시간에 3대 시민혁명인 영국 명예혁명, 미국 독립혁명, 프랑스 혁명을 배웠습니다. 세 시민혁명 간의 어떤 공통점이 있는지 알고 싶어 이경주의 『세상을 바꾼 인권』을 읽었습니다. 권리장전을 승인하며 입헌군주제를 확립한 영국, 독립선언문을 작성하며 천부인권을 주장한 미국 그리고 신분제를 철폐하려는 프랑스까지 모두 인간답게 살 권리를 보장받기 위했다는 것을 알았습니다. 대한민국 인권유린 사건을 찾던 중, 미디어 소녀답게 영화 '택시 운전사'를 보며 5.18 민주화 운동을 탐구했습니다. 민주주의 실현과 인권을 위해 모든 광주 시민들이 참여했다는 점이 인상 깊었습니다. 미국 독립혁명과 같이 국민주권사상을 주장한 점에서 유사했으며 프랑스 시민혁명처럼 구제도의 모순을 없애고자 희생을 감수한 점이 가슴 깊이 남았습니다. 입체적인 탐구는 어려운 과목을 쉽게 접근할 수 있게 안내해 주었고 모든 문제에 "WHY?"를 외치며 궁금증을 해결해 나가는 힘을 길렀습니다.

STAR 분석			지원대학 평가요소
구분	**내용**		
Situation (상황, 배경)	단편적 지식들로 이루어진 교과서만으로는 전반적인 스토리를 이해하기 힘들기 때문에 '영화'라는 매체를 활용하였습니다.		학업역량 + 전공적합성 + 자기주도성 + 성실성 + 잠재역량
Task (목표, 역할)	매체를 이용하여 재미있고 입체감 있게 공부하였습니다.		
Action (구체적인 행동)	Action1 : 영어 시간에 1960년 흑인 차별 내용의 지문을 공부 Action2 : 영화를 통해 시대적 분위기, 연기한 배우의 감정선, ost가 조화를 이루면서 전체적인 흐름을 파악 Action3 : 영화를 보고 난 후, '1960년대 이외에도 인권보장을 위해 노력했던 운동 중 1955년 미국 '몽고메리 버스 보이콧' 알아보기		
Result (결과)	입체적인 탐구는 어려운 과목을 쉽게 접근할 수 있게 안내해주었고 모든 문제에 "WHY?"를 외치며 궁금증을 해결해나가는 힘을 길렀습니다.		

학생부 항목 분석	
핵심 내용	자율동아리 샐리에서 사회
4번 수상실적	1학년 : 학생토론대회(장려상) 2학년 : 00 UCC대회(최우수상)
7번 창체 활동	동아리활동(1학년) : 사회적 이슈 기사작성 동아리활동(2학년) : 사회적 이슈 토론, UN모의 회의 형식 발표 동아리활동(3학년) : 사회적 이슈 칼럼, 보고서 작성
8번 교과 세특	전교과 : 동영상, 역할극, 그림수필, 독서신문, 감상문, PPT이용한 입체적 수행 평가
9번 독서활동	2학년 : 청소년을 위한 인권 에세이(구정화) 3학년 : 사회계약론(장자크 루소), 개인주의자 선언(문유석)
10번 종합의견	1학년 : 시사문제에 관심이 많고 자신의 의견을 조리 있게 표현하는 능력이 있어 교내 토론발표회에 참여하여 해당주제 논리적으로 전달 2학년 : 어떠한 주제에 대한 이해도가 남다르며 해당주제에 대한 비판력도 뛰어나 그 주제를 가지고 발표 및 연설활동에 적극적으로 참여하는 모습을 보이는 등 언어구사능력 뛰어남.

(자기소개서 2번) 고등학교 재학기간 중 본인이 의미를 두고 노력했던 교내활동(3개 이내)를 통해 배우고 느낀 점을 중심으로 기술해주시기 바랍니다. 단, 교외활동 중 학교장의 허락을 받고 참여한 활동은 포함됩니다(1,500자 이내).

로봇 저널리즘, 로봇이 기사를 쓰는 시대가 왔습니다. 저는 '로봇과 인간 기자의 차별성에는 무엇이 있을까?'라는 궁금증이 들었습니다. 물음에 대한 답변을 찾기 위해 심리 동아리 '샐리'에서 사회 문화에 속한 인간의 심리에 대해 탐구하였습니다. 조원들과 어떤 주제를 가지고 탐구할지 고민하다 칼럼을 써보자는 의견에 따라 이번 6월 지방 선거에서 나타난 '침묵의 나선 효과'에 대해 연구하게 되었습니다. 매스미디어를 통해 분석한 결과, 지지율이 높은 후보와 특정 정당을 중심으로만 기사를 작성하는 경우가 많음을 알 수 있었습니다. 이를 통해 다수의 의견에 동조하는 '의견 분위기'가 발생하며 대중매체가 지배적인 다수 의견을 전달하는 특성을 가진다는 점을 알았습니다. 이런 점을 통해 그렇다면 우리는 어떻게 정보를 전달해야 할지 고민했습니다. 고민한 결과, 인간기자는 데이터를 바탕으로 양쪽의 의견을 다뤄, 어느 한 쪽의 사회적 고립이나 부정적 평가로 인해 여론이 침묵하게 되는 현상을 막아줘야 한다고 결심했습니다. 다수의 의견만이 마치 옳은 것처럼 왜곡하여 전달하지 않고 다양한 의견을 종합적으로 전달하는 기자가 되기로 다짐하였습니다. 심리 동아리 활동을 통해 단순히 빅데이터를 바탕으로 분석하여 보도하는 것이 아니라 사회현상에 따라 발생되는 다양한 심리적 양상들을 다수자와 소수자 양쪽의 입장에서 다각도로 바라보는 공감기자로 성장하는 발돋움이 되었습니다.

'고등학생들이 자주 사용하는 SNS가 교육, 오락 분야를 넘어 정치참여에도 영향을 미치지 않을까?' 1학년 때 갑자기 생긴 궁금증은 방과 후 학교 프로젝트 탐구활동으로 3명의 팀원과 해결해나갔습니다. 가설을 확인하기 위해 1학년 대상으로 설문조사를 실시했습니다. '정치 참여를 하신 적이 있습니까?', '정치 참여를 위해 자주 사용하는 매체는 무엇입니까?' 등 3개의 질문이 있었습니다. 조사 결과, 대부분은 정치 참여를 한 경험이 없었고, SNS보다 TV를 통해 피상적으로만 정치적 문제들을 접했다는 결과가 나왔습니다. 가설과는 다른 방향으로 결과가 도출되어 당황했지만 어떻게 고등학생들의 정치적 참여율을 제고해야 하는지 팀원들과 고민해봤습니다. 그때, 한 친구가 자료

조사 당시, 고등학생의 SNS 사용 빈도는 높았으니까 이 점을 활용해 문제를 해결해보자고 건의했고 저는 정치와 미디어를 결합시켜 SNS 앱이나 사이트를 만들어보자고 제안했습니다. 한 쇼핑몰의 이름을 패러디한 '고정 17번가' 정책 쇼핑몰을 만들어 접근해보기로 하였습니다. 정책 쇼핑몰 앱을 구성하는 단계까지 나아가 청소년들이 보다 정치적 문제를 쉽고 빠르게 다룰 수 있도록 노력했습니다. 프로젝트 연구를 진행함으로써 SNS를 통해 전자 민주주의를 발달시킨다면, 뉴미디어와 정보기술이 빠르게 발전하는 이 시대에 대의민주주의 체제를 보완하고 시민들의 직접적인 정치 참여가 이루어질 수 있지 않을까 정리할 수 있었습니다. 가설과 다른 결과가 나왔지만 청소년들이 정치에 대해 관심을 갖게 된 마중물이었기에 이 활동은 정치부 기자가 되려는 저에게 의미 있었습니다.

STAR 분석		지원대학 평가요소
구분	내용	
Situation (상황, 배경)	저는 '로봇과 인간 기자의 차별성에는 무엇이 있을까?'라는 궁금증이 들었습니다.	학업역량 + 전공적합성 + 자기주도성 + 성실성 + 잠재역량
Task (목표, 역할)	심리 동아리 '샐리'에서 사회 문화에 속한 인간의 심리에 대해 탐구하였습니다.	
Action (구체적인 행동)	Action1 : 조원들과 어떤 주제를 가지고 탐구할지 고민하다 칼럼을 써보자는 의견에 따라 이번 6월 지방 선거에서 나타난 '침묵의 나선 효과'에 대해 연구하게 되었습니다. Action2 : 매스미디어를 통해 분석한 결과, 지지율이 높은 후보와 특정 정당을 중심으로만 기사를 작성하는 경우가 많음을 알 수 있었습니다. Action3 : 다수의 의견에 동조하는 '의견 분위기'가 발생하며 대중 매체가 지배적인 다수 의견을 전달하는 특성을 가진다는 점을 알았습니다. 이런 점을 통해 그렇다면 우리는 어떻게 정보를 전달해야 할지 고민했습니다.	
Result (결과)	사회현상에 따라 발생되는 다양한 심리적 양상들을 다수자와 소수자 양쪽의 입장에서 다각도로 바라보는 공감기자로 성장하는 발돋움이 되었습니다.	

학생부 항목 분석	
핵심 내용	자율동아리 '샐리' 사회심리 분야 조사,발표,
7번 창체 활동	동아리활동(3학년) : 사회 문화에 속한 인간의 심리에 대해 탐구
9번 독서활동	1학년 : 기자가 말하는 기자(김연수), 다시 기자로 산다는 것(고재열), 세상은 어떻게 뉴스가 될까(홍성일), 방송뉴스 기사쓰기(임흥식), 미래의 저널리스트(새뮤얼 프리드먼) 2학년 : 뉴스를 말하다(김성준) 3학년 : 정치는 역사를 이길 수 없다(김욱)
10번 종합의견	1학년 : 타인의 의견에 귀를 기울여 자신의 발전에 밑거름으로 삼고자 하는 겸손함. 부드러운 리더십 발휘 2학년 : 급우들이 본인의 역할을 잘 수행할 수 있도록 적절한 역할 분담. 학급의 모든 친구들의 의견을 반영하여 단합된 모습을 보일 수 있도록 많은 노력. 어려운 일에 귀를 기울이며 위로와 조언을 아끼지 않는 마음씨가 따뜻하고 공감능력이 뛰어난 학생

 최종합격 대학 전형 분석 (숭실대학교 SSU미래인재전형 2019 vs. 2020)

숭실대학교 2019학년도 수시모집요강

전형명	모집단위	모집인원	전형방법 및 특징	수능최저	제출서류
SSU미래인재전형	융합특성화 자유전공학부	83	① 서류종합평가100(3배수 내외) ② ①단계70+인성면접30	없음	• 학교생활기록부 • 자기소개서
지원자격	국내 고등학교(외국인학교 제외)의 전 과정을 이수한 2019년 2월 고등학교 졸업예정자, 2018년 2월 및 2017년 2월 졸업자(단, 비교평가 대상자 지원불가) ※ 마이스터고, 학력인정 평생교육시설, 비인가 대안학교, 방송통신고 출신자는 지원할 수 없음.				

2020학년도 입학전형안내

전형명	모집단위	모집인원	전형방법 및 특징	수능최저	제출서류
SSU미래인재전형	융합특성화 자유전공학부	84	① 서류평가100(3배수 내외) ② ①단계70+면접30	없음	• 학교생활기록부 • 자기소개서
지원자격	2020년 2월 고등학교 졸업예정자 또는 고등학교 졸업자이거나 기타 법령에 의하여 고등학교 졸업 동등 이상의 학력이 있다고 인정한 자.				

※ 위 내용은 입학전형계획안 내용이므로 자세한 사항은 2020학년도 수시모집요강을 반드시 참조하시기 바랍니다.

숭실대학교 SSU미래인재전형 인재상과 평가항목을 우선 살펴보기로 하겠다. 숭실대학교는 전형마다 인재상의 차이가 있으므로 수시 입시요강을 꼼꼼히 체크해보는 것이 중요하다. SSU미래인재전형의 인재상은 지원한 모집단위 전공에 관심과 열정이 뚜렷한 '자기주도·창의·성실형' 인재를 요구한다. 이 학생은 방송부 정치부기자가 꿈이다. 고등학교 2년 동안 학교의 크고 작은 행사에 방송반원으로써 적극적으로 참여하여 기획, 영상편집, 진행 등을 배웠다. 전 교과 수행평가와 동아리활동, 프로젝트 활동에서 그 역량을 도구로 활용하였고 학년마다 2~3개의 자율동아리를 통해 사회, 국제, 정치, 문화, 역사 등 다양한 사회적 이슈에 다각도로 관심을 갖고 비판적 사고로 토론과 기사작성, 보고서 작성, 캠페인을 주도하며 정치부 기자로써의 역량을 키워나갔다. 숭실대학교 서류 평가항목인 학업역량, 활동역량(성실성, 전공적합성, 자기주도성), 잠재역량(인성, 발전가능성) 중 활동역량과 잠재역량에서 높은 평가를 받았을 걸로 기대된다.

'대한민국 청소년 기자단'의 정치부 기자의 경험을 살려 빅데이터 분석 방법과 이를 활용한 정보를 통해 정확한 정보 전달을 하는 언론인이 되고 싶어 2018학년도에 신설된 융합특성화자유전공학부를 지원하였다.

융합특성화자유전공학부는 2학년 진급 시에는 '미래사회융합전공'과 '주전공'을 을 1+1체제로 선택하여 해당 융합전공 및 주전공 교과과정을 이수한다. 지적호기심과 새로운 것에 대한 도전 의욕, 그리고 성실함까지 갖춘 이 친구에게 잘 어울리는 전공이다.

로봇저널리즘이 낯설지 않은 현 시대에 궁극적으로는 사회현상에 따라 발생되는 다양한 심리적 양상들을 다수자와 소수자 양쪽의 입장에서 다각도로 바라보는 공감기자를 꿈꾸는 학생의 가치가 숭실대학교에서 멋지게 성장하길 응원한다.

광운대학교_참빛인재전형

학교 특색사업인 창업가 정신교육 프로그램을
활용하여 경영학도의 꿈에 다가가다

경영학과 / 인천지역 일반고 김○○

합격에 결정적인 영향을 미친 요소

자기소개서 작성시 4번 문항과 관련하여 학교의 인재상이 잘 드러날 수 있도록 4차 산업혁명으로 변화할
경영 패러다임에 대비하고자 지원 동기를 강력하게 어필했던 부분이 주효했던것 같습니다. 면접에서는 자
신감을 갖고 떨지 않고 실수 없이 큰 목소리로 대답을 잘했습니다. 그리고 1학년 때에 비해 2,3학년 때 성
적이 크게 향상된 것과 생기부에 경영관련 활동이 많다는 점이 최종합격에 결정적인 영향을 끼쳤다고 생
각합니다.

 학교 활동 분석

학교 정보 및 활동 프로그램

구분	내용
창업가정신 (Entrepreneurship) 교육 프로그램 운영	[정규수업 운영 창업 프로그램] • 1학년 대상의 정규수업시간 창업프로그램 운영 • 인천대학교 창업지원센터와 연계하여 창업아이템 구상 [창업 동아리 운영] • 동아리조직 및 연간운영계획 수립 • 우리만의 특별한 사업 아이템 찾기 1 • 회사 설립 및 사업 타당성 분석 • 마케팅에 대해 알아본 후 우리 회사 소개 • 동아리 발표회 [인근 학교 연계 창업캠프] • 아이디어 구상 및 시제품 제작 • 박람회 또는 IR 발표 • 경영의 프로그램 진행 • 기업가 정신 강연 [창업 경진 대회] • 발명창업, 서비스창업, 공공데이터 활용 • 창업에 대한 자질 함양 • 창업 아이템과 관련된 미래 진로 설계
창의 융합 독서 프로그램 독(讀)·담(談)·필(筆) 운영	[학생 참여 권장도서 선정 및 홍보] • 학생, 교직원의 희망을 적극 반영하여 권장도서 목록 선정 • 통섭관 필독서 선정과 연계 • 담임교사 및 담당 교사를 통해 프로그램 홍보 [원활한 프로그램 운영 위한 '인문학서포터즈' 도우미 구성] • 반별 독讀·담談·필筆 노트 관리 • '사제동행 독담필 5줄 편지' 전달 도우미 • 교내 '인문학 칠판' 게시 관리 • 학기당 10시간 봉사시간 부여, 활동 내용 생기부 기록 [창체 자율 독讀·담談·필筆 담당교사 협의회 운영] • 프로그램 운영 준비를 위한 협의회 : 학기 초 1회씩 • 프로그램 운영 자체평가를 위한 협의회 : 학기 말 1회씩 • 효과적인 창의융합적 독讀·담談·필筆 프로그램 운영을 위해 정규 협의회 및 중간 프로그램개선을 위한 협의회 개방화

※ 출처 : 학교 알리미 및 학교 홈페이지

학생부 분석 및 나의 열정스토리

진로희망사항

구분	1학년	2학년	3학년 1학기
진로희망	CEO	CEO	B2B 마케터
희망사유	중학교 2학년 때 진로체험에서 사업가로서 자신의 팀을 이끌고 일을 추진하는 모습을 보면서 관심을 갖게 됨.	중학교 재학기간 중 CEO 직업탐방과 전국 경제인 연합회를 탐방하여 실제 대기업 회장님들을 만나서 경험하고 느낀 점들을 바탕으로 CEO를 진로로 정하게 됨. 그 후 고등학교에 입학하여 경영에 관한 여러 활동을 하며 진로에 대한 확신을 가짐.	교내 창업 경진대회에 참가하여 판매 및 영업 전략을 세는 마케터의 역할을 수행하면서 마케터라는 직업에 흥미를 느낌. 제품 기획, 판매를 추진하는 일을 희망하면서 이 직업에 관해 더 깊게 탐색해본 후 능력 있고 정직한 B2B마케터가 되고 싶다는 꿈을 가지게 됨.
진로희망을 위한 활동	• 동아리 TIDE 창업부 • 독담필	• 교내 창업 프로그램 참가	• FBI 자율동아리

수상경력

구분	1학년	2학년	3학년
학업역량			
전공적합성			• 창업경진대회(최우수상)
발전가능성		• EMERALD 연송 통계 포스터대회(장려상) • EMERAD 연송 수학 UCC 대회(장려상)	• EBERALD 연송 수학 UCC 대회 (최우수상)
인성영역		• 봉사상	• 봉사상

창의적 체험활동 및 주요 교과세부능력 특기사항

구분	1학년	2학년	3학년
자율활동	• 논술한마당 • 독담필(창의융합독서 프로그램) • EMERALD 연송합창 행사	• 독담필(창의융합독서 프로그램) • 영어독서 골든벨활동 • 융합인재교육	• 독담필(창의융합독서 프로그램) • 학생회장 선거 • 융합인재교육

동아리 활동	• TIDE 창업부	• 영화로 보는 한국사부	• 시사탐구부 • FBI 자율동아리 • 연송평화봉사단
봉사활동	• 개인13시간(인천국제 인라인 마라톤 조직 위원회) + 학교 22시간 = 총 35시간	• 개인 22시간(평화의집) + 학교 38시간 = 총 60시간	• 학교 48시간
진로활동	• 직업체험프로그램 참가 • 미래직업인과의 만남 • 독담필(진로)참가	• 교내 창업프로그램 참가 • 학술제 • 진로진학캠프	• 학업정보 탐색 • 입시정보 탐색
주요세특	[국어II] • 자신의 미래 직업 UCC제작 발표	[화법과작문] • 설득 전략을 활용한 연설 하기	[독서와문법] • 경제학 관련 읽기 자료에서 마케팅의 필요성 제시 [인문통합수학] • 교과스크랩에서 광고 성과 데이터분포 분석 [실용영어독해와작문] • 스티브잡스와 존스컬리의 경 영철학, 마케팅 전략 조사

1. 전문가의 주요 창의적 체험활동 매트릭스 분석

구분	
교과(수업)연계활동 (발표+토론+실험 +탐구)	[자율동아리 FBI] • 자율 동아리 FBI에 참여하여 여러 기업들의 성공 및 실패 사례들을 분석함.
탐구(활동)제목 (수행평가+ 탐구보고서)	• 성공 및 실패 사례들을 분석하고 PPT를 작성하였음.
연계독서 (도서명/간략 내용)	• 세계 최고 인재들은 실패에서 무엇을 배울까
연계 자료 (영화, 다큐, TED, 보고서 등)	• 인터비즈라는 경영포스트를 작성하는 곳에서 자료들을 얻음.
결과 (학업, 진로에 끼친 영향)	• 여러 기업의 성공 및 실패 사례들을 분석하여 공통적인 실패 요인을 찾아내고 실패 가 성공으로 이어질 수 있는 발판이 될 수 있다는 것을 깨닫게 됨.
후속 또는 타 연계 활동	• 학교 창업 대회 참가

구분	행사명(제목)	행사내용	결과 (토론/발표/보고서/ 캠프/대회참가)	후속 또는 타 활동 연계
자율 활동	독담필	독서 후 노트 기록 및 조별 토론함.	독서 후 노트에 기록하고 조별끼리 토론함.	독담필 때 읽은 책들을 바탕으로 독서록을 작성하여 교과에 관련된 배경지식을 쌓고 진로 활동과도 연계하여 학습함.
진로 활동	교내 창업프로그램	가상의 회사를 창업	PPT로 사업계획서를 작성하고 발표함.	이 대회를 계기로 진로가 사업가에서 B2B마케터로 변화함.
봉사 활동	평화의 집 봉사활동	장애인들을 돌보는 곳인 평화의 집에 가서 봉사활동을 하였음.		3학년 때는 연송평화봉사단을 조직하여 체계적으로 봉사활동을 다님.

2. 전문가의 주요 세부능력 특기사항 매트릭스 분석

구분	수학	독서와 문법	사회 문화
교과 단원	• 표준편차	• 경제학	• 관료제, 탈관료제
활동내용 (발표+토론+질문 +실험+탐구)	• 교과스크랩	• 발표	• 리포트 작성 및 발표
활동내용(제목) (수행 평가/보고서)	• 광고성과데이터 분포를 제시하고 분석하면서 평균만으로는 데이터의 분석이 어렵고 표준편차와 표준점수를 이용했을 때 비교 분석이 가능하다는 사실을 작성함.	• 경제학 관련 읽기 자료에서 상황에 따른 적절한 마케팅이 필요한 이유와 경제에서 왜 사람의 심리를 파악하여 적용해야 하는지 발표함.	• 관료제의 문제점에 따른 탈관료제 현상의 의의를 설명하고 자신의 견해를 발표함.
연계 자료 (영화, 다큐, TED, 보고서 독서 등)	• 수학 포스트	• 심리를 이용한 판매전략 포스트	• 관료제와 탈관료제의 장단점과 관련된 인터넷 자료 및 보고서 참고
후속 또는 타 활동 연계 (동아리, 방과후, 스터디, 멘토링 등)			

결과 (학업, 진로에 끼친 영향)	• 수학이라는 학문이 공부하는 것에만 국한되는 것이 아니라 우리의 일상생활에서 다양하게 적용되고 있다는 것을 느낌.	• 본인의 진로와 관련된 교과 단원에서 적극적인 발표와 활동으로 전공 적합성을 높임.	• 사회 문화적인 현상을 교과서 외적인 자료를 찾아 분석함으로써 탐구역량 강화됨.

독서활동 상황

구분		1학년	2학년	3학년
독서활동상황	교과 연계	[국어] • 까칠한 재석이가 달라졌다 (고정욱) • 의자뺏기(박하령) • 영수증(박태원) [수학] • 김정훈의 수학 에세이 (김정훈) [영어] • The Magic Finger (Roald Dahl) • Willy the Wizard (Anthony Brown) • The Mud Pony(Cohen) [사회] • 지리블로그(이민부)	[국어] • 사랑손님과 어머니(주요섭) • 봄봄(김유정) • 태형(김동인) • 꺼삐딴 리(전광용) [영어] • Saah, Plain and Tall (Patricia MacLachlan) • There's a boy in the girl's bathroom(Lous Sachar) [사회] • 자본주의 역사로 본 경제학 이야기(안현효)	[국어] • 지금이 아니면 안 될 것 같아서(홍인혜) • 무인도에 갈 때 당신이 가져가야 할 것(윤승철) • 알고리즘으로 배우는 인공지능, 머신러닝 딥러닝 입문 (김의중) • 읽기의 말들(박총)
	진로 연계	• 경영학 콘서트(장영재) • 협상의 10계명(전설철 외)	• 진화하는 B2B 세일즈 (램차란) • 핵심에 이르는 혁신(피터 스카진스키/로완 깁슨) • 리더의 인생수업 : 위대한 리더를 만든 20가지 힘 (삼성경제연구소)	• 고객경험관리(김영한) • IT혁신으로 세계를 바꾼 스티브 잡스 리더십(전도근) • 세계 최고의 인재들은 실패에서 무엇을 배울까? (사토지에) • MT 경영학(이동진) • B2B마케팅 마켓센싱에서 성과측정까지(한상림)
	공통 (기타)		• 옷장에서 나오는 인문학 (이민정) • 리더의 인생수업(위대한 리더를 만드는 20가지 힘 (삼성경제연구소) • 습관의 재발견(스티븐 기즈)	

독서활동상황	공통 (기타)		• 테크노 인문학의 구상 (진중권) • 사람의 마음을 얻는 말 (버락 오바마) • 핑–열망하고 움켜잡고 유영하라 (스튜어트 에이버리 골드)	
합계		9권	16권	9권

📝 나의 성적

주요 교과 추이

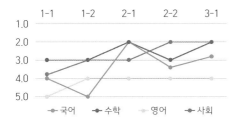

교과	1-1	1-2	2-1	2-2	3-1
국어	4.0	5.0	2.0	3.4	2.8
수학	3.0	3.0	2.0	3.0	2.0
영어	5.0	4.0	4.0	4.0	4.0
사회	3.8	3.0	3.0	2.0	2.0

학년별 등급 추이

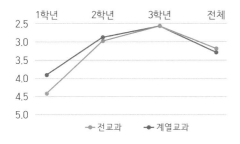

교과	1학년	2학년	3학년	전체
전 교과	4.4	3.0	2.6	3.2
계열교과	3.9	2.9	2.6	3.3

2019학년도 수시전형 지원 합불 결과

대학명	전형명	모집단위	수능최저여부	합불여부
광운대학교	광운참빛인재	경영학과	×	합격
가톨릭대학교	잠재능력우수자	경영학과	×	1단계 합격 후 면접 불참
국민대학교	국민프런티어	경영정보학과	×	불합격
인하대학교	인하미래인재	경영학과	×	불합격
인하대학교	학교장추천	경영학과	×	불합격
가천대학교	학생부우수자(교과)	자유전공	○	불합격

 ## 선배들이 알려주는 합격 포인트

Q1 학생부 관리에 있어서 본인만이 가지고 있는 노하우는?

A1 경영동아리 및 창업대회와 같은 경영과 관련된 교내 행사에는 빠짐없이 참여하였고 취미였던 경영 및 경제 글들을 읽는 것을 생활기록부에 넣기 위하여 경영자율동아리도 만들어서 활동하였습니다. 또한 모든 교과목들을 경영과 연관 짓기 위하여 리포트작성 및 발표 등의 활동들을 하고 교과 선생님들께 생활기록부 교과세부능력 및 특기사항에 기록해 달라고 부탁드렸습니다. 그리고 교과 선생님들과 가까운 관계를 유지하기 위해 교과부장을 최대한 많이 맡아 하였습니다.

Q2 학생부종합전형을 위한 올바른 고등학생 생활과 성적관리에서 필요한 것이 있다면?

A2 저는 1학년 때 내신이 4등급이었고 2,3학년 때 열심히 공부하여 2등급 중반을 맞았지만 1학년 때 내신의 영향이 커서 학년 전체 등급은 그리 좋지 못하였습니다. 학년이 올라갈수록 등급이 향상되는 것은 분명히 좋은 것이지

만 처음부터 내신 등급이 좋았던 학생이 더 유리한 건 사실입니다. 교과 성적과 마찬가지로 비교과영역도 1학년 때부터 준비한 학생과 갑작스럽게 준비한 학생과는 다르게 평가할 것입니다. 1학년 때부터 내신을 열심히 공부하여 좋은 성적을 받고 동시에 비교과영역도 1학년 때부터 꾸준히 준비하는 것이 학생부종합전형에서는 꼭 필요한 고등학교 생활이라고 생각합니다.

📑 자기소개서 분석

(자기소개서 1번) 고등학교 재학기간 중 학업에 기울인 노력과 학습 경험에 대해, 배우고 느낀 점을 중심으로 기술해주시기 바랍니다(1,000자 이내).

경영학과에 진학하고 싶었던 저는 효율적인 수학 공부 방법을 찾으려고 노력하였습니다. 교과 선생님의 조언으로 복습과 교과서 중심의 가장 기본적인 학습법부터 실천하였고 저만의 수학노트를 만들어 문제 유형과 접근방식을 정리하였습니다. 이 과정에서 하나의 문제 풀이에 다양한 접근 방식이 있음을 알았고, 미적분을 공부하면서 수업시간에 배운 미분계수의 정의 방식 이외에 심화 공부를 통해 알게 된 '로피탈 정리'나 '편미분' 등을 이용하여 문제를 풀었습니다. 독서 활동으로 읽은 '김정훈의 수학 에세이'에서 알게 된 토론 교수법을 수학 멘토링에 적용하여, 멘토로서 일방적인 가르침이 아닌 대화와 토론을 통해 개념과 풀이과정을 설명하였습니다. 토론 과정에서 멘티가 이해하지 못한 부분들을 알 수 있었고, 그 부분에 관해 토론하면서 수학적 개념이 저의 머릿속에도 일목요연하게 자리 잡으며 수학적 지식이 확장되었습니다. 멘토링을 위한 일정과 내용을 스스로 정리하며 계획하고 실천하는 과정에서 자연스럽게 자기주도적학습 능력이 향상되었습니다. 수학에 자신감이 생겼고, 다른 접근법으로 풀린 문제를 선생님께 논리적으로 맞는지 확인한 후 문제풀이 발표에 적극적으로 참여하였습니다. 토론학습법을 다른 과목에도 적용하여 효율적으로 공부하였고, 모든 문제를 해결하는 데 있어서 정해진 틀이 아닌 다양한 과정으로 접근할 수 있음을 배우게 되었습니다.

경영학과에서 수학이 어떻게 활용될지 궁금했던 저는 확률과 통계단원에서 이산확률변수의 평균과 표준편차를 공부하던 중 이 개념이 마케팅 분야에서 데이터 분석을 위해 평균 및 표준편차가 사용된다는 사실을 알게 되었습니다. 그래서 탐구 자료를 토대로 교과스크랩을 작성하였습니다. 표준편차에 따라 달라지는 그래프를 이해하지 못하여 암기하였는데 이번 기회를 통해 표준편차 개념을 완전히 이해할 수 있었습니다. 또한 확률과 통계뿐만 아니라 수학이라는 학문 자체가 경영학과는 절대 끊을 수 없는 관계라는 것을 깨달았으며 여러 사회학적 현상들이 수학적으로 표현이 가능하다는 것을 알았습니다.

STAR 분석		지원대학 평가요소
구분	내용	
Situation (상황, 배경)	경영학과에 진학 원함.	학업역량 + 전공적합성 + 발전가능성 + 전형취지 적합성 + 인성
Task (목표, 역할)	효율적인 수학 공부 방법을 찾으려고 노력함.	
Action (구체적인 행동)	Action1 : 나만의 수학노트 작성 Action2 : 김정훈의 수학에세이–토론학습법 활용 Action3 : 교과 스크랩 작성	
Result (결과)	수학적 개념 명확 수학이라는 학문 자체가 경영학과는 절대 끊을 수 없는 관계라는 것을 깨달았으며 여러 사회학적 현상들이 수학적으로 표현이 가능하다는 것을 알게 됨.	

학생부 항목 분석	
핵심 내용	경영학도가 되기 위한 수학 학업역량 향상
4번 수상실적	EMERALD 연송 수학 UCC(최우수상)
7번 창체 활동	동아리활동(3학년/FBI) : 케이스 스터디를 통한 기업의 성공과 실패 사례 분석
8번 교과 세특	3학년(인문통합수학) : 교과 스크랩에서 광고 성과 데이터 분포 제시 및 분석

9번 독서활동	1학년(수학) : 김정훈의 수학에세이(김정훈)
10번 종합의견	1학년 : 수학교과 중심으로 멘토링

(자기소개서 2번) 고등학교 재학기간 중 본인이 의미를 두고 노력했던 교내 활동(3개 이내)을 통해 배우고 느낀 점을 중심으로 기술해 주시기 바랍니다. 단, 교외 활동 중 학교장의 허락을 받고 참여한 활동은 포함됩니다(띄어쓰기 포함 1,500자 이내).

[창업경진대회, 도전하는 자신감]

친구들과 함께 당시 사회적 이슈였던 소음문제를 해결하기 위해 NOISE LAB이라는 상쇄간섭을 이용한 소음차단 기술인 노이즈캔슬링 제품을 개발하는 가상 회사를 설립하여 교내창업경진대회에 참여하였습니다. 마케터 역할을 맡아 노이즈캔슬링 시장에 대해 분석하였고, 노이즈캔슬링 기술이 적용된 시장이 대부분 헤드폰이나 이어폰 시장이라는 데이터를 얻었습니다. 이어폰과 헤드폰 시장에 판매하는 것은 차별화된 가치가 없어 비전이 없다 생각해 틈새시장을 공략하였습니다. 이에 노이즈캔슬링 기술이 아직 상용화되지 않은 시장 중 수요가 가장 많을 것으로 예측되는 건축 분야를 목표시장으로 설정하였습니다. 건축물이 고객들에게 수요가 높아야 한다는 건축회사의 니즈에 맞도록 저희 회사 상품을 건축물에 기본옵션 또는 추가 옵션방식으로 설치하여 회사 경쟁력을 높여 줄 수 있는 상품 전략을 수립하였습니다. 저는 이때 시장분석과 고객의 니즈를 파악하여 수요창출을 위해 여러 일을 기획하고 전략을 세워야 하는 마케터라는 직업에 관심을 가지게 되었고 무엇보다도 B2B시장 마케팅의 매력에 빠졌습니다.

대회 결과 틈새시장을 공략하는 판매 전략이 정말 인상 깊었다는 심사의원들의 찬사가 쏟아졌습니다. 이 경험을 통해 틈새시장, 즉 다른 관점에서 세상을 볼 수 있는 시각이 중요함을 배웠고, 도전을 두려워했던 저에게 성공적인 창업의 경험은 무에서 유를 창조해낼 수 있다는 자신감을 가지게 하였습니다. 또한 고객들에게 제품의 우수성뿐만 아니라 차별화된 가치를 제공하여 강력한 기업브랜드를 구축할 수 있는 B2B 마케터가 되고 싶다고 느꼈습니다.

[FBI 자율동아리활동, 실패와 성공에서 배우는 혁신]

『세계 최고의 인재들은 실패에서 무엇을 배울까?』라는 책을 읽고, 케이스 스터디 자율동아리를 조직하여 기업경영의 실패 및 성공 사례를 분석하였습니다. 'Mr. Donut', 'SAAB'의 실패 원인은 변화하는 세상에서 시장의 흐름을 재빠르게 파악하지 못해 적절한 마케팅을 하지 못하였다는 것이었습니다. 이를 통해 아무리 우수한 기술력으로 높은 시장 점유율을 갖추었다고 하더라도 브랜드 가치를 극대화해 줄 마케팅 전략과 시장의 흐름에 민첩하게 대응하는 기민성이 필요하다고 느꼈습니다. PC 시장의 선구자인 IBM이 자신이 만든 시장에서 철수하게 되었다는 사실은 새로운 시장을 개척하고 그 시장에서 독점적인 위치를 선점하였더라도 오랫동안 유지한다는 보장은 없다는 것을 깨닫게 하였습니다. 한편, 삼성전자 SSD사업의 성공 이유가 빅 데이터를 이용한 마케팅 덕분이라는 내용을 접하면서, 데이터 분석을 이용한 마케팅의 효율성과 4차 산업시대에서 ICT기술의 입지가 이전보다 더욱 커지고 있다는 것을 알게 되었습니다. 케이스 스터디에 대한 보고서를 작성하고 토론하는 과정에서 실패 속에서 배우고 깨닫는 태도가 중요하며 이것이 혁신으로 이어지게 되는 발판이 될 수 있다는 교훈을 얻게 되었습니다.

STAR 분석		지원대학 평가요소
구분	**내용**	
Situation (상황, 배경)	친구들과 함께 당시 사회적 이슈였던 소음문제를 해결함	학업역량 + 전공적합성 + 발전가능성 + 전형취지 적합성 + 인성
Task (목표, 역할)	NOISE LAB이라는 상쇄간섭을 이용한 소음차단 기술인 노이즈캔슬링 제품을 개발하는 가상 회사를 설립하고 교내창업경진대회에 참여함.	
Action (구체적인 행동)	Action1 : 노이즈캔슬링 시장 분석 Action2 : 상품 판매 전략 수립	
Result (결과)	틈새시장, 즉 다른 관점에서 세상을 볼 수 있는 시각이 중요함을 배웠고, 도전을 두려워했던 자신에게 성공적인 창업의 경험은 무에서 유를 창조해낼 수 있다는 자신감을 갖게 됨.	

학생부 항목 분석	
핵심 내용	학교 창업 경진대회에 참여하여 가상 회사 설립
4번 수상실적	2017 창업경진대회(최우수상)
7번 창체 활동	동아리활동(1학년/TIDE 창업부) : 개인창업 계획(자동차 사각지대 발생 최소화)
8번 교과 세특	1학년(국어II) : 자신의 미래 직업 UCC제작 발표에서 자신의 미래직업인 CEO를 위해 노력의 중요성 강조 2학년(독서와 문법) : 경제학 관련 읽기 자료에서 마케팅 내용에 대한 지적 능력 어필
9번 독서활동	1학년(경영학) : '경영학 콘서트(장영재)' 2학년(경영학) : '진화하는 B2B 세일즈(램 차란)' 3학년(경영학) : 'B2B 마케팅 마켓 센싱에서 성과 측정까지(한상린)'
10번 종합의견	1학년 : 진로에 대한 확고한 생각으로 학습과 다양한 방법으로 노력함. 2학년 : 경영 및 창업관련 분야에 관심 많음.

 최종합격 대학 전형 분석 (광운대 참빛인재전형 2019 vs. 2020)

2019학년도 수시모집요강

전형명	모집단위	모집 인원	전형방법 및 특징	수능 최저	제출서류
광운참빛 인재전형	경영학부	42	① 서류평가100(3배수 내외) ② 1단계70+면접30	없음	• 학교생활기록부 • 자기소개서
지원자격	국내 고등학교 졸업(예정)자로서 모집단위 분야에 대한 재능과 열정을 가진 자 ※ 3학기 이상(3학년 1학기까지)의 교육과정을 이수한 자 ※ 검정고시 출신자 및 외국고교 졸업(예정)자 지원 불가				

전형명	모집단위	모집인원	전형방법 및 특징	수능최저	제출서류
광운참빛인재전형	경영학부	41	1 서류종합평가100(3배수 내외) 2 1단계70+면접30	없음	• 학교생활기록부 • 자기소개서
지원자격	국내 고등학교 졸업(예정)자로서, 모집단위 분야에 대한 재능과 열정을 가진 자 ※ 3학기 이상(3학년 1학기까지)의 교육과정을 이수한 자 ※ 검정고시 출신자 및 외국고교 졸업(예정)자 지원 불가				

※ 위 내용은 입학전형계획안 내용이므로 자세한 사항은 2020학년도 수시모집요강을 반드시 참조하시기 바랍니다.

 ## 최고의 입시전문가가 공개하는 합격의 비결

　광운대의 수시전형을 보게 되면 서류(학생부, 자기소개서)의 중요성이 매우 절대적이며, 이 학생의 경우는 다양한 활동과 수상경력이 화려하지 않지만 광운대의 평가지표인 전공적합성과 자기주도성에서 좋은 점수를 받은 것으로 생각된다.

　먼저 교과 성적에서 보면 학년이 올라갈수록 성적이 향상되고 있으며 관련 교과인 사회, 수학에서 좋은 성적을 기록하고 있다. 자기소개서 1번에서 서술했듯이 경영학과에 진학하고자 효과적인 수학 공부 방법을 찾아내고자 탐구하였고 그 내용을 멘토링을 통해 다른 학생에게 전달하고자 하는 뛰어난 인성 역량까지 보여주고 있다.

　학생의 합격 비결을 평가요소별로 살펴보면,

　첫째, 본인의 진로가 명확하며 그 진로를 달성하기 위해 노력한 흔적이 학교 특색 프로그램과 자연스럽게 연결되어 있다는 것이다. 경영학도가 되기 위해 사회과목과 수학 과목의 성적을 높이고 효율적인 학습 방법을 찾아내어 관련 교과의 성취도를 높였던 부분이 크게 어필되었다고 본다. 본인이 합격 수기에서도 말했듯이 모든 교과목들을 경영과 연관 짓기 위하여 리포트작성 및 발표하는 등의 활동들을 적극적으로 하고 선생님과 친밀감을 유지하고자 교과부장을 했던 부분이 인상적이다.

두 번째는 본인의 전공 적합도를 높이기 위한 활동으로 경영 동아리 및 학교 창업 대회에 빠짐없이 참여하였고 그런 활동을 통해 자신의 재능과 끼를 발견하고 열정을 드러냈다는 부분이다. 이와 더불어 경제, 경영 관련 독서를 병행하여 세부능력 특기사항과 동아리, 독서 영역으로의 연결은 활동의 깊이를 더했다고 판단된다.

세 번째는 면접시 광운대 지원 동기를 묻는 질문에 본인이 지금까지 노력해 왔던 부분을 효과적으로 연결하고 큰 소리로 자신감 있게 대답했던 부분이다. 광운대에 입학하고자 하는 열망과 간절함을 면접관들에게 크게 어필한 부분이 좋은 평가를 받은 것으로 생각된다.

인천대학교_INU자기추천전형

시사·경제 탐구 열정과 토론의 강점을 살려 방송기자로서의 꿈에 다가가다

신문방송학과 / 인천지역 일반고 허○○

 합격에 결정적인 영향을 미친 요소

합격할 수 있었던 가장 중요했던 요소는 '전공적합성'이라고 생각합니다. 제 성적은 작년 합격 평균 내신 등급보다도 낮았습니다. 그럼에도 불구하고 합격할 수 있었던 이유는 생기부에 제 진로와 관련된 키워드들이 많았다는 것입니다. 심지어 다른 지원자들에 비해 생기부 내용이 그리 많지도 않았습니다. 저는 생기부에 제 진로와 관련된 단어들이 많이 담길 수 있도록 노력했고, 그 노력의 결과가 잘 드러나며, 좋은 결과가 되도록 완성도 높은 활동들을 했던 것이 강점이 되었다고 생각합니다.

학교 활동 분석

구분	내용
Happiness,Ideal, Manner 있는 명예인 선발	[지혜인·각종 학습 분야 수상(교내)] • 국가 공인의 자격증 취득(해당년도 학교생활기록부에 기록된 것에 한함) [덕성인] • 학교에서 인정하는 각종 자치활동 영역 우수자 • 교내 각종 모범 학생상 수상자 • 생활 모범상 수상자 • 교내·외 봉사활동 우수자 [문예인·동아리활동 우수자] • 예체능 및 창의인성 관련 교내 대회 수상자 • 독서 활동 우수자 [자주인] • 학교 근태 상황 모범자 • 학습 계획 실천 우수자
「수학·과학 긍정경험 프로젝트」	• 교내 수학·과학 동아리를 중심으로 4~5가지 테마를 선정하여 자신들이 관심을 갖는 분야에 대한 수업 진행 • 수업진행을 통해 자신들이 전달하려는 실험/이론을 수업을 듣는 학생들이 정확하게 이해할 수 있도록 하는 발표 능력 함양 • 다양한 수업을 통해 자신의 적성에 맞는 진로 탐색

※ 출처 : 학교 알리미 및 학교 홈페이지

 학생부 분석 및 나의 열정스토리

구분	1학년	2학년	3학년 1학기
진로희망	연예부 방송 기자	방송기자	방송기자
희망사유	평소 연예기사를 즐겨보고 다양한 연예정보를 제공함으로써 대중들에게 즐거움을 줄 수 있는 연예부 방송 기자에 매력을 느낌. 진정성을 가지고 진실된 연예 기사를 제공하겠다고 다짐하며 방송 및 언론 관련 책들을 읽고 있음.	평소에 인터넷 기사 서핑을 즐겨하고 최근에는 DSLR로 인물촬영 하는 것에 관심이 생겼으며 사진과 뉴스거리를 쫓는 방송 기자가 되기를 희망하게 됨.	사회 문화 시간에 전 세계에 있는 특이한 문화를 소개하는 기사를 만드는 수행평가를 하면서 국어 시간에 읽은 '기자란 글쓰기란'책을 참고하면서 기사를 쓰다 보니 기사쓰기에 보다 흥미를 느꼈고 최종적으로 완성된 기사를 보고 난 후

			기자로서 사람들에게 정보를 전해 줄 수 있다는 점에서 뿌듯함과 기자란 직업에 좀 더 매력을 느끼게 됨.
진로희망을 위한 활동	• NIE 계양신문	• GTA(신문 토론 동아리) • 썰전(시사, 경제 토론 동아리)	• 미래신문 만들기 • 신문으로 세상읽기(동아리)

구분	1학년	2학년	3학년
학업역량	• 교과우수상(동아시아사, 스포츠문화, 장려상)		
전공 적합성			
발전 가능성	• 2017학년도 호국보훈의 달 홍보 글짓기, 표어, 포스터 공모대회	• 효사례 실천 보고서 대회(최우수상) • 2018 흡연 예방 공모전(최우수상) • 호국보훈의 달 글짓기, 표어 공무대회(글짓기 부문, 우수상)	
인성영역	• 봉사상		

구분	1학년	2학년	3학년
자율활동	• 어울림 프로그램 • 인성UCC 제작 • 학교축제 가우놀제	• 경제교육 • 테마체험활동	• 미래신문 만들기 • 백일장 글쓰기 대회
동아리 활동	• NIE 계양신문	• GTA(신문 토론 동아리) • 썰전(시사, 경제 토론 동아리)	• 신문으로 세상읽기
봉사활동	• 개인 6시간+학교21시간=총 27시간	• 총 91시간(학교봉사)	• 총 23시간(학교봉사)
진로활동	• 학급진로 컨퍼런스 • 진로직업체험의 날 • 팀 프로젝트(과제 탐구)	• 대학학과탐색활동 • 진로진학캠프의 날 행사	• 진로활동(진로/진학 계획서 작성) • 진로진학 로드맵 작성

주요세특	[국어] • 글쓰기 능력우수, 기사문 작성 [경제] • 경제 이슈 발표 및 토론	[영어I] • Anne's Diary를 읽고 언론의 필요성과 역할 성찰 [동아시아사] • 주제탐구발표수업	[독서와 문법] • 진로활동 : 기자의 글쓰기 [사회 문화] • 사화문화 현상에 상당한 관심을 가짐

1. 전문가의 주요 창의적 체험활동 매트릭스 분석

구분	
교과(수업)연계활동 (발표+토론+실험 +탐구)	• 정규 동아리 GTA에서 인터넷 기사를 직접 자신만의 기사로 재작성해보고 그 기사를 동아리 부원들에게 발표하면서 서로 피드백을 주고받음으로써 기사 작성 능력을 기름.
탐구(활동)제목 (수행평가+ 탐구보고서)	• 살충제 계란을 주제로 한 기사를 작성하면서 동아리 부원들과 사회적 문제에 대해 토론함.
연계독서 (도서명/간략 내용)	• 기자의 글쓰기
연계 자료 (영화, 다큐, TED, 보고서 등)	
결과 (학업, 진로에 끼친 영향)	• 동아리활동 외에 글쓰기 작업할 때 훨씬 수월해졌으며, 기사를 작성하는 능력이 향상됨.
후속 또는 타 연계 활동	• 향상된 기사 작성능력을 바탕으로 학교 축제 당시 선생님 인터뷰, 축제 소식, 학교 소식 등을 담은 학교 신문을 발간함.

구분	행사명(제목)	행사내용	결과 (토론/발표/보고서/ 캠프/대회참가)	후속 또는 타 활동 연계
자율 활동	백일장	만남이라는 주제를 통해 진정한 만남이 무엇인지 깊게 생각해보고 자신만의 산문을 작성함.	신문 만들기	산문을 써봄으로써 글쓰기에 재미를 더욱 느끼게 되어 소설이나 수필작성에 관심을 더욱 가지게 됨.
진로 활동	팀 과제탐구 활동	'한국 저널리즘의 문제점과 해결방안'을 주제로 조원들과 토의하고 그 내용을 바탕으로 보고서를 작성함.	보고서 작성 및 발표	한국 저널리즘의 현실을 깨닫고 기자로서의 자신만의 비전을 형성함.

봉사 활동	복도 신문 게시	매일 아침 복도에 신문 을 게시함.		신문을 보는 빈도가 늘 어나고 봉사의 미덕을 깨닫게 됨.

2. 전문가의 주요 세부능력 특기사항 매트릭스 분석

구분	사회 문화	실용영어II	경제
교과 단원			
활동내용 (발표+토론+질문 +실험+탐구)	• 사례 연구 및 조사, 발표	• 영어 신문 작성	• 경제 이슈 토론 및 발표
활동내용(제목) (수행 평가/보고서)	• '방송국 파업'을 주제로 파업 사례들을 찾아보고 한국의 언론이 나아가야 할 방향을 제시함.	• TV 프로그램으로 방영 되는 웹툰을 소개하는 글 을 영어 기사로 작성함.	• 총4회의 경제 쟁점토론 수업에서 논리적으로 주 장과 반론, 개념과 사례분 석을 통한 해결방안 제시 (FTA의 장단점과 그 해 결 방안)
연계 자료 (영화, 다큐, TED, 보고서 독서 등)		• KOREA HERALD	• 수학 참고서 및 인터넷 자료
후속 또는 타 활동 연계 (동아리, 방과후, 스터디, 멘토링 등)			• 경제라는 과목에 매력을 느껴 썰전이라는 동아리 창설
결과 (학업, 진로에 끼친 영향)	• 언론인이 가져야 할 마음 가짐과 정신에 대해 생각 해보고 자신만의 기자 정 신을 형성함.	• 영자 신문에 더욱 흥미가 생겼고, 기자로서 언어의 한계를 넘기 위해 영어 공부를 더욱 열심히 하게 됨.	• 사회와 경제문제에 대한 바른 인식과 폭 넓은 독 서를 통해 경제현상과 문 제를 심도 있게 분석

독서활동 상황

구분		1학년	2학년	3학년
독 서 활 동 상 황	교과 연계		[국어] • 꿈의 해석 (지그문트 프로이트) • 성과 속(미르치아 엘리아데)	[국어] • 우상의 눈물(전상국) • 델러웨이의 창(박성원) • 사하촌(김정한) • 사평역(임철우) • 허생전을 배우는 시간 (최시한) • 내 마음의 옥탑방(박상우)

진로
연계
	• 내 인생을 변화시키는 소통
	  의 기술(정병태)
			• 기자의 글쓰기(박종인)
			• 왜 언론이 문제일까?
			  (박영흠)
			• 미친 언론(성창경)
			• 기자 어떻게 되었을까?
			  (조재형)
			• 미디어 씹어 먹기
			  (브룩 글래드스톤)

공통 (기타)	• 리더(김현민) • 아들아 너는 미래를 이렇게 준비하렴2(필립 체스터필드)	• 기자가 말하는 기자(임영주)	
합계	3권	3권	11권

 나의 성적

주요 교과 추이

교과	1-1	1-2	2-1	2-2	3-1
국어	3.0	3.0	3.0	3.0	3.0
수학	3.0	4.0	3.0	2.0	2.0
영어	3.0	2.0	2.0	2.0	2.0
사회	3.4	2.4	2.7	2.4	3.0

학년별 등급 추이

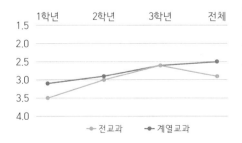

교과	1학년	2학년	3학년	전체
전 교과	3.5	3.0	2.6	2.9
계열교과	3.1	2.9	2.6	2.5

2019학년도 수시전형 지원 합불 결과

대학명	전형명	모집단위	수능최저여부	합불여부
인천대학교	INU자기추천	신문방송학과	×	합격
경희대학교	네오르네상스	언론정보학과	×	불합격
건국대학교	KU 자기추천	미디어커뮤니케이션학과	×	불합격
국민대학교	국민 프런티어	언론정보학부 미디어전공	×	불합격
숭실대학교	SSU 미래인재	언론홍보학과	×	불합격
인하대학교	인하 미래인재	언론정보학과	×	불합격

 선배들이 알려주는 합격 포인트

Q1 학생부 관리에 있어서 본인만이 가지고 있는 노하우는?

A1 선생님들과 우호적인 관계를 형성하는 것이 매우 중요합니다. 복도에서 지나가다 마주치면 항상 인사하고, 수업시간에는 항상 열심히 하는 모습을 보여주려고 노력하세요. 수업이 끝나도 모르는 게 있으면 교무실에 가서 꾸준히 질문하고 그러다 보면 어느덧 우호적인 관계가 형성되어 있을 겁니다. 그 관계를 바탕으로 선생님들과 많은 대화를 나누면서 자신의 진로와 목표가 무엇인지 말하면 선생님들은 제 진로에 대한 좋은 정보가 있으면 항상 먼저 알려주시려 할 거예요. 그리고 선생님이 생기부를 작성할 때도 진로와 연관지어 한 글자 더 써주시고, 자신의 진로와 맞는 교내 활동에 대한 정보가 늘어 생기부의 질이 늘어날 겁니다.

Q2 학생부종합전형을 위한 올바른 고등학생 생활과 성적관리에서 필요한 것이 있다면?

A2 학교에서 모든 활동이 전공적합성을 위한 노력이 될 수 있습니다. 기본적으로 정규동아리나 자율동아리활동이 있는데요. 자신의 진로와 관련된 동아리가 이미 있으면 그 동아리에서 자신의 진로를 향해 나아가면 되고, 없다면 동아리를 직접 개설해서 활동해보세요. 그리고 학교에서 하는 수행평가들도 전공적합성을 위한 활동이 될 수 있습니다. 선생님이 발표를 준비해오라고 하면 단순히 발표만 준비하는 것이 아니라 자신의 진로와 어떻게 관련 지을 수 있을까 생각해보고, 관련 지을 수 있다면 그쪽으로 발표를 준비하세요. 그러면 남들보다 더 유리하게 전공적합성을 준비할 수 있을 겁니다.

자기소개서 분석

(자기소개서 1번) 고등학교 재학기간 중 학업에 기울인 노력과 학습 경험에 대해, 배우고 느낀 점을 중심으로 기술해주시기 바랍니다(1,000자 이내).

경제에 대한 심화적인 공부는 작은 동기에서부터 시작했습니다. 친구들과 사회적인 문제에 대해 이야기를 나눌 때 시사에 대해 잘 알지 못했던 저는 항상 친구들이 하는 이야기를 듣기만 했었습니다. 그래서 저는 시사에 관심을 갖고 친구들에게 사회문제에 대한 제 생각을 펼칠 수 있는 사람이 되기로 결심했습니다.

처음에는 경제 교과서에 있는 경제 이슈들을 하나씩 읽어 봤습니다. 생각보다 재밌는 내용들이 많았고, 읽으면 읽을수록 사회문제에 대해 더 많이 알게 되었습니다. 교과서를 읽으면서 수요곡선과 공급곡선 같은 원리들이 잘 이해가 되지 않아『경제학 콘서트』라는 책을 읽게 되었고, 이 책을 통해 이러한 원리들뿐만 아니라 다른 경제 원리들까지 추가적으로 배울 수 있었습니다. 경제 시간에 'FTA의 장단점과 해결방안'을 주제로 하는 모둠토론 활동이 있었습니다. 당시 모둠에 있던 친구들은 경제에 관심이 많이 있지 않았던 친구들이었고, 그렇기에 조별회의 때 아무도 선뜻 나서지 않고 침묵만 이어갈 뿐이었습니다. 그러한 상황을 타파하고자 조장을 자처하였고, 그동안 스스로 배웠던 경제에 대한 지식들을 바탕으로 조원들과 함께 FTA의 개념과 다양한 장단점을 중심으로 공부하며 입론과정을 준비했습니다. 이러한 학습의 결과로 FTA에 대한 심화적인 지식을 쌓을 수 있었고, 심화적인 지식을 바탕으로 급우들에게 제 주장을 확실히 펼치면서 오늘의 토론짱으로 선정되었습니다. 이때부터 다른 사람 앞에서 사회적인 문제에 대한 제 생각을 확실하게 전하는 것에 뿌듯함을 느끼기 시작했고, 경제라는 과목에 매력을 느끼게 되면서 순수한 호기심이 생겼습니다. 이러한 호기심을 해소하기 위해 썰전이라는 토론동아리를 창설하였고, 토론활동에서 사드배치의 경제적 측면을 자신 있게 설명하는 저의 모습을 발견하면서 제가 경제라는 과목으로 인해 한층 성장했다는 걸 깨닫게 되었습니다.

이러한 활동들을 통하여 경제에 대한 심화적인 지식을 쌓을 수 있었고, 그 결과로 준수한 학업성적이라는 결실 또한 이뤄 낼 수 있었습니다.

STAR 분석		지원대학 평가요소
구분	내용	
Situation (상황, 배경)	경제에 대한 심화적인 공부는 작은 동기에서부터 시작함. 친구들과 사회적인 문제에 대해 이야기를 나눌 때 시사에 대해 잘 알지 못했고 항상 친구들이 하는 이야기를 듣기만 했었음.	
Task (목표, 역할)	시사에 관심을 갖고 친구들에게 사회문제에 대한 생각을 펼칠 수 있는 사람이 되기로 결심	

Action (구체적인 행동)	Action1 : 경제 교과서에 있는 경제 이슈들을 하나씩 읽어 봄. Action2 : 경제학 콘서트라는 책을 읽게 되었고, 이 책을 통해 이러한 원리들뿐만 아니라 다른 경제 원리들까지 추가적으로 배울 수 있었음. Action3 : 'FTA의 장단점과 해결방안'을 주제로 하는 모둠토론 진행	전공적합성 + 자기주도성 + 발전가능성 + 창의융합성 + 인성·사회성
Result (결과)	경제에 대한 심화적인 지식을 쌓을 수 있었고, 그 결과로 준수한 학업성적이라는 결실 이뤄냄.	

학생부 항목 분석		
핵심 내용	기자라는 목표를 갖고 시사 경제에 대한 지식 확장	
7번 창체 활동	(진로활동) 학급진로 컨퍼런스-방송기자라는 꿈을 갖게 되어 미래 계획을 세우고 발표	
8번 교과 세특	(경제) 선택 토론주제 FTA의 장단점 및 그 해결 방안에 대하여 사례분석 및 해결방안을 제시하고 오늘의 토론짱으로 선출	
9번 독서활동	내 인생을 변화시키는 소통의 기술(정병태)	
10번 종합의견	뉴스와 기사를 탐색해서 다시 그걸 자신의 방식으로 써보는 연습을 꾸준히 수행하는 등의 진로를 위한 노력과 실천	

(자기소개서 2번) 고등학교 재학기간 중 본인이 의미를 두고 노력했던 교내 활동(3개 이내)을 통해 배우고 느낀 점을 중심으로 기술해주시기 바랍니다. 단, 교외 활동 중 학교장의 허락을 받고 참여한 활동은 포함됩니다(띄어쓰기 포함 1,500자 이내).

다른 사람에게 정보를 제공하는 것은 제 삶의 소소한 낙이었습니다. 친구들이 저에게 이것저것을 물어보면 질문에 부합하는 대답을 해줌으로써 신뢰를 얻을 수 있었고, 이에 많은 보람을 느꼈습니다. 때문에 더 많은 사람들에게 정보를 제공할 수 있는 기자란 직업에 관심이 생겼고 기자로서의 역량을 길러 보고 싶어 'NIE계양신문부'라는 교내신문 동아리에 들어갔습니다. 처음에는 체육대회나 학교 근처에 있는 굴포천을 독자에게 소개하는 기사를 작성하고 발표했습니다. 평소에 기사형식으로 글을 써 본 경험이 거의 없었기에 제가 쓴 기사는 많이 부족해 보였습니다. 그러나 발표를 마친 후 부원들은 박수를 쳐주었고 담당선생님께서는 기사를 매우 잘 썼다면서 칭찬을 해주셨습니다. 또한 부원들과 선생님은 기사의 문제점을 지적해주었고, 어떻게 고치면 더 좋은 기사가 될 수 있을지 조언해주었습니다. 덕분에 저는 기사 쓰기에 더욱 자신감이 생겼고, 제가 남들에게 정보를 제공할 수 있다는 점에서 기자라는 직업에 좀 더 매력을 느끼게 되었습니다.

그 후 동아리이름이 GTA로 바뀌면서 기사 발표를 통해 단련된 기사작성 능력을 바탕으로 학교 축제인 가우놀제를 기념하는 학교신문 발행을 기획하였는데 저와 다른 한 친구는 국어 선생님을 인터뷰하고, 그 인터뷰 내용을 기사로 작성하는 역할을 맡게 되었습니다. 인터뷰할 질문들을 준비하고, 인터뷰 내용을 인터뷰 속도에 맞춰 기록하기는 만만치 않았습니다. 그러나 저희는 서로의 역할을 분담하면서 어려움을 극복하고자 했습니다. 저는 선생님을 인터뷰했고 나머지 한 친구는 인터뷰 내용을 기록함으로써 무사히 신문 발간일에 맞춰 기사를 작성할 수 있었습니다.

GTA에서의 학교신문 발간은 NIE계양신문부에서 했던 활동에 비해 독자가 전교생으로 확장되어 다소 부담스러웠습니다. 하지만 한편으로는 더 많은 사람들에게 제 기사를 보여줄 수 있었기에 설레기도 했습니다. 이 설렘으로 부담감을 극복하면서 기자에 한 발 더 다가설 수 있었습니다.

KBS와 MBC같은 공영 방송국에서 파업을 한다는 소식을 듣고 파업하는 이유도 모른 채 그러한 사건을 방관하기만 했습니다. 그러던 중 우연히 KBS파업 현장을 찾아가게 되었고, 현장에서 파업하는 기자 분들이 정의로운 언론을 되찾기 위해 힘든 싸움을 하고 있는 것을 보았습니다. 그 모습을 보고 기자는 직업 자체의 고단함과 권력에 굴하지 않고 대중에게 정보를 제공하기 위해 자신을 희생하는 직업이라는 생각이 들었습니다. 그래서 파업현장에서 본 기자뿐만 아니라 더 다양한 기자의 모습을 알고 싶어 『기자가 말하는 기자』라는 책을 읽게 되었습니다. 다양한 기자들의 이야기를 들음으로써 기자가 다른 직업보다 훨씬 힘들고 어려운 직업이라는 걸 깨달았습니다. 그러나 저는 이러한 역경이 있어야 기자라는 직업이 더욱 빛날 수 있고 보람이 생긴다고 느꼈습니다. 다양한 활동을 통해 기자라는 직업에 대해 구체화할 수 있었습니다. 비록 고난과 어려움이 따랐지만 기자에 대해 배울 수 있었던 소중한 걸음들이었습니다.

STAR 분석			지원대학 평가요소
구분		**내용**	
Situation (상황, 배경)		더 많은 사람들에게 정보를 제공할 수 있는 기자란 직업에 관심이 생겼고 기자로서의 역량을 길러 보고 싶음.	전공적합성 + 자기주도성 + 발전가능성 + 창의융합성 + 인성·사회성
Task (목표, 역할)		'NIE계양신문부'라는 교내신문 동아리 가입 및 활동	
Action (구체적인 행동)		Action1 : 체육대회나 학교 근처에 있는 굴포천을 독자에게 소개하는 기사를 작성하고 발표 Action2 : 학교 축제인 가우놀제를 기념하는 학교신문 발행을 기획 Action3 : 학교 선생님 인터뷰 후 기사 작성 및 배포	
Result (결과)		GTA에서의 학교신문 발간은 NIE계양신문부에서 했던 활동에 비해 독자가 전교생으로 확장되었으며 더 많은 사람들에게 자신의 기사를 보여줄 수 있었음.	
학생부 항목 분석			
핵심 내용		교내 신문 동아리활동으로 학교신문 발행 및 기자의 꿈을 키우게 됨.	
7번 창체 활동		(자율활동) 가우놀제에서 계양신문반 부스 운영 (동아리)NIE 계양신문–신문반 학생으로서 기사작성, 기획 전시 (진로활동) 한국 저널리즘의 문제점과 해결 방법을 주제로 보고서 작성	
8번 교과 세특		(국어II) 글의 의미를 구성하는 사고 과정으로서의 독서 능력 뛰어남. (실용영어II) 그룹별 영어신문 만들기 활동	
10번 종합의견		주관이 뚜렷하고 자신의 꿈을 이루기 위해 꾸준히 공부하고 준비하는 모습이 매우 돋보임.	

최종합격 대학 전형 분석 (인천대 INU자기추천전형 2019 vs. 2020)

2019학년도 수시모집요강

전형명	모집단위	모집인원	전형방법 및 특징	수능최저	제출서류
INU자기추천	신문방송학과	7	① 서류종합평가100(3배수 내외) ② ①단계70+면접30	없음	· 학교생활기록부 · 자기소개서
지원자격	고등학교 졸업(예정)자 또는 관계 법령에 의하여 고등학교 졸업자와 동등 이상의 학력이 있다고 인정된 자로서 지원학과에 대한 관심과 잠재역량을 갖춘 자				

2020학년도 입학전형안내

전형명	모집단위	모집인원	전형방법 및 특징	수능최저	제출서류
INU자기추천	신문방송학과	7	① 서류종합평가100(3배수 내외) ② ①단계70+면접30	없음	· 학교생활기록부 · 자기소개서
지원자격	고등학교 졸업(예정)자 또는 관계 법령에 의하여 고등학교 졸업자와 동등 이상의 학력이 있다고 인정된 자로 지원학과에 대한 관심과 잠재역량을 갖춘 자				

※ 위 내용은 입학전형계획안 내용이므로 자세한 사항은 2020학년도 수시모집요강을 반드시 참조하시기 바랍니다.

 최고의 입시전문가가 공개하는 합격의 비결

　인천대 INU자기추천전형을 보게 되면 서류(학생부, 자기소개서)의 중요성이 70%로서 매우 중요한 요소임을 알 수 있으며, 수상실적이나 다양한 활동이 두드러지지 않지만 인천대의 학생부종합전형 평가지표인 전공적합성, 자기주도성, 발전 가능성에서 좋은 평가를 받은 것으로 생각된다.

　첫째, 전반적인 내신 성적을 보게 되면 1학년 때 3.1등급, 2학년 때 2.9등급, 3학년 때 2.6등급으로 우상향을 곡선을 그리면서 잠재적인 가능성을 보여주고 있다. 또한 전공 관련 과목인 영어, 국어, 사회 영역의 등급이 우수함을 알 수 있다.

둘째, 화려한 수상 실적이나 다양한 활동 경험은 부족하지만 방송기자라는 진로에 적합한 활동들이 많은 것이 장점이다. 글짓기 대회에서 수상 경력을 가지고 있고 NIE 계양신문동아리와 썰전이라는 자율동아리를 통해 경제, 경영, 사회 문제를 비롯하여 스포츠, 음악 등 다양한 주제의 신문기사를 읽고 기사문을 작성하고 토론을 진행하였다. 이것은 3학년 때 신문으로 세상읽기라는 동아리로 이어졌고, 본인의 진로에 대한 관심과 열정을 보여주기에 충분하다. 또한 세부능력 특기사항에서 경제과목을 학습하는 과정이 본인의 진로와 연결시키려는 노력이 엿보인다. 사회, 경제 문제에 대해 세상을 바라보는 관점을 토대로 관련 독서를 통해 '경제 이슈발표'에서 논리적이고 설득력 있게 발표하였고, 경제쟁점토론 수업에서 선택한 FTA의 장단점 및 그 해결 방안에 대해 논리적인 주장과 답변을 통해 '오늘의 토론짱'으로 선발되는 등 본인이 좋아하는 분야에 대한 열정을 가지고 있다.

셋째, 자기소개서1번 항목에서 알 수 있듯이 본인의 진로와 연계하여 학업 역량을 향상시키려 노력하였고, 관련 책과 인터넷 조사 등을 통한 주제의 연계 및 확장 능력이 돋보인다. 자기소개서 2번에서는 전공적합활동에 대해 동아리를 예를 들어 가우놀제 축제에서 학교신문 발행과 학교 선생님의 인터뷰 내용을 실시간을 기사화하여 알리는 등 예비 방송기자로서의 역할을 충실히 하였다.

넷째, 신문방송기자 되기 위해 관련 교과 성적을 올리기 위해 노력했던 과정과 효과적인 학습법을 찾아내려고 노력했던 부분도 어필되었다고 본다. 본인이 수기에서도 얘기했듯이 본인의 진로와 연결 짓기 위해 관련 과목을 열심히 공부하였으며 보고서 작성 및 발표, 토론 등을 적극적으로 수행한 부분이 자기주도성과 연결되어 좋은 결과로 이어졌다고 볼 수 있다.

스페셜 코너

홍익대학교 학생부종합전형 미술대학자율전공

홍익대학교_학생부종합전형

세계 최고 수준의 맞춤형 생산체제를 갖춘 글로벌기업의 설립을 꿈꾸는 디자이너 사업가

미술대학자율전공 / 경기지역 일반고 ○○완

 합격에 결정적인 영향을 미친 요소

가장 큰 특징은 내가 시도해보고 싶은 활동을 만들고 나만의 방법으로 도전하였습니다. 1학년 축제 때 OO 가왕을 제안한 저는 완벽한 개인형 가면을 만들기 위해 약 3주간 1시간 일찍 등교하고 방과후에 남아 가면을 제작했던 그 시간은 정말 힘들었습니다. 하지만 최고의 반응을 얻은 제1회 OO가왕은 2018년에 3회 까지 계속되며 학교의 새로운 전통으로 자리 잡게 되었습니다. 학교생활기록부는 고등학교에서의 나의 성장과정을 기록하는 것입니다. 그 과정에서 무엇을? 어떻게? 왜? 활동했는지가 가장 중요합니다. 나만의 활동을 만들고 끊임없이 도전해보세요.

 학교 활동 분석

학교 정보 및 활동 프로그램

구분	내용
공공성 독서인문교양 교육 운영	• 교실 속의 작은 도서관 운영 • 한 학기 모든 교과 1권 이상 책 읽기 운영 및 지원 • 독서토론 동아리 운영 • 학부모, 학생, 교사가 함께 하는 독서토론 및 문학기행 • 지역사회 초·중학교와 연계한 독서활동
마을교육공동체 개방형 사회적 협동조합 운영	• 사회적 경제 교육을 위한 학교 어울림 공간 활용 활성 • '사회적 경제'동아리 활성화로 살아 있는 경제교육 체험 • 교육과정 재구성을 통한 사회적 경제 교육의 내실화
미술 영재학급 운영	• 진로연계 학생 선발로 창의성과 소질 계발 등 미술 분야 영재교육 • 예술 공교육 확산 및 미래를 선도할 예술 인재 육성 • 김포 문화예술 발전을 위한 지역사회에 예술적 재능 나눔 활동

※ 출처 : 학교 알리미 및 학교 홈페이지

 학생부 분석 및 나의 열정스토리

진로희망사항

구분	1학년	2학년	3학년 1학기
진로희망	산업디자이너	산업디자이너	디자인 관련 사업가
희망사유	커리어넷 직업흥미검사를 통해 '감수성이 풍부하고 예술 분야(미술, 음악, 문학 등)에 관심이 많으며 자신만의 개성이 뚜렷하고 창의성을 발휘할 수 있는 주제에 흥미를 느끼며 감정을 솔직하고 자유롭게 표현한다'라는 검사결과가 나왔으며, 같은 기술력이 적용된 물건이더라도 겉모습 즉, 디자인에 따라 그 물건에 대한 평가가 달라진다는 사실을 알고 난 후 디자인 분야에 매우 큰 관심을 갖게 됨.	본인이 좋아하는 디자이너의 전시회를 보고 산업디자이너라는 꿈에 대해 다시 생각해 보게 됨. 산업디자인이라는 한 영역에 국한되지 않고 기술, 인문학, 건축, 패션 등 다양한 분야의 경험과 지식을 갖춘 산업디자이너가 되고 싶다는 생각을 함. 또한 보편적 인류를 위해 획일적인 디자인이 아닌 서로 다른 개인들의 특성과 취향을 고려한 맞춤형 디자인을 구현해 보고 싶다는 생각에 디자이너를 희망하게 됨.	다양한 교내 활동을 하며 제품 디자인, 인테리어, 가구, 자동차, 전자기기 등 여러 분야에 관심을 가지게 됨. 이 과정에서 디자인과 함께 공학기술, 경영, 창업 그리고 LOGIC, IMOVIE, 123D, 구글 스케치업 등과 같은 각종 콘텐츠 제작을 위한 소프트웨어에 흥미를 느낌. 이를 바탕으로 세계 최고의 맞춤형 생산체계를 갖춘 차세대 글로벌 기업을 운영하는 디자인 사업가가 되고 싶어 함.

| 진로희망을
위한 활동 | • 동아리 UY엔지니어링
• 자율동아리 나눔그림
• 마을교육공동체 개방형 사
  회적 협동조합 총회 | • 사회적 경제교육 협동조합
  '운수대통' 공간 기획
• 전교 학생자치회 학예부 차
  장/홍보부 부장
• 교내 ○○제 | • 전교 학생자치회 홍보부
  부장
• 사회적 경제교육 협동조합
  학생 이사
• 동아리 3D엔지니어링 |

수상경력

구분	1학년	2학년	3학년
학업역량	• 교과우수상(실용영어1) • 교과우수상(국어2, 영어1)		• 교과우수상(수학연습1, 영어 독해와작문, 한국지리)

전공
적합성
	• 과학의달 홍보포스터대회
	  (장려상)
	• 파이데이행사(기념물창작,
	  은상)
	• 학교폭력예방홍보포스터공
	  모전(최우수상)
	• 발명아이디어경진대회(우
	  수상)
	• 독서의달개념대회(독서포스
	  터) (최우수상)
		• 바른언어 사용 4컷 만화 그
		  리기대회(최우수상)
		• 어울림공간 캐릭터공모전
		  (캐릭터, 장려상)
		• 학교폭력예방 홍보포스터 공
		  모전(장려상)
		• 발명아이디어 경진대회(장
		  려상)
			• 아름다운학교 만들기 4컷만
			  화그리기대회(장려상)
			• 학교폭력예방홍보포스터공
			  모전(최우수상)

발전
가능성
	• 과학의달 행사(달걀자유낙
	  하, 최우수상)
	• 어버이날 스승의날 기념 ○
	  ○백일장(산문, 최우수상)
	• 독도사랑글짓기대회(시, 우
	  수상)
	• 문화소개영어UCC제작대회
	  (우수상)
	• 독서대회(독후활동, 우수상)
	• ○○고학생토론대회(장려상)
	• 개인직업체험보고서대회(장
	  려상)
	• 독서논술경시대회(우수상)
	• 사회탐구대회(최우수상)
	• 독서대회(독후활동, 우수상)
	• 영어독서포트폴리오대회(최
	  우수상)
	• 포트폴리오경진대회(최우수상)
	• 자율동아리활동(장려상)
	• 프로젝트봉사활동(장려상)
		• 독도바로알기대회(우수상)
		• 영어캠페인영상제작대회(최
		  우수상)
		• SW주제탐구대회(우수상)
		• 개인직업체험보고서대회(최
		  우수상)
		• 동아리발표대회(우수상)
		• 자율동아리활동(최우수상)
		• 영어독서포트폴리오대회(장
		  려상)
			• 5월운양백일장대회(장려상)

| 인성영역 | • 표창장(모범부문) | • 표창장(근로부문) | |

구분	1학년	2학년	3학년
자율활동	• 학급자치회회장 • 전교학생자치회 학예부차장 • 청운제 포스터 제작, ○○가왕제 기획, 제작	• ○○고 사회적경제 교육 협동조합 공간기획 • 전교 학생자치회 학예부 차장/홍보부 부장 • 청운제 학술제 부문 발표	• 전교 학생자치회 홍보부 부장 • 북카페 공간 기획 주도 • 사회적경제 교육협동조합 활동경과보고 후 홍보
동아리 활동	• UY엔지니어링 • 나눔그림 (자율)	• UY엔지니어링 동아리 회장 • 나눔그림 (자율)	• 3D엔지니어링 • 큰그림 (자율)
봉사활동	• 프로젝트형 단체 봉사활동/개인 봉사활동 • 개인 44시간+학교 22시간 = 총 66시간	• 장애학생도우미 • 급식질서도우미 • 프로젝트형 개인 봉사활동 • 개인 37시간+학교 56시간 = 총 93시간	• 장애학생도우미 • 프로젝트형 개인 봉사활동 • 개인 18시간+학교 13시간 = 총 31시간
진로활동	• 마을교육공동체 개방형 사회적 협동조합 창립 총회 • 교내 어울림 공간 디자인 설계 • ○○고 마을교육공동체 개방형 사회적 협동조합 조합원 역량강화 활성화교육(2차시)	• 청운제 ○○가왕 가면 제작 • 전주한옥마을 체험 및 탐방 활동 • ○○고 사회적 협동조합 학교 가게 '운수대통' 공간기획부 분과장	• 학교가게 사회적 협동조합 '운수대통' 학생 이사
주요세특	• 전교과목에서 그림, 글쓰기, UCC, 노래, PPT를 이용하여 예술적, 창의적인 역량을 발휘함. • 영어로 소통하는 실력이 탁월함.		

구분	동아리		
교과(수업)연계활동 (발표+토론+실험 +탐구)	[정규 UY엔지니어링] • 동아리 회장 • 123D 디자인을 이용하여 다양한 물건 디자인 • 3D프린터 종류, 작동원리 토의. 발표	[자율 나눔그림] 〈2학년〉 미술과 생활의 밀접성 소개	[정규 3D엔지니어링] • 3D프린터 활용하여 작품 구상하고 창의적인 자신의 작품 모델링하고 출력

탐구(활동)제목 (수행평가+ 탐구보고서)	• 123D design, Simplify, Cura 프로그램으로 모델링하여 출력(LED스탠드 등, 한국전통무드등, 책갈피, 휴지걸이, 돼지 저금통, 로고)	• 미술신문 '나눔아트지' 매달 제작 후 학급 게시, 매점의 오픈식을 위해 꽃 장식 및 메뉴판 제작	• RC자동차 선택해 123D design, Simplify, Cura 프로그램 이용하여 모터와 조정장치를 창의적으로 모델링한 후 소재를 바꾸어 배터리와 함께 조립하여 RC자동차 움직이는데 성공시킴.
연계독서 (도서명/간략 내용)	• 3D 프린팅을 위한 Autodesk 123D Design (프로그램 입문서) • 미래를 바꿀 3D 프린팅 (3D 프린팅의 미래 전망을 보여주는 책)	• 수상한 화가들(주요 화가들의 이야기를 담은 책) • 방구석 미술관	• 아이디어 퍼주는 스푼(기발한 기업 또는 개인들의 아이디어를 담은 책임.)
연계 자료 (영화, 다큐, TED, 보고서 등)	• 유튜브 채널 123D Design을 보고 공부함.	• 각종 미술 관련 페이스북 페이지, 전시 홍보 사이트 등을 자주 봄.	
결과 (학업, 진로에 끼친 영향)	• 3D프린터를 사용한 맞춤형 디자인을 추구하는 계기가 되었으며 이를 바탕으로 꿈을 구체화할 수 있었음.	• 다양한 미술 소식을 전하는 신문을 만들기 위해	• 끊임없는 도전정신과 실패에도 포기하지 않는 근성, 성취욕, 과제집착력이 뛰어남.
후속 또는 타 연계 활동	• 3D 프린터에 대한 경험을 교내 협동조합 공간기획부 일에도 연계했음. 내부 크리스마스 인테리어 소품 등을 만들어 크리스마스 연말 분위기를 냄.	• 홍익대학교 미술대학 면접 때 작품 비교설명 문제가 종종 나오곤 하는데 면접 준비과정에 있어 큰 도움을 받음.	• 클러스터 드로잉 수업의 개인작품프로젝트에서 디자인한 아이템들을 직접 모델링하고 출력했음.

구분	행사명(제목)	행사내용	결과 (토론/발표/보고서/ 캠프/대회참가)	후속 또는 타 활동 연계
자율 활동	전교 학생자치회 학예부 차장/홍보부 부장	• 청운제 포스터 제작 및 안내 • 청운제 '○○가왕제' 맞춤형 가면 제작 책임(1,2,3회)	• 세월호 추모 게시판 제작(고래 모형 제작) • 교복 규정 안내 홍보물 제작 홍보 • 사이버 윤리 캠페인 기획 운영	등교 시간 안전관리, 춘계 체육행사 운영 등 각종 학교에서 다양한 역할 담당하여 학생자치회가 중심이 되는 학교 문화를 만드는 데 크게 이바지함.

자율 활동		• 친구사랑의 날 캠페인, 스마트폰 중독 예방 캠페인, 할로윈데이 이벤트, 수능 이벤트 활동 학생자치회 중심이 되는 각종 캠페인의 홍보물과 피켓 제작. 기획, 준비, 진행	• 인권의 날 캠페인 홍보물 제작	
	○○고 마을교육공동체 사회적경제 교육협동조합	• 공간기획을 맡아 북카페 '운수대통' 인테리어 장식 구상, 설계, 준비, 분과원과 협업하여 필요소품 제작, 설치 • 총회 참석 및 경과보고, 운영사례 공유 • '운수대통'의 학생 이사		
	청운제	학술제 발표 부문 참가	• '드로잉 클러스터' 1년 활동 보고 발표 • '나는 누구인가?' 꿈찾기 발표	
진로 활동	○○고 마을교육공동체 개방형 사회적 협동조합	• 설립 동의자로 총회 참석, • 교내 어울림 공간 카페 '운수대통' 디자인을 맡아 실무자와 여러 차례 회의 참석 및 이사회 참석 • 1학년 : 설립 최초 멤버 • 2학년 : 공간기획부 부장 • 3학년 : 학생이사	• 구글 스케치업을 통한 건축 및 인테리어 도안의 시각화 • 개소식 행사에서 실내 장식과 초대장 작업 • 계절별 공간 소품 인테리어 변경 작업 • 운수대통 메뉴판 제작 작업	프로그램 운영 방법 이해, 인테리어 디자인 관련 서적 탐독하는 등 다지이너로서의 자질 함양. 의견수렴 과정에서 경청과 인내의 중요성 깨닫는 계기가 됨. 가구, 자동화기기, 전자기기 등 다양한 분야에 관심을 가지게 됨. 이 과정에서 디자인과 함께 공학기술, 경영, 창업 그리고 각종 콘텐츠의 연결고리인 플랫폼에 관심을 가지게 됨.

진로 활동	전주한옥마을 체험 및 탐방활동	• 전주한옥마을, 객사, 전동 성당, 남부시장, 경기전, 오목료, 남천 교, 청연루 등 관찰하 여 건축양식, 다리구 조 특징, 특산품 등을 찾아 창의적으로 디자 인한 후 3D프린터로 출력	• 전동성당, 한국 전통 무드등을 고급기술을 통해 디자인하고 28 일간의 시간으로 만든 작품 학술제 때 전시	• 한옥에서의 밤에 느낄 수 있었던 감성을 창 호무늬 무드등에 담아 3D프린로 만듦. • '만약 조선이 망하지 않았더라면?'이라는 콘셉트로 한국적인 요소가 가미된 현대 사회의 모습과 제품을 상상하여 아이디어 스 케치함.
봉사 활동	프로젝트형 단체 봉 사활동	• 요양원 어르신들과 미 술수업		
	프로젝트형 개인 봉 사활동	• 요양원 어르신들 대상 초상화 그려 드림. • 요양원 어르신들을 대 하는 후배들에게 멘토 역할		
	장애학생도우미	• 특수학급 소속 장애학 생에게 학교생활 적응 을 돕는 역할		

2. 전문가의 주요 세부능력 특기사항 매트릭스 분석

구분	사회	클러스트 수업(드로잉)	개인세특
교과 단원			
활동내용 (발표+토론+질문 +실험+탐구)	• PPT발표, 그림		• 학술제(운빛솔제) • 연구보고서 제출 후 발표
활동내용(제목) (수행 평가/보고서)	• 다양한 문화 주제로 하는 수업에서 '세계의 결혼문 화' 발표 • '미래의 신재생에너지'를 주제로 한 아이디어 발표 활동에서 그림으로 표현 하여 발표. 특히 과학교 과와 연계하여 사고를 확 장하여 그림으로 표현하 는 탁월함이 있음.	• 개인작품 프로젝트 (보 편적 사물에 기업의 로 고 결합한 작품 설계하 고 3D프린터기로 제작) • 드로잉 패션쇼 Design, Desire발표회(패션디자 이너로 이중섭 작가 깊이 연구) • 자아상 프로젝트 • 디자인 기초수업	• '나는 누구인가' 주제로 지난 고등학교 생활 동안 자신의 꿈을 위해 노력한 것들과 그에 대한 결실들 을 돌아보고 앞으로의 포 부를 밝혀 나가는 등, 자 기 자신에 대한 연구를 한 달간 하여 연구보고서 제출하고 전교생 대상으 로 발표함.

활동내용(제목) (수행 평가/보고서)		• 국립미술관 전시작품 관람 • 지역 예술마을 체험 • 학술제	
연계 자료 (영화, 다큐, TED, 보고서 독서 등)			
후속 또는 타 활동 연계 (동아리, 방과후, 스터디, 멘토링 등)			
결과 (학업, 진로에 끼친 영향)			

독서활동 상황

구분		1학년	2학년	3학년
독서 활동 상황	교과 연계	[국어] • 지킬박사와 하이드씨 　(로버트 루이스 스티븐슨) • 링컨, 당신을 존경합니다. 　(데일 카네기) • 봄봄(김유정) • 허생전(박지원) • 소설가 구보 씨의 일일 　(박태원) • 태평천하(채만식) • 날개(이상) • 크리스마스 캐럴 　(찰스 디킨즈) [수학] • 달레스가 들려주는 원 이야기(조재범) [영어] • Macbeth 　(William Shakespeare) • James and the Giant 　Peach(Roald Dahl) • Christmas Carol 　(Charies Dickens)	[국어] • 이생규장전(김시습) • 사씨남정기(김만중) • 운영전(작자미상) • 우상의 눈물(전상국) • 심청전(작자미상) [영어] • Product Minimalism 　(Send Points) • Palette03 : Gold & Silver 　(Victionary) • Palette06 : Transparent • Palette07 : Monotone • The Secret of the Lost 　Necklace(Edin Blyton) • The Secret of the Cliff 　Castle, The Adventure of 　the Six Cousins, Romeo 　and Juliet 　(William Shakespeare) • Smart Product Design 　(Sendpoints) • Alien vs. Predator 　(Paul W.S.Anderson)	

독서활동상황	교과연계	• The Strange Case of Du.Jekylland Mr.Hyde (Robert Louis Stevenson) • Charlie and the Chocolate Factory(로 알드 달) • Fantastic Mr. Fox (Roald Dahl) • Charlie and the Great Glass Elevator (Roald Dahl) [사회] • 왜 세계의 절반은 굶주리는가?(장 지글러) • 마법의 18분 TED처럼 소통하라(이민영) • 욕망의 질주 소비사회 (이슈투데이) [한국사] • 쉽게 풀어쓴 한국사 (초등역사교사모임) [과학] • 정재승의 과학콘서트 (정재승) • 영화는 좋은데 과학은 싫다고?(김상욱)		
	진로연계	• 디자인과 시가 커뮤니케이션 (브루노 무나리) • 오주석의 한국의 미 특강 (오주석)	• 4차 산업혁명의 스타트라인 디자인 트렌드 2017 (한국디자인진흥원) • 나를 디자인하라 (카림라시드) • 이것은 미술이 아니다 (메리앤스타니스제프스키) • 당신의 꿈은 무엇입니까 (김수영)	• 디자인 트렌드 2018 (한국디자인진흥원) • 컬러의 말 (카시아 세인트 클레어) • 당신의 꿈은 무엇입니까 (김수영) • 명품가구의 비밀(조 스즈키) • 제품 디자인(박영우) • 제품디자인이란 무엇인가 (라우라 슬랙) • 사용자를 위한 디자인 (헨리 드레이퍼스) • 디자인 인문학(최경원) • 방구석 미술관(조원재) • 미래를 바꿀 3D 프린팅 (고현정)

		· 길에서 만난 세상 (국가인권위원회) · 지적대화를 위한 넓고 얕은 지식(채사장)	
공통 (기타)			
합계	24권	21권	10권

📝 나의 성적

주요 교과 추이

교과	1-1	1-2	2-1	2-2	3-1
국어	4.0	1.0	4.0	3.0	3.0
수학	3.0	3.0	2.0	2.0	1.0
영어	1.0	1.0	2.0	2.0	1.0
사회	4.0	2.0	2.4	3.0	2.3

학년별 등급 추이

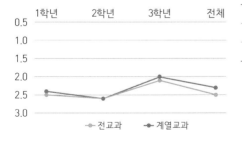

교과	1학년	2학년	3학년	전체
전 교과	2.5	2.6	2.1	2.5
계열교과	2.4	2.6	2.0	2.3

2019학년도 수시전형 지원 합불 결과

대학명	전형명	모집단위	수능최저여부	합불여부
홍익대학교	학생부종합전형	미술대학자율전공	○	합격
한양대학교	학생부종합전형	실내건축디자인학과	×	합격
중앙대학교	다빈치인재전형	실내환경디자인학과	×	합격
한동대학교	일반학생전형	무학과	×	합격(장학금)
건국대학교	KU예체능우수자전형	리빙디자인학과	×	불합격
서울과학기술대학교	일반전형(실기)	디자인학과	×	불합격

 ## 선배들이 알려주는 합격 포인트

Q1 학생부 관리에 있어서 본인만이 가지고 있는 노하우는?

A1 2년반의 교내활동을 통해 저의 꿈은 성장하였습니다. 디자이너가 되고 싶었던 저는 학생부의 7가지 요소를 제가 제일 좋아하는 미술의 도구를 이용하여 채워나갔습니다. 한 개의 점이 연결되어 선이 되고 선이 연결되어 입체화가 되면서 꿈이 구체화되었습니다. 실패를 통해 성장한 성취의 기록이 학생부입니다.

Q2 전공적합성을 위해 어떤 노력을 했나요?

A2 일반고에서 전공적합성에 맞는 활동을 하기란 쉽지 않았습니다. 미술(디자인)을 하고 싶었기에 학교에서 주어진 커리큘럼만으로는 턱없이 부족한 상황이었습니다. 그래서 처음에는 모든 발표와 보고서 활동을 미술/디자인/문화와 접목시켰습니다. 심지어는 교내 발명아이디어경진대회도 디자인으로 접근했습니다. 그러던 중 교내 협동조합이라는 기회가 찾아왔고 저는 여러 프로그램들을 밤을 새며 독학하고 그 속에서 디자인을 이끄는 사람이

되고자 했습니다. 그 결과 학교 매점과 카페 인테리어 및 시공에 가장 많은 영향을 미치는 학생이 되었고, 2,3학년 때에도 각각 공간기획부장, 학생이 사로서의 심화된 활동을 이어나갈 수 있었습니다. 중요한 것은 보잘것없는 아이디어라도 떠오르면 그 즉시 메모해 놓았다가 다듬어서 활용했던 것들이 많은 도움이 되었던 것 같습니다.

 미술활동보고서 공개

[미술관련교과활동]

	과목명	드로잉	이수학기/단위 수	2학년 1학기 / 3단위
1	활동내용 및 자기평가의견 (500자 이내)	브랜드 맞춤형 디자인이 부족하여 늘 아쉬움을 느꼈다. 이에 구글과 유튜브 등 대기업들의 로고로 외형을 만든 제품디자인을 '개인작품 프로젝트'의 주제로 정했다. 외부의 음성을 인식하여 음량을 1~5단계까지 조절해주며 단계별로 중심부의 LED 색이 변하는 아두이노의 고감도 사운드 센서를 내장한 구형의 '구글 크롬 스피커'와 생생한 방송을 듣게 해주는 우퍼 스피커를 장착한 현대적인 유튜브 로고 모형의 '유튜브 라디오'를 디자인하고 3D 프린터로 출력했다. 기존 기업들의 이미지를 살린 상품을 디자인하는 것에서 한 발 더 나아가 한국의 전통요소를 활용하여 우리나라를 하나의 브랜드로 세계에 소개하고자 Design&Desire 패션쇼에서 한국전쟁 당시 민중의 고통과 한을 표현한 이중섭 작가의 '황소'를 모티프로 한지 옷을 만들었다. 오방색과 전통무늬인 자연산수문, 동물문과 문자문 등의 한국 교유의 문화 요소들을 뛰어난 기술력과 융합하여 한국이라는 브랜드를 알리는 맞춤형 디자인이 하고 싶다.			

➡ 한국의 전통과 맞춤형 디자인을 접목하였습니다. 클러스터시간에 했던 '개인 작품 프로젝트'는 어떤 취지로 무엇을 어떻게 했는지가 중요합니다.

과목명	미술창작	이수학기/단위 수	1학년 1학기 / 4단위
2 활동내용 및 자기평가의견 (500자 이내)	체육대회 응원 도구 제작을 위해 쓰레기를 변형시켜 상품으로 만드는 업사이클링을 활용했다. 부러진 낚싯대와 텐트의 뼈대를 깃발의 손잡이와 플랜카드의 지지대로 사용했으며 티셔츠와 미술 시간에 남은 부직포는 자르고 꿰매어 응원의 문구를 표현했다. 학우들과 함께 제작한 응원 도구가 휘날리는 체육대회 날, 업사이클링이 단순히 쓰레기를 처리하는 것을 넘어서 낡은 물건에 더 큰 가치를 부여하는 디자인이라는 말에 공감하며 환희를 느꼈다. 6인 1조의 모둠을 구성하여 의자를 만드는 때에도 업사이클링을 적극 활용했다. 학교 뒤편 분리수거함에 쌓여 있는 수십 장의 골판지 상자를 우리는 재단하고 붙여 튼튼한 의자를 만들었다. 누구도 눈길을 주지 않은 골판지를 변형하여 제작한 의자가 교실의 나무 의자보다 편했던 점이 놀라웠고 이 경험을 통해 업사이클링의 진가를 다시 한 번 생각하게 되었다. 또한 강렬한 빨간색으로 칠한 골판지 의자는 김포 학생문화예술전시회에 전시하여 많은 관객에게 업사이클링을 알렸다. (499자)		

➡ 업사이클링을 하게 된 계기와 이런 업사이클링 활동이 다른 활동과 연계되었다는 점을 강조했습니다.

과목명	드로잉	이수학기/단위 수	2학년 2학기 / 3단위
3 활동내용 및 자기평가의견 (500자 이내)	아이디어 팡팡 프로젝트에서 '소비자의 특성을 고려하여 제작된 맞춤형 상품으로 새로움을 선사하자'라는 디자인 철학을 갖게 되었다. 무인자동차 연구가 활발히 이루어지는 트렌드를 따라 유모차에도 무인조정 기술을 적용하여 부모님의 수고를 덜어주는 상품을 스케치했다. 또한 안테나처럼 길이 조절이 자유로운 뼈대를 가지고 있어 공간효율성과 사용자 편의성이 높은 이동식 홀로그램 컴퓨터를 구상했는데, 공중 플라스마 디스플레이를 응용하여 실제 상품을 제작하고 싶다. 이 외에도 사용자의 신체 상태를 고려하여 최적의 대처를 하는 인공지능 화장실 '오토클리' 등의 아이디어를 구상하였다. 심화드로잉 수업에 '감정'이라는 요소를 더한 모노크롬 프로젝트에서는 흑백 표현재료로 개인의 희로애락을 이해하고 시각적으로 표현하는 방법을 배웠다.		

➡ 개인 맞춤형 디자인을 강조하였습니다. 고등학교 생활 동안 맞춤형 디자인에 대해 얼마나 고민했고 어떤 아이디어들을 만들었는지 그리고 디자인과 공학에 대한 저의 열정을 표현하였습니다.

과목명	미술문화 기타	이수학기/단위 수	3학년 1학기 / 2단위
4 활동내용 및 자기평가의견 (500자 이내)	협동화 그리기와 존경하는 인물 팸플릿 만들기를 했다. 최근 아시안 게임과 월드컵으로 화제가 되고 있는 축구를 주제로 협동화를 그리기로 했다. 항상 세계적인 남자 축구 스타들만이 포스터에 등장하는 것에 대한 비판의식을 가져, 잘 알려지지 않은 여자축구를 홍보하는 포스터의 콘셉트를 정했다. 또한 실제 선수 대신 디즈니사의 공주 캐릭터를 그렸는데, 화려한 드레스가 아닌 축구복을 착용한 모습으로 '공주'에 대한 고정관념을 깨고자 했다. 디자인 사업가의 꿈을 꾸는 나의 롤모델, 테슬라사의 CEO 엘론머스크를 소개하는 팸플릿을 디자인했다. 엘론머스크의 모습을 이어붙인 사다리꼴 모양의 하얀 표지 하단에 그의 이름을 투각하여 뒷장이 보이는 효과를 줬다. 또한 팸플릿의 외각을 잘라 테슬라사의 자동차 디자인을 연상케 하는 특유의 곡선을, 가장자리를 마카로 칠해 깔끔한 흑백대비를 표현했다. 팸플릿을 만들며 디자인사업가라는 꿈을 이루기 위한 동기부여를 받았다.		

➡️ 일반적인 만들기, 그리기 활동이지만 언제나 의미부여를 주자! 팸플릿에는 나의 롤모델을, 그림그리기는 사회비판적이면서 고정관념을 깨려는 새로운 시도!

과목명	사회	이수학기/단위 수	1학년 2학기 / 3단위
5 활동내용 및 자기평가의견 (500자 이내)	'미래의 신재생 에너지' 단원을 배우며 무심코 지나치는 일상 속의 많은 것들에는 신재생 에너지로써의 가능성이 잠재해 있다는 사실을 깨달았다. 비 오는 날, 버스를 타고 등교하던 때였다. 심히 흔들리고 버스에서 승객의 좌석 아래 충격 감지센서를 설치하여 버스가 흔들림에 따라 센서에 전달되는 충격을 전기로 전환한 후 버스에 내장된 2차 리튬이온 전지에 저장하고 이를 사용하는 친환경 버스의 아이디어가 떠올랐다. 이 아이디어를 도화지에 알아보기 쉬운 그림과 아이콘으로 옮겨 시각자료를 준비했고 수업시간에 발표했다. 친구들과 선생님 모두 나의 아이디어가 현실적이라는 점에서 좋게 평가를 해줬다. 또한 아이디어에 대한 추가적인 의견을 나누는 과정에서 버스의 천장에 태양열 전지판을 설치하여 더 많은 재생 에너지를 확보하자는 의견을 받아 아이디어를 한 단계 발전시켰다. 자유로운 토의에서 나온 친환경 버스의 아이디어는 환경과 자원문제까지도 디자인의 고려대상으로 바라보게끔 시야를 넓혀주는 계기였다.		

➡️ 환경을 생각하는 자세는 현대사회의 모든 디자이너가 갖춰야 할 가장 기본이라고 생각합니다. 저는 이런 친환경 디자인에 대해 생각하고 아이디어를 구상하는 능력이 있으며 동료, 선생님들과의 토의를 통해 아이디어를 개선하는 열린 모습까지도 어필하고 싶었습니다.

※ 2019학년도 수시모집부터 교과부분에서 미술교과 이외의 교과 시간에 활동한 미술활동 또한 기재할 수 있게 되었습니다. 일반 학과 교과 시간에도 소소한 드로잉이나 그림, 영상편집을 활용하여 3년간 꾸준히 준비한다면 나중에 골라 쓰는 재미를 맛볼 수 있습니다.(특히 인문계 고등학생의 경우)

[미술 관련 비교과 활동]

	활동명	마을교육공동체 개방형 사회적 협동조합 운수대통	주관기관	교내
	활동참여기간	2016. 06. 26. ~ 2018. 8. 31.	활동참여 횟수	비정기적 92회
1	활동내용소개 (100자 이내)	교내 사회적 협동조합 '운수대통'의 설립 초기 단계 인테리어 담당부터 공간기획부 부장, 그리고 학생 이사의 역할을 맡으며 여러 가지 영역을 경험하고 디자이너의 꿈을 이뤘다.		
	자기평가의견 (300자 이내)	TF팀의 인테리어를 담당하여 회의하던 중 디자인을 설명하는 데 한계를 느껴 3D 시뮬레이션 프로그램 '구글스케치업'을 입문서와 유튜브 채널로 독학했다. 어울림 공간의 취지를 고려하여 흰색 합성플라스틱의 모던함과 마호가니의 중후함의 조화를 통해 '구세대와 현세대의 어울림'이라는 콘셉트를 준비했다. 또한 인테리어와 가구디자인을 위한 조명과 원목과 같은 요소들에 관한 공부도 했지만 아쉽게도 모든 안건이 실현되지는 않았다. 운수대통이라는 특별한 경험은 컴퓨터 작업과 건축, 인테리어 및 가구디자인까지 관심 분야가 확장되는 계기였다.		
	교사 확인 여부	• 직접 지도 또는 직접 확인 • 직접 지도한 당사자에게 전달 받는 등 간접 확인 • 확인하지 못함.		

➡ 전문가와 함께 실제 현장에서 디자인 작업을 한 활동입니다. 그 과정에서 3D 프로그램은 독학을 하였고 협동조합 학생 이사로서 운영방법까지 총체적으로 경험한 활동입니다.

	활동명	각종수상활동	주관기관	교내
	활동참여기간	2016. 04. 05. ~ 2018. 06. 08.	**활동참여 횟수**	비정기적 21회
2	활동내용소개 (100자 이내)	과학의달 홍보포스터대회, 학교폭력예방 홍보포스터 공모전, 문화소개 영어UCC대회, 발명아이디어경진대회, 독서의달 기념대회, 프로젝트형 봉사활동, 자율동아리, 동아리발표회 외 13 (100자)		
	자기평가의견 (300자 이내)	발명아이디어경진대회는 '현재 직면하고 있는 문제를 해결할 디자인'을 추구하게 된 출발점이다. 일상 속, 수채화를 그릴 때 버려지는 막대한 양의 물로 인해 환경이 오염되는 현상을 개선하고자 고민한 끝에 필터가 달린 미술용 물통 '물터'를 고안했다. 물속에 녹아든 물감의 입자를 이온화시켜 전자를 끌어당기는 원리를 활용한 이온 필터가 물을 정화하는 친환경적인 물통이다. 개발과 보편화를 통해 세계의 물 부족 현상 및 수질오염을 해소하는 데 이바지할 수 있을 것으로 생각하여 디자인한 상품인 '물터'는 선생님들의 긍정적인 평가를 받았다.		

➡ 평소 불편하거나 옳지 않다고 느낀 점을 메모하고 떠오르는 각종 아이디어를 메모해 놓은 덕분에 대회의 성격에 맞게 활용하였습니다. 전공을 막론하고 나의 생각을 기록하는 버릇이 때로는 도움이 됩니다.

	활동명	UY엔지니어링 (동아리)	주관기관	교내
	활동참여기간	2016. 3. 2. ~ 2018. 7. 11.	**활동참여 횟수**	정기적 주1회
3	활동내용소개 (100자 이내)	과학실에 덩그러니 앉아있는 3D프린터와 친구가 되었다. 3D프린팅의 매력에 빠져 공부하는 과정에서 다양한 제품을 디자인, 제작하며 디자인과 공학기술의 융합의 중요성을 깨달았다.		
	자기평가의견 (300자 이내)	3D 프린팅을 통해 과학기술과 디자인이 불가분의 관계임을 배웠다. 프린터를 밤낮 연구한 끝에 기술을 하나 둘 익혔고 보로노이 코끼리와 같은 단순한 모형을 넘어서 실용적인 물건도 제작했다. 직접 납땜 작업을 하여 만든 간단한 LED서킷을 활용한 실제로 불이 들어오는 한옥 창호의 전통문양 무드등, 루이스폴센의 아티초크를 모티프로 한 무드등, 그리고 카림 라시드 전에서 받은 부드러운 영감을 표현한 스탠드 등을 제작했다. 더 나아가 모터와 배터리, 송수신기를 결합한 장치를 통해 안드로이드 휴대폰으로 조작 가능한 RC자동차까지도 완성했다. (300자)		

➡ 크게 두 가지를 강조하고 싶었습니다. 첫째 디자인과 공학기술의 융합입니다. 3D프린터라는 신기술을 습득 하고 이를 또 전기회로 기술과 함께 접목시키는 디자이너를 어필하고 싶었습니다. 둘째는 몰입도입니다. 한 가지 일에 몰입하고 끊임없이 탐구하는 모습입니다. 2년간 3D프린터를 독학하고 실습하며 여러 디자인을 프린트해보았습니다.

	활동명	봉사활동(미술봉사)	주관기관	교외(나누리, 온누리요양원)
4	활동참여기간	2016. 05. 22. ~ 2018. 08. 15.	활동참여 횟수	비정기적 26회
	활동내용소개 (100자 이내)	요양원을 방문하여 어르신들의 초상화를 그려 드리고 간단한 미술 활동을 함께 하며 봉사했다. 이 시간은 단순히 어르신들과 그림을 그리는 시간을 넘어선 힐링의 시간이었다. (93자)		
	자기평가의견 (300자 이내)	지난 3년간의 요양원봉사는 단순한 그림 그리기를 넘어선 특별한 경험이었다. 어느 날 나무를 함께 그리는 데 한 할아버지가 어릴 적 아버지께서 나무에 그네를 만들어주신 추억을 떠올리셨다. 그러자 옆에 분이 아버지와 손을 잡고 바다를 걸었던 기억을 말씀하셨다. 그림 한 장이 누군가에게는 행복했던 순간을 추억하게 한다는 경험은 미술의 진정한 아름다움을 깨닫게 하는 시간이었다. 하지만 2학년 때 요양원 할아버지의 부고 소식은 처음으로 죽음에 대한 슬픔을 알게 해주었다. 주변의 가족, 친구들에 대한 소중함을 성찰하는 시간이었다. (294자)		

	활동명	동아리(나눔그림) 기타	주관기관	교내
5	활동참여기간	2016. 3. 16 ~ 2017. 12. 23.	활동참여 횟수	비정기적 50회
	활동내용소개 (100자 이내)	스티로폼으로 거대한 학교상징물 만들기와 다양한 미술소식을 담은 '나눔 아트지'만들기의 장기 프로젝트를 매년 진행하며 운수대통의 공간기획부와 연합하여 개소식 행사도 함께 준비했다. (100자)		
	자기평가의견 (300자 이내)	2학년, 나눔 아트지를 후배들과 제작하는 과정 중 아트지의 탬플릿을 직접 디자인한 작업이 가장 뿌듯했다. 팬톤사에서 선정한 '이달의 색'으로 신문의 레이아웃을 디자인했다. 또한 미술사, 전시 정보, 미술 관련 직업소개 등의 칼럼 사이에 독특한 물결 디자인의 간결한 경계선을 놓았으며 실루엣 아이콘을 만들어 칼럼의 왼쪽 상단에 배치하여 해당 칼럼의 주제를 시각적으로 표현했다. 레이아웃을 디자인하는 과정에서 운송, 제품, 인테리어 등 여러 디자인에서 시각디자인이 중요한 역할을 하고 있다는 사실 배웠고 폭넓은 경험의 필요성을 느꼈다. (299자)		

	활동명	독서활동 기타+기술융합	주관기관	교내
6	활동참여기간	2016. 3. 16. ~ 2018. 8. 31.	활동참여 횟수	비정기적 19회
	활동내용소개 (100자 이내)	디자인 트렌드 2017(한국디자인진흥원), 디자인 트렌드 2018(한국디자인진흥원), 명품가구의 비밀(조 스즈키), 사용자를 위한 디자인(헨리 드레이퍼스), 외 15권 (93자)		
	자기평가의견 (300자 이내)	헨리 드레이퍼스의 '사용자를 위한 디자인'을 읽고 디자인과 시대적 배경 간의 연관성을 바라보는 시선이 변했다. 진공청소기, 은행 금고와 다리미 같은 생활용품들을 디자인하여 산업디자인의 아버지라 불리는 그의 책에서 21세기에 들어서며 디자인은 과학기술과 하나가 되어가고 있다는 내용을 읽고 미래사회에 대해 고민을 하게 되었으며, 웹서핑과 각종 도서를 통해 현재의 산업과 디자인의 흐름을 파악할 수 있었다. 4차 산업혁명의 소품종 대량생산과 기업의 지역화 현상에 대비한 맞춤형 생산체제를 갖춘 디자인기업을 만들겠다는 큰 꿈을 가지게 되었다. (300자)		

	활동명	자율활동 기타	주관기관	교내
	활동참여기간	2016. 12. 23. ~2017. 12. 22.	활동참여 횟수	2회
7	활동내용소개 (100자 이내)	1학년 2학년 두 번에 걸쳐 학생자치회의 일원으로 연말축제 '청운제'에서 운양가왕 프로그램을 담당했다. 특별한 공연을 만들기 위해 가수들을 위한 맞춤형 가면을 수 작업으로 제작했다. (100자)		
	자기평가의견 (300자 이내)	콘셉트를 받아 가면을 맞춤 제작하는 경험에서 진정한 맞춤형 디자인의 중심에는 언제나 사용자가 있다는 사실을 배웠다. '눈꽃'이라는 콘셉트를 받아 단순히 눈꽃모 양의 가면을 만들기보다는 눈꽃에서 느껴지는 '화려함', '차가움', '가벼움' 등의 감성 을 가면에 담았다. 또한 가수들이 노래할 때 불편함이 없도록 제2회 운양가왕을 준 비하면서 벨크로를 지퍼와 끈으로 대체하고 가면 안쪽에 개개인의 얼굴 모양을 고 려하여 클레이를 덧대는 등 많은 개선이 이뤄졌다. 공연을 본 모두에게 찬사를 받은 운양가왕은 디자이너의 꿈을 한층 발전시켰다. (297자)		

	활동명	동아리 기술융합+친환경	주관기관	교내
	활동참여기간	2018. 3. 21. ~ 2018. 7. 11.	활동참여 횟수	비정기적 15회
8	활동내용소개 (100자 이내)	구체적인 꿈을 찾아 인생의 큰 그림을 그리기 위해 친구들과 동아리를 구성했다. 나 의 꿈인 디자인 사업가와 관련된 정보를 검색하고 다양한 아이디어 스케치도 하는 시간을 가졌다. (98자)		
	자기평가의견 (300자 이내)	나의 멘토는 테슬라사의 CEO 일론 머스크다. 어린 시절부터 현재까지도 하이퍼루 프와 같은 혁신적인 미래산업을 준비하는 과감한 도전이 멋지기 때문이다. 그의 영 향을 받아 큰 그림 동아리에서 나 또한 많은 미래 지향적인 아이디어를 떠올리며 과 감히 스케치했는데 여기에는 3D 스캐닝과 드론 기술을 융합한 산지 인명구조용 기 구, 냉장고의 원리를 응용한 실외기 없는 에어컨, 공간의 효율성과 환경보존을 고려 한 이동식 피라미드형 공동주택 등이 있다. 시대를 한발 앞서가 한 단계 발전한 세 상을 만드는 디자이너 사업가가 되고 싶다.		

	활동명	각종 수상 기타	주관기관	교내
	활동참여기간	2016. 9. 1. ~ 2017. 9. 6.	활동참여 횟수	정기적 연1회
9	활동내용소개 (100자 이내)	SBS A&T 허정필 무대디자인 팀장님과 연출-카메라 감독님, 삼성전자 디자인 팀의 김석우 디자이너님 등 다양한 분야의 디자이너들을 만나며 디자인 실무에 대해 알 아가는 시간이었다. (100자)		
	자기평가의견 (300자 이내)	허정필 무대디자인 팀장님의 인솔로 드라마 촬영현장, 무대디자인 사무실과 CG 편 집실을 구경했다. 독학했던 구글스케치업과 유사한 프로그램으로 작업하는 디자이 너들과 복잡한 CG 작업을 구경하며 실무의 박진감과 설렘을 모두 느꼈다. 회의실에 서 팀장님과 디자이너 분들과 대화를 나누며 디자인 실무와 관련된 다양한 이야기 를 들었다. 또한 운이 좋게도 팀장님의 소개로 삼성전자에 근무 중이신 김석우 제품 디자이너를 만나 더 많은 이야기를 나누는 시간도 가졌다. 전문가와의 만남은 디자 이너의 꿈으로 다시 한 번 가슴을 벅차게 하는 시간이었다. (296자)		

활동명	진로활동 기타	주관기관	교내
활동참여기간	2018. 07. 13.	활동참여 횟수	비정기적 1회

10	활동내용소개 (100자 이내)	'나는 누구인가'를 주제로 후배들에게 발표했다. 지난 3년간 경험한 미술활동과 그 속에서 다양하게 배우며 꿈을 구체화한 과정을 설명하고 꿈을 포기하지 말 것을 강조했다. (95자)
	자기평가의견 (300자 이내)	일반고에서 미술을 전공하기를 포기하는 후배들이 안타깝다는 생각이 들어 운빛솔제에서 발표를 하게 되었다. '나는 무엇이 되겠다'라는 구체적인 꿈이 한순간 생기지 않았다. 관심 분야에 다양하게 도전하며 흥미를 찾고 나 자신을 알아감으로써 삶의 원동력이 되는 꿈에 한발 가까워진 것이다. 예술가의 꿈이 막막하게 느껴질 때는 과감한 도전을 통해 '나는 누구인가?'에 대해 생각해보라는 조언과 함께 발표를 마친 후의 일이다. 복도에서 마주친 후배 5명이 덕분에 미술 전공의 꿈을 포기하지 않기로 다짐했다는 감사의 말을 건넸을 때 정말 뿌듯했다. (300자)

[미술활동 종합]

모집단위에서 고려되어야 할 지원자의 재능과 지원동기를 중심으로 본교가 지원자를 선발해야 하는 이유에 대해 설명하세요(600자이내).

빠르게 변하는 4차 산업혁명 시대에 한국의 전통이 담긴 디자인과 과학기술의 조화로 친환경적이고 혁신적인 맞춤형 브랜드 상품을 생산하는 디자인 사업가가 될 것이다. 협동조합 '운수대통'의 인테리어 작업과 공간기획부에서의 공간 디자인 활동, 그리고 이사로서의 시간을 통해 제품디자인만 바라보던 나의 시각은 건축과 인테리어, 가구, 컴퓨터와 공학 기술로 확장되었으며, 운양가왕의 가면을 주문 제작한 경험에서 개인 맞춤형 상품이 제작자와 소비자 모두에게 얼마나 소중한 경험을 안겨주는지 깨닫게 되었다. 또한 드로잉 수업과 발명아이디어경진대회를 통해 소비자의 편의를 최우선으로 한 발전된 상품으로 새로움을 추구하자는 나만의 디자인관을 확고히 했고, 관심 밖에 있던 기초드로잉 기술과 미술의 회화적인 면에도 매력을 느꼈다. 이렇듯 '제품디자인'이라는 틀을 벗어나 산업과 운송디자인, 인테리어 및 가구디자인, 그리고 수작업으로 이루어지는 공예까지도 관심의 영역을 확장한 나는 무엇보다도 폭넓은 배움과 여러 분야에 도전해보는 것이 가장 중요하다고 생각한다. 자율전공에서 다양하게 배우며 진정한 융합형 디자이너로 거듭나 세상 사람들에게 큰 행복을 안겨주기 위해 부단히 노력할 것이다. (600자)

 최종합격 대학 전형 분석 (홍익대학교 학생부종합전형 2019 vs. 2020)

홍익대학교 2019학년도 수시모집요강

전형명	모집단위	모집인원	전형방법 및 특징	수능 최저	제출서류
학생부종합전형	미술대학자율전공	55	① 학생부교과100(6배수) ② 서류100(3배수) ③ ②단계40+면접60	국,수(가/나), 영, 사/과 중 3개합8 한국사4	• 학교생활기록부 • 미술활동보고서
지원자격	국내 고등학교 졸업(예정)자로서 학교생활기록부로 반영 교과의 등급을 산출할 수 있는 자. ※ 1998년 이전(1998년 포함) 졸업자, 고등학교 졸업학력 검정고시 출신자, 외국고교 졸업(예정)자 등은 지원할 수 없음.				

2020학년도 홍익대학교 입학전형안내

전형명	모집단위	모집인원	전형방법 및 특징	수능 최저	제출서류
미술우수자전형	미술대학자율전공	55	① 학생부교과100(6배수) ② 서류100(3배수) ③ ②단계40+면접60	국,수(가/나), 영, 사/과 중 3개합8 한국사4	• 학교생활기록부 • 미술활동보고서
지원자격	국내 고등학교 졸업(예정) ※ 1998년 이전(1998년 포함) 졸업자, 고등학교 졸업학력 검정고시 출신자, 외국고교 졸업(예정)자 등은 지원할 수 없음.				

※ 위 내용은 입학전형계획안 내용이므로 자세한 사항은 2020학년도 수시모집요강을 반드시 참조하시기 바랍니다.

홍익대학교의 학생부종합전형은 일괄합산 서류 100전형이다. 하지만 홍익대학교 미술대학의 위상답게 미술계열은 단계별 전형으로 3단계 과정에서 교과, 서류, 면접 그리고 수능최저 학력기준의 전형요소를 평가받는다.

면접평가는 미술 관련 소양, 창의성, 표현 능력, 제출 서류의 진실성 등을 종합적으로 평가한다.

전형 서류에서도 자기소개서가 아닌 미술활동 보고서를 제출한다. 미술활동 보고서는 교과에서 5개, 비교과에서 10개의 활동들을 채워야 한다. 주먹구구식으로 미술활동들을 열거하는 것이 아니라 하나의 콘셉트를 정해서 연계 활동들이 그려져야 좋은 점수를 받을 수 있다.

이 책을 통해 일반 고등학교에서 자기주도적으로 미술 활동을 다양하게 도전한 학생을 소개하고 싶었다. 위에 자세하게 분석해 놓은 학교생활기록부를 다시 꼼꼼히 읽어보기 바란다. 자율활동, 진로활동, 동아리활동, 봉사활동, 교과세부능력특기사항, 독서활동, 그리고 수상경력에 풍성하게 채워진 다양하고 창의적인 도전들이 돋보인다.

교내 사회적 협동조합 '운수대통' 매점이 만들어지는 초기 단계부터 운영되는 현재까지의 모든 과정에 참여하면서 인테리어, 건축, 운영, 컴퓨터 소프트웨어의 활용 등 새로운 경험과 도전을 하였다. 1학년 TF 팀의 인테리어 담당일 때 전문가들에게 디자인을 설명하기 위해 3D시뮬레이션 프로그램 '구글스케치업'을 이용한 시각화 작업을 시도하였고 방학 동안 유튜브 채널 'Sketchup'과 입문서 '스케치업&브이레이'를 통해 독학하면서 모델링을 하기 위해 평면도, 단면도, 입면도에 표기된 정확한 수치뿐만 아니라 배수관과 전기배선이 배치된 위치까지 파악. 인테리어 디자인뿐 아니라 건축과 모델링 프로그램, 가구디자인까지 관심의 영역이 확대되었다. 2학년 때, 운수대통의 공간기획부 부장으로 카페 공간관리를 담당하면서 계절별 인테리어 장식 프로젝트를 진행하고 미술동아리 나눔그림과 연합하여 메뉴판과 각종 안내판을 만들고 3학년 때는 공간기획부 이사로서 주기적으로 미팅에 참석하여 행사기획 및 예산편성을 하였다. 디자인을 넘어 새로운 학문의 영역까지 확장하여 융합과 통섭을 경험하며 진로가 진화하는 모습은 박수를 보내고 싶다.

한국의 전통이 담긴 디자인과 과학기술의 조화로 친환경적이고 혁신적인 맞춤형 브랜드 상품을 생산하는 디자인 사업가가 되고 싶은 꿈을 갖고 있는 이 학생이 홍익대학교에서 이루어낼 일들이 지금부터 기대된다. 그 꿈을 응원한다.